高等职业教育精品系列教材·财务会计类

小企业会计实务

（第 3 版）

主　编　杨　雄　黄秋凤
副主编　蒋家芳　张诚珏　伍梦欣
　　　　高银娜　吴颖红

北京理工大学出版社
BEIJING INSTITUTE OF TECHNOLOGY PRESS

内容简介

根据2011年6月18日发布的《中小企业划型标准规定》，我国的中小企业达到企业总数的95%以上。从我国目前高等院校毕业生的就业情况来看，他们的主要就业方向是一些小企业。小企业虽然与大中型企业相比是"麻雀"，但"麻雀虽小，五脏俱全"，掌握《小企业会计准则》对于高等院校的学生进一步学习《企业会计准则》起到了促进作用。本教材紧扣《小企业会计准则》，并结合我国当前适用的税法规定，力求让教材具有前沿性。

本教材主要作为高等院校财经类专业的教材，同时也可作为在岗会计人员日常会计业务学习用书。

版权专有　侵权必究

图书在版编目（CIP）数据

小企业会计实务 / 杨雄，黄秋凤主编 . —3 版 . —北京：北京理工大学出版社，2020.7（2020.8 重印）

ISBN 978 – 7 – 5682 – 8623 – 7

Ⅰ. ①小… Ⅱ. ①杨… ②黄… Ⅲ. ①中小企业 – 会计实务 – 高等学校 – 教材 Ⅳ. ①F276.3

中国版本图书馆 CIP 数据核字（2020）第 112280 号

出版发行 / 北京理工大学出版社有限责任公司

社　　址 / 北京市海淀区中关村南大街5号

邮　　编 / 100081

电　　话 /（010）68914775（总编室）

　　　　　（010）82562903（教材售后服务热线）

　　　　　（010）68948351（其他图书服务热线）

网　　址 / http：//www.bitpress.com.cn

经　　销 / 全国各地新华书店

印　　刷 / 唐山富达印务有限公司

开　　本 / 787 毫米 × 1092 毫米　1/16

印　　张 / 16

字　　数 / 350 千字

版　　次 / 2020 年 7 月第 3 版　2020 年 8 月第 2 次印刷

定　　价 / 48.00 元

责任编辑 / 王俊洁

文案编辑 / 王俊洁

责任校对 / 刘亚男

责任印制 / 施胜娟

图书出现印装质量问题，请拨打售后服务热线，本社负责调换

前　言

为了规范小企业会计确认、计量和报告的行为，促进小企业可持续发展，发挥小企业在国民经济和社会发展中的重要作用，根据《中华人民共和国会计法》及其他有关法律和法规，财政部制定了《小企业会计准则》（财会〔2011〕17号），自2013年1月1日起在小企业范围内施行，鼓励小企业提前执行。同时，财政部于2004年4月27日发布的《小企业会计制度》（财会〔2004〕2号）同时废止。

《小企业会计准则》的执行，简化了会计核算的要求，大大减少了职业判断的内容，基本消除了小企业会计与税法的差异。《小企业会计准则》以国际趋同为努力方向，更立足于我国小企业发展的实际，在简化核算要求、与我国税法保持协调、与《企业会计准则》有序衔接等方面体现了极其鲜明的特色，是一部为我国小企业"量身定做"的企业会计标准。

2011年6月18日，工业和信息化部、国家统计局、发展改革委、财政部联合发布了《中小企业划型标准规定》。根据该划型标准规定，我国的中小企业达到企业总数的95%以上。从我国目前高等院校毕业生的就业情况来看，他们的主要就业方向是一些中小企业，特别是小企业。由此可见，小企业已成为高等院校毕业生的主要就业市场，也是他们将来就业的主攻方向。因此，从毕业生将来就业的实际情况出发，客观上需要我们传授给学生小企业会计知识，使学生学以致用，以便在人才市场上找准自己的位置。小企业虽然与大中型企业相比是"麻雀"，但"麻雀虽小，五脏俱全"，掌握《小企业会计准则》对于高等院校的学生进一步学习《企业会计准则》起到了促进作用。

本教材的编写主要有以下4个特点：

1. 本教材的编写充分考虑了高等院校毕业生将来的就业方向主要是一些小企业的客观实际和将来实际工作的需要，力求贴近现行会计实务，突出小企业核算的特点。通过举例，力求增强教材的可操作性和通俗易懂性。

2. 本教材的编写紧扣《小企业会计准则》，并结合我国当前适用的税法规定，力求让教材具有前沿性。

3. 为了便于读者更好地理解《小企业会计准则》，本教材对《小企业会计准则》与《小企业会计制度》作了比较，并对《中小企业划型标准规定》作了详细的列表说明。

4. 本教材的编写，是在编者充分理解《中华人民共和国会计法》《小企业会计准则》《中华人民共和国公司法》等相关法律法规的基础上，结合编者长期的企业工作经验、教学经验编写而成的，强调了实用性。

本教材中的部分动画微课由深圳市新风向科技有限公司（http://www.newvane.com.cn/）

提供技术支持，在此表示感谢。

本教材共分为10章，第1~3章由蒋家芳、伍梦欣修订，第4~7章由黄秋凤修订，第8~10章由张诚珏、高银娜、吴颖红修订。本书的大纲由杨雄制定，全书由杨雄、黄秋凤修改总纂并最终定稿。

本教材主要作为高等院校财经类专业的教材，同时也可作为在岗会计人员日常会计业务学习用书。

本教材在编写过程中参考了大量的企业会计准则方面的资料，引用了有关专家相关的研究成果，在此向相关作者表示感谢！由于编者的水平有限，书中难免出现不妥和错漏之处，恳请读者给予批评指正。

编　者

目 录

第1章　总论 ·· 1
　1.1　小企业会计准则简介 ··· 2
　1.2　小企业会计准则的特点 ·· 5
　1.3　小企业会计科目 ··· 8
　　思考练习题 ·· 10
第2章　货币资金及应收款项 ··· 11
　2.1　货币资金 ·· 12
　2.2　应收票据 ·· 21
　2.3　应收账款 ·· 26
　2.4　其他应收款 ··· 28
　　思考练习题 ·· 30
第3章　存货 ·· 34
　3.1　存货的概述 ··· 35
　3.2　材料取得及发出的核算 ·· 40
　3.3　委托加工物资的核算 ··· 47
　3.4　周转材料转销的核算 ··· 48
　3.5　存货盘盈、盘亏的处理 ··· 53
　　思考练习题 ·· 55
第4章　投资 ·· 60
　4.1　投资概述 ·· 61
　4.2　短期投资 ·· 61
　4.3　长期股权投资 ·· 65
　4.4　长期债券投资 ·· 69
　　思考练习题 ·· 76
第5章　固定资产 ·· 80
　5.1　固定资产概述 ·· 81

5.2 固定资产增加的核算 84
5.3 固定资产减少的核算 90
5.4 固定资产的折旧 93
5.5 固定资产的日常修理 97
5.6 固定资产改建的核算 97
思考练习题 99

第6章 无形资产及其他资产 104
6.1 无形资产 105
6.2 长期待摊费用 111
思考练习题 113

第7章 负债 117
7.1 应付账款、应付票据 119
7.2 应交税费 123
7.3 应付职工薪酬 142
7.4 其他流动负债 146
7.5 非流动负债 151
思考练习题 154

第8章 收入、费用及利润 161
8.1 收入概述 162
8.2 商品销售收入 163
8.3 提供劳务收入 171
8.4 其他业务收入和成本 172
8.5 投资收益及营业外收支 173
8.6 费用 178
8.7 利润及利润分配 187
思考练习题 191

第9章 所有者权益 198
9.1 实收资本 199
9.2 资本公积 202
9.3 留存收益 202
思考练习题 205

第10章 财务报表 209
10.1 财务报表概述 210
10.2 资产负债表 212
10.3 利润表 223
10.4 现金流量表 229
10.5 外币业务 236
思考练习题 241

参考文献 247

第 1 章

总　论

知识目标
- 了解《小企业会计准则》的适用范围。
- 了解中小企业的划型标准。
- 熟悉小企业会计科目及《小企业会计准则》的特点。

技能目标
- 能明确会计基本假设、会计基础、会计信息质量要求的具体内容。
- 能准确界定各个会计要素。
- 能理解会计要素计量属性的内容。

素质目标
- 培养学生初识准则、坚持准则的素质。
- 培养学生根据准则分辨中小企业划型标准的素质。
- 培养学生正确界定小企业的素质。

本章知识结构

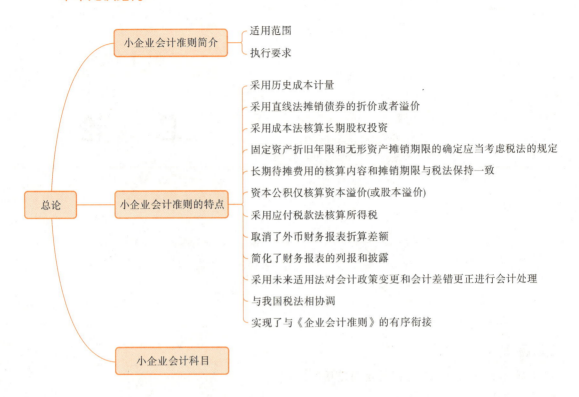

1.1 小企业会计准则简介

2011 年 10 月 18 日，中华人民共和国财政部为了规范小企业会计确认、计量和报告行为，促进小企业可持续发展，发挥小企业在国民经济和社会发展中的重要作用，根据《中华人民共和国会计法》及其他有关法律和法规，制定了《小企业会计准则》。该准则自 2013 年 1 月 1 日起在小企业范围内施行，鼓励小企业提前执行。2004 年 4 月 27 日发布的《小企业会计制度》（财会〔2004〕2 号）同时废止。

1.1.1 小企业会计准则的适用范围

关于印发《小企业会计准则》的通知

中小企业划型标准规定

《小企业会计准则》适用于在中华人民共和国境内依法设立的、符合《中小企业划型标准规定》所规定的小型企业标准的企业。但不包括如下的三类小企业：
（1）股票或债券在市场上公开交易的小企业。
（2）金融机构或其他具有金融性质的小企业。
（3）企业集团内的母公司和子公司。

企业集团、母公司和子公司的定义与《企业会计准则》的规定相同。

小企业划型标准如表 1-1 所示。

表 1-1 小企业划型标准

行业类型	资产总额/万元			营业收入/万元			从业人员/人		
	中型	小型	微型	中型	小型	微型	中型	小型	微型
农、林、牧、渔业(中型)				500~20000					
农、林、牧、渔业(小型)					50~500				
农、林、牧、渔业(微型)						50以下			
工业(中型)				2000~40000			300~1000		
工业(小型)					300~2000			20~1000	
工业(微型)						300以下			20以下
建筑业(中型)	5000~80000			6000~80000					
建筑业(小型)		300~5000			300~6000				
建筑业(微型)			300以下			300以下			
批发业(中型)				5000~40000			20~200		
批发业(小型)					1000~5000			5~20	
批发业(微型)						1000以下			5以下
零售业(中型)				500~20000			50~300		
零售业(小型)					100~500			10~50	
零售业(微型)						100以下			10以下
交通运输业(中型)				3000~30000			300~1000		
交通运输业(小型)					200~3000			20~300	
交通运输业(微型)						200以下			20以下
仓储业(中型)				1000~30000			100~200		
仓储业(小型)					100~1000			20~100	
仓储业(微型)						100以下			20以下
邮政业(中型)				2000~30000			300~1000		
邮政业(小型)					100~2000			20~300	
邮政业(微型)						100以下			20以下

续表

行业类型	资产总额/万元			营业收入/万元			从业人员/人		
	中型	小型	微型	中型	小型	微型	中型	小型	微型
住宿业(中型)				2 000~10 000			100~300		
住宿业(小型)					100~2 000			10~100	
住宿业(微型)						100以下			10以下
餐饮业(中型)				2 000~10 000			100~300		
餐饮业(小型)					100~2 000			10~100	
餐饮业(微型)						100以下			10以下
信息传输业(中型)				10 000~100 000			100~2 000		
信息传输业(小型)					100~10 000			10~100	
信息传输业(微型)						100以下			10以下
软件和信息技术服务业(中型)				1 000~10 000			100~300		
软件和信息技术服务业(小型)					50~1 000			10~100	
软件和信息技术服务业(微型)						50以下			10以下
房地产开发经营(中型)	5 000~10 000				1 000~200 000				
房地产开发经营(小型)		2 000~5 000			100~1 000				
房地产开发经营(微型)			2 000以下			100以下			
物业管理(中型)				1 000~5 000			300~1 000		
物业管理(小型)					500~1 000			100~300	
物业管理(微型)						500以下			100以下
租赁和商务服务业(中型)	8 000~120 000						100~300		
租赁和商务服务业(小型)		100~8 000						10~100	
租赁和商务服务业(微型)			100以下						10以下
其他未列明行业(中型)							100~300		
其他未列明行业(小型)								10~100	
其他未列明行业(微型)									10以下

说明:中、小、微型企业划型的确定,必须同时具备表格中的两个条件。如加工业(中型),必须同时具备:营业收入2 000万~40 000万元,从业人员300~1 000人这两个标准。

1.1.2 小企业会计准则的执行要求

《小企业会计准则》第三条规定，在中华人民共和国境内依法设立的、符合《中小企业划型标准规定》所规定的小型企业标准的企业，可以执行《小企业会计准则》，也可以执行《企业会计准则》。

（1）对于执行《小企业会计准则》的小企业，发生的交易或者事项《小企业会计准则》未作规范的，可以参照《企业会计准则》中的相关规定进行处理。

（2）对于执行《企业会计准则》的小企业，不得在执行《企业会计准则》的同时，选择执行本准则的相关规定。

（3）执行《小企业会计准则》的小企业公开发行股票或债券的，应当转为执行《企业会计准则》；因经营规模或企业性质变化导致不符合《中小企业划型标准规定》成为大中型企业或金融企业的，应当从次年1月1日起转为执行《企业会计准则》。

（4）已执行《企业会计准则》的上市公司、大中型企业和小企业，不得转为执行本准则。

（5）执行《小企业会计准则》的小企业转为执行《企业会计准则》时，应当按照《企业会计准则第38号——首次执行企业会计准则》等相关规定进行会计处理。

1.2 小企业会计准则的特点

《小企业会计准则》以《企业会计准则——基本准则》为基础，以国际趋同为努力方向，与我国税法保持协调，实现了与《企业会计准则》的有序衔接。充分考虑了我国小企业规模较小、业务较为简单、会计基础工作较为薄弱、会计信息使用者的信息需求相对单一等实际情况，对小企业的会计确认、计量和报告进行了简化处理，减少了会计人员职业判断的内容与空间。《小企业会计准则》与《企业会计准则》相比，有如下12个主要特点：

1. 采用历史成本计量

《小企业会计准则》仅要求小企业采用历史成本对会计要素进行计量。与《企业会计准则》需要选用历史成本、重置成本、可变现净值、现值或公允价值等会计计量属性相比，大大简化了对会计要素的计量。

（1）资产实际损失的确定参照了《企业所得税法》中的有关认定标准，不再要求计提资产减值准备。

（2）长期债券投资只要求按照成本（购买价款加上相关税费减去实际支付价款中包含的已到付息期但尚未领取的债券利息）入账，不要求按照公允价值入账；长期债券投资的利息收入，要求在债务人应付利息日按照债券本金和票面利率计算，不要求在债务人应付利息日按照其摊余成本和实际利率计算。

（3）融资租入固定资产的入账价值，要求按照租赁合同约定的付款总额和在签订租赁合同过程中发生的相关税费等确定，不要求按照租赁开始日租赁资产公允价值与最低租赁付款额现值两者中较低者作为会计计量基础。

(4) 对小企业的负债，要求按照实际发生额入账，不要求按照公允价值入账；对小企业借款利息，要求按照借款本金和借款合同利率计算，不再要求按照借款摊余成本和借款实际利率计算。

(5) 在收入确认方面，要求小企业采用发出商品或者提供劳务交易完成和收到货款或取得收款权利作为标准，不再要求遵循实质重于形式的原则，减少关于风险与报酬转移的职业判断，同时就几种常见的销售方式明确规定了收入确认的时点。在收入计量方面，要求按照从购买方已收或应收的合同或协议价款确定收入的金额，不再要求小企业按照从购买方已收或应收的合同或协议价款或者应收的合同或协议价款的公允价值确定收入的金额。

2. 采用直线法摊销债券的折价或者溢价

《小企业会计准则》规定，债券的折价或者溢价在债券存续期间内于确认相关债券利息收入时，采用直线法进行摊销。

《企业会计准则》规定，债券的折价或者溢价在债券存续期间内于确认相关债券利息收入时，采用实际利率法进行摊销。

3. 采用成本法核算长期股权投资

《小企业会计准则》要求小企业统一采用成本法对长期股权投资进行会计处理。

《企业会计准则》规定，长期股权投资在持有期间，根据投资企业对被投资单位的影响程度及是否存在活跃市场、公允价值能否可靠取得等情况，分别采用成本法和权益法进行会计处理。

4. 固定资产折旧年限和无形资产摊销期限的确定应当考虑税法的规定

《小企业会计准则》规定，小企业应当根据固定资产的性质和使用情况，并考虑税法的规定，合理确定固定资产的使用寿命和预计净残值。无形资产的摊销期自其可供使用时开始至停止使用或出售时止；有关法律规定或合同约定了使用年限的，可以按照规定或约定的使用年限分期摊销；小企业不能可靠估计无形资产使用寿命的，摊销期不得低于10年。

《企业会计准则》规定，企业应当根据固定资产的性质和使用情况，合理确定固定资产的使用寿命和预计净残值，而不必考虑税法的规定。对于取得无形资产，取得时应分析判断其使用寿命。使用寿命有限的无形资产，其应摊销金额应当在使用寿命内系统、合理地摊销。企业摊销无形资产，应当自无形资产可供使用时起至不再作为无形资产确认时止。

5. 长期待摊费用的核算内容和摊销期限与税法保持一致

《小企业会计准则》对长期待摊费用的核算内容、摊销期限均与企业所得税法及其实施条例的规定完全一致。

《企业会计准则》规定，"长期待摊费用"科目核算企业已经发生但应由本期和以后各期负担的分摊期限在一年以上的各项费用，如以经营租赁方式租入的固定资产发生的改良支出等，其核算内容、摊销期限与企业所得税法及其实施条例存在较大的差异。

6. 资本公积仅核算资本溢价（或股本溢价）

《小企业会计准则》规定，资本公积仅包括资本溢价（或股本溢价）。

《企业会计准则》规定，资本公积包括资本溢价（或股本溢价）和其他资本公积。

7. 采用应付税款法核算所得税

《小企业会计准则》要求企业采用应付税款法核算所得税，将计算的应交所得税确认为所得税费用，这大大简化了所得税的会计处理。

《企业会计准则》要求企业采用资产负债表债务法核算所得税，在计算应交所得税和递延所得税的基础上，确认所得税费用。

8. 取消了外币财务报表折算差额

《小企业会计准则》要求小企业对外币财务报表进行折算时，应当采用资产负债表日的即期汇率对外币资产负债表、利润表和现金流量表的所有项目进行折算，既不会产生外币财务报表折算差额，也减少了外币财务报表折算的工作量。

《企业会计准则》规定，企业对境外经营的财务报表进行折算时，应当遵循下列规定：

（1）资产负债表中的资产和负债项目，采用资产负债表日的即期汇率折算，所有者权益项目除"未分配利润"项目外，其他项目采用发生时的即期汇率折算。

（2）利润表中的收入和费用项目，采用交易发生日的即期汇率折算，也可以采用按照系统、合理的方法确定的、与交易发生日即期汇率近似的汇率折算。

按照上述（1）、（2）折算产生的外币财务报表折算差额，在资产负债表中"所有者权益"项目下单独列示。

9. 简化了财务报表的列报和披露

小企业的财务报表至少应当包括资产负债表、利润表、现金流量表和附注四个组成部分，小企业不必编制所有者权益（或股东权益）变动表。考虑到小企业会计信息使用者的需求，《小企业会计准则》对现金流量表也进行了适当简化，无须披露将净利润调节为经营活动现金流量、当期取得或处置子公司及其他营业单位等信息。此外，小企业财务报表附注的披露内容大为减少，披露要求也有所降低。

10. 采用未来适用法对会计政策变更和会计差错更正进行会计处理

《小企业会计准则》要求小企业对会计政策变更、会计估计变更和会计差错更正均应当采用未来适用法进行会计处理，这大大简化了会计政策变更和会计差错更正的会计处理方法。

《企业会计准则》要求企业根据具体情况对会计政策变更采用追溯调整法或未来

适用法进行会计处理,对前期差错更正采用追溯调整法或未来适用法进行会计处理;对会计估计变更采用未来适用法进行会计处理。

11. 与我国税法相协调

《小企业会计准则》实施后,除了会计与税法之间只有在少数情况下才可能产生暂时性差异。如企业在收到与资产相关的政府补助以及用于补偿小企业以后期间相关费用或亏损的其他政府补助时,才按要求确认为递延收益。而税法要求在收到政府补助时一次性计入当期收入或者在符合条件的情况下作为不征税收入,导致小企业会计与税法存在差异。

税务部门是小企业最主要的外部会计信息使用者,税务部门更希望减少小企业会计与税法的差异。为满足这一税收征管信息需求,《小企业会计准则》大大减少了职业判断的内容,基本消除了小企业会计与税法的差异,需要小企业进行纳税调整的交易或事项较少。因此《小企业会计准则》要求小企业在财务报表附注中增加纳税调整的说明,披露"对已在资产负债表和利润表中列示项目与企业所得税法规定存在差异的纳税调整过程"。

12. 实现了与《企业会计准则》的有序衔接

《小企业会计准则》和《企业会计准则》虽然适用范围不同,但实现了有序衔接。如《小企业会计准则》对于小企业不经常发生甚至基本不可能发生的交易或事项未作规范,这些交易或事项一旦发生,可以参照《企业会计准则》中的相关规定进行会计处理;对于小企业今后公开发行股票或债券的,或者因经营规模或企业性质变化导致不符合小企业标准而成为大中型企业或金融企业的,应当自次年1月1日起转为执行《企业会计准则》;小企业转为执行《企业会计准则》时,应当按照《企业会计准则第38号——首次执行企业会计准则》等相关规定进行会计处理。

1.3 小企业会计科目

《小企业会计准则》将《小企业会计制度》中的一些科目,以《企业会计准则》为基础,充分考虑中国小企业的实际进行了科学地调整,实现了《小企业会计准则》与《企业会计准则》的衔接。《小企业会计准则》会计科目表如表1-2所示。

表1-2 《小企业会计准则》会计科目表

顺序号	编号	会计科目名称
		一、资产类
1	1001	库存现金
2	1002	银行存款
3	1012	其他货币资金
4	1101	短期投资
5	1121	应收票据

续表

顺序号	编号	会计科目名称
6	1122	应收账款
7	1123	预付账款
8	1131	应收股利
9	1132	应收利息
10	1221	其他应收款
11	1401	材料采购
12	1402	在途物资
13	1403	原材料
14	1404	材料成本差异
15	1405	库存商品
16	1407	商品进销差价
17	1408	委托加工物资
18	1411	周转材料
19	1421	消耗性生物资产
20	1501	长期债券投资
21	1511	长期股权投资
22	1601	固定资产
23	1602	累计折旧
24	1604	在建工程
25	1605	工程物资
26	1606	固定资产清理
27	1621	生产性生物资产
28	1622	生产性生物资产累计折旧
29	1701	无形资产
30	1702	累计摊销
31	1801	长期待摊费用
32	1901	待处理财产损溢
		二、负债类
33	2001	短期借款
34	2201	应付票据
35	2202	应付账款
36	2203	预收账款
37	2211	应付职工薪酬
38	2221	应交税费
39	2231	应付利息
40	2232	应付利润
41	2241	其他应付款

续表

顺序号	编号	会计科目名称
42	2401	递延收益
43	2501	长期借款
44	2701	长期应付款
		三、所有者权益类
45	3001	实收资本
46	3002	资本公积
47	3101	盈余公积
48	3103	本年利润
49	3104	利润分配
		四、成本类
50	4001	生产成本
51	4101	制造费用
52	4301	研发支出
53	4401	工程施工
54	4403	机械作业
		五、损益类
55	5001	主营业务收入
56	5051	其他业务收入
57	5111	投资收益
58	5301	营业外收入
59	5401	主营业务成本
60	5402	其他业务成本
61	5403	税金及附加
62	5601	销售费用
63	5602	管理费用
64	5603	财务费用
65	5711	营业外支出
66	5801	所得税费用

思考练习题

1. 《小企业会计准则》的适用范围包括哪些?
2. 《小企业会计准则》有哪些特点?
3. 执行会计准则有哪些要求?

第 2 章

货币资金及应收款项

知识目标

- 了解货币资金和应收票据的内容,掌握货币资金和应收票据的会计处理。
- 掌握应收账款、坏账损失的确认及会计处理。
- 熟悉其他应收款的核算内容及会计处理。

技能目标

- 能处理现金及银行存款往来款项收支业务的核算。
- 能掌握现金及银行存款日记账的登记,编制银行存款余额调节表。
- 能进行现金清查中库存现金短缺或溢余的处理。

素质目标

- 培养学生熟识企业与银行往来业务的素质。
- 培养学生提升专业技能的素质。
- 培养学生诚实守信、严于律己的素质。

本章知识结构

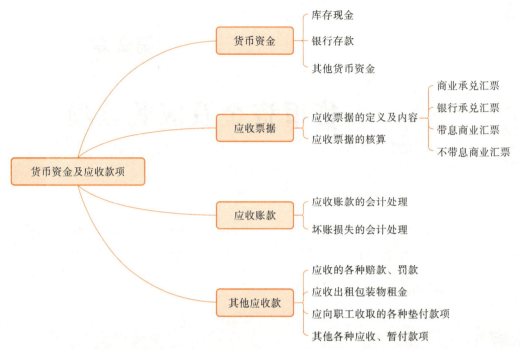

流动资产是指可以在一年或者超过一年的一个营业周期内变现或耗用的资产,主要包括货币资金、短期投资、应收及预付款项、待摊费用、存货等。

2.1 货币资金

货币资金是企业资产的重要组成部分,是企业资产中流动性较强的一种资产。任何企业要进行生产经营活动都必须拥有货币资金,持有货币资金是进行生产经营的基本条件。根据货币资金的存放地点及其用途的不同,货币资金分为库存现金、银行存款和其他货币资金。

2.1.1 库存现金

企业的库存现金是指由财务或会计部门的出纳人员保管的货币。现金是流动性最强的资产,企业应严格遵守国家有关现金管理制度,正确进行现金收支的核算,监督现金使用的合法性与合理性,防止现金管理中各种违法乱纪行为的发生。

1. 现金管理制度

根据国务院发布的《现金管理暂行条例》的规定,现金管理制度主要包括以下内容:

(1) 现金使用范围。企业的下列款项可用现金支付:
① 职工工资、津贴。
② 个人劳务报酬。

③根据国家规定颁发给个人的科学技术、文化艺术、体育等各种奖金。
④各种劳保、福利费用以及国家规定的对个人的其他支出。
⑤向个人收购农副产品和其他物资的款项。
⑥出差人员必须随身携带的差旅费。
⑦结算起点（1 000元）以下的零星支出。
⑧中国人民银行规定需要支付现金的其他支出。

除上述情况可以用现金支付外，其他款项的支付应通过银行转账结算。

（2）库存现金的限额。库存现金的限额是指为了保证日常零星开支的需要，允许企业留存现金的最高数额。现金限额由开户银行根据企业的实际情况，一般按照3～5天日常零星开支的需要确定。边远地区和交通不便地区企业的库存现金限额，可多于5天，但不得超过15天的日常零星开支。核定后的库存现金限额，企业必须严格遵守，超过部分应于当日终了前存入银行。需要增加或减少库存现金限额的企业，应向开户银行提出申请，由开户银行核定。

（3）现金收支的规定。企业收到现金，应于当日送存开户银行，当日送存确有困难的，由开户银行确定送存时间；企业支付现金，可以从本单位库存现金中支付或从开户银行提取，不得从本单位的现金收入中直接支付，即不得"坐支现金"，因特殊情况需要坐支现金的单位，应事先报经开户银行审查批准，由开户银行核定坐支范围和限额，坐支单位应按月向开户银行报送坐支金额及其使用情况。企业从开户银行提取现金时，应如实写明提取现金的用途，由本单位财会部门负责人签字盖章，并经开户银行审查批准后予以支付。此外，不准用不符合财务制度的凭证顶替库存现金，即不得"白条顶库"；不准谎报用途套取现金；不准用银行账户代其他单位和个人存入或支取现金；不准用单位收入的现金以个人名义存入银行，不准保留账外公款，即不得"公款私存"，不得设置"小金库"等。银行对于违反上述规定的单位，将按照违规金额的一定比例予以处罚。

库存现金的核算

2. 现金的总分类核算

企业为了总括地反映现金的收入、支出和结存情况，应设置"库存现金"总分类科目，借方登记库存现金的增加，贷方登记库存现金的减少，余额在借方，表示期末库存现金的金额。企业内部各部门周转使用的备用金，可通过"其他应收款"或"备用金"科目核算，不在"库存现金"科目中核算。

3. 库存现金的明细分类核算

为了全面、系统、连续、详细地反映有关现金的收支情况，应设置"现金日记账"，由出纳人员根据审核无误的收、付款凭证，按照业务发生的先后顺序逐日逐笔登记，每日终了时应计算现金收入合计、现金支出合计及结余数，并同库存现金数核对，保证账款相符。现金日记账必须是订本账，一般采用三栏式账页，借方栏根据现金收款凭证登记，贷方栏根据现金付款凭证登记，但对于从银行提取现金的业务因为只编制银行付款凭证，故此应根据银行付款凭证登记现金日记账的借方栏。每次办理完收付款业务后，应及时结出账面余额。每日终了，将账面余额与库存现金数核对，月末与现金总账核对，做到账款相符、账账相符。

4. 现金清查的核算

现金清查是指对库存现金的盘点与核对，包括出纳人员每日终了前进行的现金账款核对和清查小组进行的定期或不定期的现金盘点、核对。**现金清查一般采用实地盘点法**。清查小组清查时，出纳人员必须在场，清查的内容主要是检查是否有挪用现金、白条抵库、超限额留存现金以及账款是否相符等。对于现金清查的结果，应编制现金盘点报告单，注明现金溢缺的金额，并由出纳人员和盘点人员签字盖章。如果有挪用现金、白条抵库等情况，应及时予以纠正；对于超限额留存的现金要及时送存银行；每日终了结算现金收支、财产清查等发现的有待查明原因的现金短缺或溢余，应通过"待处理财产损溢"科目核算：属于现金短缺，应按照实际短缺的金额，借记"待处理财产损溢——待处理流动资产损溢"科目，贷记"库存现金"科目；属于现金溢余，按照实际溢余的金额，借记"库存现金"科目，贷记"待处理财产损溢——待处理流动资产损溢"科目。

查明原因后经批准，如为现金短缺，属于应由责任人赔偿的部分，借记"其他应收款"科目，按实际短缺的金额扣除应由责任人赔偿的部分后的金额，借记"管理费用"科目，贷记"待处理财产损溢——待处理流动资产损溢"科目；如为现金溢余，应按实际溢余的金额，借记"待处理财产损溢——待处理流动资产损溢"科目，属于应支付给有关人员或单位的，贷记"其他应付款"科目，现金溢余金额超过应付给有关单位或人员的部分，贷记"营业外收入"科目。

【例 2-1】现金清查中，发现库存现金比账面余额多出 600 元，无法查明原因，编制会计分录如下：

借：库存现金　　　　　　　　　　　　　　　　　　　　　600
　　贷：待处理财产损溢——待处理流动资产损溢　　　　　600

经批准后，编制会计分录如下：

借：待处理财产损溢——待处理流动资产损溢　　　　　　600
　　贷：营业外收入——现金溢余　　　　　　　　　　　　600

【例 2-2】现金清查中，发现库存现金比账面余额短缺 300 元。经批准，应由该出纳员赔偿的金额为 150 元，另外 150 元属于无法查明原因的损失，作为费用处理，编制会计分录如下：

借：待处理财产损溢——待处理流动资产损溢　　　　　　300
　　贷：库存现金　　　　　　　　　　　　　　　　　　　300

经批准后，编制会计分录如下：

借：管理费用——现金短缺　　　　　　　　　　　　　　150
　　其他应收款——某出纳　　　　　　　　　　　　　　150
　　贷：待处理财产损溢——待处理流动资产损溢　　　　300

【例 2-3】收到上述出纳人员赔款 150 元，编制会计分录如下：

借：库存现金　　　　　　　　　　　　　　　　　　　　150
　　贷：其他应收款——某出纳　　　　　　　　　　　　150

2.1.2 银行存款

1. 银行结算制度

银行存款是指企业存放于银行或其他金融机构的货币资金。银行存款的收付应严格执行银行支付结算制度的有关规定。银行结算账户按用途不同可分为基本存款账户、一般存款账户、临时存款账户和专用存款账户。

（1）基本存款账户是账户存款人办理日常转账结算和现金收付而开立的银行结算账户，是存款人的主要存款账户。该账户的使用范围是用于办理存款人的日常经营活动的资金收付以及存款人的工资、奖金和现金的支取。

（2）一般存款账户是存款人因借款或其他结算需要，在基本存款账户开户银行以外的银行营业机构开立的银行结算账户。该账户的使用范围主要是用于办理存款人借款转存、借款归还和其他结算业务。存款人可以通过该账户办理现金缴存，但不能办理现金支取。

（3）专用存款账户是指存款人按照法律、行政法规和规章，对特定用途资金进行专项管理和使用而开立的银行存款结算账户。该账户的使用范围主要是用于办理基本建设资金，更新改造资金，财政预算资金，粮、棉、油收购资金，证券交易结算资金，期货交易保证金，信托基金，住房基金，社会保障基金等专项管理和使用的资金。

（4）临时存款账户是存款人因临时需要并在规定期限内使用而开立的银行结算账户。该账户的使用范围主要是用于办理临时机构以及存款人临时经营活动发生的资金收付。该账户支取现金应按国家现金管理的规定办理。临时存款账户最长不得超过两年。

目前企业可使用的支付结算方式主要有票据、信用卡、汇兑、托收承付、委托收款等。其中票据又主要有银行汇票、商业汇票、银行本票和支票等。这些支付结算方式中，商业汇票的核算将分别在应收票据和应付票据的核算中介绍，银行汇票、银行本票和信用卡的核算则将在其他货币资金的核算中说明。以下只就支票和汇兑、托收承付、委托收款等结算方式的核算予以进行介绍。

2. 银行存款的总分类核算

为了总括反映银行存款的收付及其结存情况，应设置"银行存款"科目，向银行存入款项时借记"银行存款"科目，贷记有关科目；从银行支出款项时借记有关科目，贷记"银行存款"科目。

（1）支票。支票是出票人签发的，委托办理支票存款业务的银行在见票时无条件支付确定的金额给收款人或持票人的票据。单位和个人在同城和异地各种款项结算，均可以使用支票（中国人民银行于 2007 年 6 月 25 日建成全国支票影像交换系统，实现了支票在全国范围的互通使用，企事业单位和个人持任何一家银行的支票均可在境内所有地区办理支付。根据中国人民银行的规定，支票全国通用后出票人签发的支票凭证不变，支票的提示付款期限仍为 10 天；异地使用支票款项最快可在 2 至 3 小时之内到账,一般在银行受理支票之日起 3 个工作日内均可到账。为防范支付风险,异地使用支票的单笔金额上限为 50 万元)。

企业开出支票时,根据支票存根,借记有关科目,贷记"银行存款"科目;企业收到支票并填制进账单到银行办理收款手续后,借记"银行存款"科目,贷记有关科目。

(2) 汇兑。汇兑是汇款人委托银行将其款项支付给收款人的结算方式。单位和个人各种款项的结算均可使用汇兑结算方式。汇兑分为信汇、电汇两种,由汇款人选择使用。汇入银行对于收款人拒绝接受的款项,应即办理退汇。汇入银行对于向收款人发出取款通知,经过两个月无法交付的汇款,应主动办理退汇。

付款单位根据银行签发的汇兑回单,借记有关科目,贷记"银行存款"科目;收款单位根据银行转来的收款通知,借记"银行存款"科目,贷记有关科目。

(3) 托收承付。托收承付是根据购销合同由收款人发货后委托银行向异地付款人收取款项,由付款人向银行承认付款的结算方式。使用托收承付结算方式的收款单位和付款单位,必须是国有企业、供销合作社以及经营管理较好,并经开户银行审查同意的城乡集体所有制工业企业。

办理托收承付结算的款项,必须是商品交易以及因商品交易而产生的劳务供应的款项。代销、寄销、赊销商品的款项,不得办理托收承付结算。

付款企业承认付款后,根据有关凭证,借记"材料采购""在途物资""应交税费——应交增值税"科目,贷记"银行存款"科目。

销货企业收到银行转来的收款通知和有关托收结算凭证,借记"银行存款"科目,贷记"应收账款"等科目。

(4) 委托收款。委托收款是收款人委托银行向付款人收取款项的结算方式。单位和个人凭已承兑商业汇票、债券、存单等付款人债务证明办理款项的结算,均可以使用委托收款结算方式。

付款单位接到银行付款通知、审查债务凭证后付出款项时,借记"应付账款"等科目,贷记"银行存款"科目。收款单位收到银行收款通知后,根据有关凭证借记"银行存款"科目,贷记"应收账款"等科目。

3. 银行存款的明细分类核算

为了全面、系统、连续、详细地反映有关银行存款收支的情况,企业应设置"银行存款日记账",由出纳人员根据审核无误的银行存款收付款凭证,按照业务发生的先后顺序逐日逐笔登记。银行存款日记账必须是订本账,一般采用三栏式账页,借方栏根据银行存款收款凭证登记,贷方栏根据银行存款付款凭证登记。每日终了时应计算银行存款收入合计、银行存款支出合计及结余数,定期与银行转来的对账单核对相符。

4. 银行存款的清查

银行存款的清查是指企业银行存款日记账的账面余额与其开户银行转来的对账单的余额进行的核对。双方余额不一致的原因除记账错误外,还因为存在未达账项。所谓未达账项,是指由于企业与银行取得有关凭证的时间不同,而发生的一方已经取得凭证登记入账,另一方由于未取得凭证尚未入账的款项。具体有以下四种情况:

(1) 企业已收款入账,银行尚未收款入账。如企业已将销售产品收到的支票送存银行,对账前银行尚未入账的款项。

(2) 企业已付款入账,银行尚未付款入账。如企业开出支票购货,根据支票存根已登记银行存款的减少,而银行尚未接到支票,未登记银行存款减少。

(3) 银行已收款入账,企业尚未收款入账。如银行收到外单位采用托收承付结算方式购货所付的款项,已登记入账,企业未收到银行通知而未入账的款项。

(4) 银行已付款入账,企业尚未付款入账。如银行代企业支付的购料款,已登记企业银行存款的减少,而企业因未收到凭证尚未记账的款项。

对上述未达账项应通过编制"银行存款余额调节表"进行检查核对,如没有记账错误,调节后的双方余额应相等。

【例 2-4】某企业 2019 年 10 月 30 日银行存款日记账余额为 51 510 元,银行对账单余额 53 150 元,经逐笔核对发现有以下未达账项:
(1) 企业收到一张转账支票,金额 3 900 元已送存银行,但银行尚未入账。
(2) 企业开出的转账支票中,有一张面值为 1 750 元的支票尚未提取。
(3) 企业委托银行收款 4 196 元,银行已入账,企业尚未接到收款通知。
(4) 企业电话费 406 元已由银行代付,但企业尚未接到通知。

根据上述资料编制"银行存款余额调节表"如表 2-1 所示。

表 2-1 银行存款余额调节表
(2019 年 10 月 31 日)

项目	余额/元	项目	余额/元
银行对账单余额	53 150	银行存款日记账余额	51 510
加:企业已收,银行未收	3 900	加:银行已收,企业未收	4 196
减:企业已付,银行未付	1 750	减:银行已付,企业未付	406
调整后的余额	55 300	调整后的余额	55 300

经调整后双方的余额相等,说明双方记账相符,否则说明记账有错误应予更正;调整后的余额是企业当时实际可以动用的存款数额。但是,"银行存款余额调节表"只起对账作用,不能作为调整银行存款账面余额的原始凭证。银行存款账面的调整,需等到有关银行单证到达后才能作账务处理。

2.1.3 其他货币资金

其他货币资金是指企业除现金、银行存款以外的各种货币资金,主要包括外埠存款、银行汇票存款、银行本票存款、信用证保证金存款、信用卡存款备用金等。

为了反映和监督其他货币资金的收支和结存情况,应设置"其他货币资金"科目,借方登记其他货币资金的增加数,贷方登记其他货币资金的减少数,余额在借方,表示其他货币资金的结存数额。"其他货币资金"科目应按其他货币资金的种类设置明细科目。

货币资金的清查基本方法

1. 外埠存款的核算

外埠存款是指企业为了到外地进行临时或零星采购，而汇往采购地所开立的采购专户的款项。企业将款项汇往外地时，应填写汇款委托书，委托开户银行办理汇款。汇入地银行以汇款单位名义开立临时采购科目，该科目的存款不计利息、只付不收、付完清户，除了采购人员可从中提取少量现金外，一律采用转账结算。

【例2-5】甲公司为了在上海采购物资，在上海的工商银行某分行开立采购专户，2019年6月1日，汇往上海工商银行某分行500 000元。

甲公司将款项汇往上海开立采购专户，取得回单，编制会计分录如下：

借：其他货币资金——外埠存款　　　　　　　　　　500 000
　　贷：银行存款　　　　　　　　　　　　　　　　　500 000

2019年6月10日，采购人员采购商品完毕转来发票账单，其中货款400 000元，增值税52 000元；运费10 000元，增值税900元，商品尚未验收入库。材料采用实际成本核算，编制会计分录如下：

借：在途物资　　　　　　　　　　　　　　　　　　410 000
　　应交税费——应交增值税（进项税额）　　　　　　52 900
　　贷：其他货币资金——外埠存款　　　　　　　　　462 900

2019年6月13日，采购的商品全部验收入库，编制会计分录如下：

借：库存商品　　　　　　　　　　　　　　　　　　410 000
　　贷：在途物资　　　　　　　　　　　　　　　　　410 000

2019年6月15日，采购完毕收回剩余款项时，编制会计分录如下：

借：银行存款　　　　　　　　　　　　　　　　　　 37 100
　　贷：其他货币资金——外埠存款　　　　　　　　　 37 100

2. 银行汇票存款的核算

银行汇票是指由出票银行签发的，由其在见票时按照实际结算金额无条件支付给收款人或者持票人的票据。银行汇票的出票银行为银行汇票的付款人。单位和个人各种款项的结算，均可使用银行汇票。银行汇票用于转账，填明"现金"字样的银行汇票则用于支取现金。企业向银行申请办理银行汇票时，应填写"银行汇票委托书"，将款项交存出票银行。

企业收到银行汇票、填制进账单到开户银行办理款项入账手续时，则应根据进账单及销货发票等借记"银行存款"科目，贷记"主营业务收入""应交税费——应交增值税（销项税额）"等科目。

【例2-6】甲企业派出采购员往浙江乙企业采购材料，开出一张票面金额为600 000元的银行汇票，由采购员携带该汇票前往，以便及时结算货款。

（1）甲企业的会计处理。甲企业根据经银行核准的银行汇票委托书存根，编制会计分录如下：

借：其他货币资金——银行汇票　　　　　　　　　　600 000
　　贷：银行存款　　　　　　　　　　　　　　　　　600 000

甲企业采购员持银行汇票在乙企业采购 A 材料，A 材料价款为 500 000 元，增值税 65 000 元。甲企业收到乙企业开具的增值税专用发票及运输公司的货运发票账单，材料也已到达并验收入库，同时以电汇方式支付某运输公司运费 10 000 元，增值税 900 元，编制会计分录如下：

借：原材料	510 000
应交税费——应交增值税（进项税额）	65 900
贷：其他货币资金——银行汇票	565 000
银行存款	10 900

采购完毕收回剩余款项时，编制会计分录如下：

借：银行存款	35 000
贷：其他货币资金——银行汇票	35 000

（2）乙企业的会计处理。乙企业收到银行汇票，填制进账单到开户银行办理入账手续，根据进账单回单联及销货发票记账联，编制会计分录如下：

借：银行存款	565 000
贷：主营业务收入	500 000
应交税费——应交增值税（销项税额）	65 000

3. 银行本票存款的核算

银行本票是银行签发的，承诺自己在见票时无条件支付确定的金额给收款人或持票人的票据。单位和个人在同一票据交换区域需要支付的各种款项，均可使用银行本票。银行本票可以用于转账，注明"现金"字样的银行本票可以用于支取现金。

银行本票的提示付款期限自出票日起最长不得超过 2 个月。在有效付款期内，银行见票付款。持票人超过付款期限提示付款的，银行不予受理。

采用银行本票进行结算时，企业应填写"银行本票委托书"并将款项交存银行。

【例 2-7】甲企业为在本市乙企业采购货物，开具了一张 50 000 元的定额银行本票。

（1）甲企业的会计处理。甲企业根据经银行核准后的银行本票委托书存根，编制会计分录如下：

借：其他货币资金——银行本票	50 000
贷：银行存款	50 000

甲企业持银行本票采购货物，其中价款为 30 000 元，增值税 3 900 元，收到有关发票账单，货物已验收入库，编制会计分录如下：

借：原材料（或库存商品）	30 000
应交税费——应交增值税（进项税额）	3 900
贷：其他货币资金——银行本票	33 900

剩余 16 100 元，由乙企业转账退还，甲企业收到开户银行的入账通知，编制会计分录如下：

借：银行存款	16 100
贷：其他货币资金——银行本票	16 100

(2) 乙企业的会计处理。乙企业收到银行本票后,填制进账单到开户银行办理款项入账手续,开出转账支票办理转账,退还多余款 16 100 元,根据进账单及销货发票等,编制会计分录如下:

借:银行存款　　　　　　　　(50 000 − 16 100)　　　　33 900
　　贷:主营业务收入　　　　　　　　　　　　　　　　30 000
　　　　应交税费——应交增值税(销项税额)　　　　　3 900

说明:银行本票不同于银行汇票,它不能自动将余款退回,而需要通过转账或现金退还多余款。

4. 信用证保证金存款的核算

信用证保证金存款是指采用信用证结算方式的企业为开具信用证而存入银行信用证保证金专户的款项。企业需填写信用证委托书,将信用证保证金交存银行,由银行出具信用证。

【例 2 – 8】 2019 年 3 月 6 日,甲企业为进口商品在工商银行申请开立信用证 100 000 美元,按开具金额的 30% 支付保证金 30 000 美元,假设当日美元兑人民币的汇率为 6.9 元,支付银行开证手续费 280 元。

甲企业根据银行盖章退回的信用证委托书回单,编制会计分录如下:

借:其他货币资金——信用证保证金　　　　　　　　　207 000
　　贷:银行存款——外币存款　　(US $ 30 000 × 6.9)　207 000

根据开证银行的手续费收费单,编制会计分录如下:

借:财务费用——银行手续费　　　　　　　　　　　　　280
　　贷:银行存款　　　　　　　　　　　　　　　　　　　280

2019 年 3 月 16 日,收到工商银行转来的进口商品的发票、提单等单据,共计金额 100 000 美元,当日美元汇率中间价为 6.9 元,扣除已支付的保证金外,当即付清全部价款,编制会计分录如下:

借:在途物资　　　　　　　　　　　　　　　　　　　690 000
　　贷:其他货币资金——信用证保证金(US $ 30 000 × 6.9) 207 000
　　　　银行存款——外币存款　　　　(US $ 70 000 × 6.9) 483 000

5. 信用卡存款的核算

信用卡存款是指企业为取得信用卡而存入银行信用卡专户的款项。企业应填制信用卡申请表,连同支票和有关资料一并送存发卡银行,领取信用卡。

【例 2 – 9】 2019 年 3 月 3 日,某公司为了零星采购和业务招待的方便,在基本户开户银行开办了一张信用卡,从基本户转入资金 20 000 元。

该公司根据银行盖章退回的交存备用金进账单,编制会计分录如下:

借:其他货币资金——信用卡存款　　　　　　　　　　20 000
　　贷:银行存款　　　　　　　　　　　　　　　　　　20 000

2019 年 3 月 15 日,招待客户发生业务招待费 4 500 元,从信用卡存款支付,收到有关的付款凭证及所附发票账单时,编制会计分录如下:

借:管理费用——业务招待费 4 500
  贷:其他货币资金——信用卡存款 4 500

企业的持卡人如不需要继续使用信用卡时,应持信用卡主动到发卡银行办理销户。销卡时,信用卡科目余额转入企业基本存款户,不得提取现金,借记"银行存款"科目,贷记"其他货币资金——信用卡存款"科目。

2.2 应收票据

2.2.1 应收票据的定义及内容

应收票据是指企业因采用商业汇票支付方式销售商品、产品等而收到的商业汇票。商业汇票是一种由出票人签发的,委托付款人在指定日期无条件支付确定金额给收款人或者持票人的票据。

商业汇票的付款期限,最长不得超过6个月。定期付款的汇票期限自出票日起计算,并在汇票上记载具体到期日;出票后定期付款的汇票付款期限自出票日起按月计算,并在汇票上记载;见票定期付款的汇票付款期限自承兑或拒绝承兑日起按月计算,并在汇票上记载。商业汇票的提示付款期限,自汇票到期日起10日。符合条件的商业汇票的持票人,可以持未到期的商业汇票连同贴现凭证向银行申请贴现。

商业汇票根据承兑人不同,分为商业承兑汇票和银行承兑汇票;根据面值中是否带息,分为带息商业汇票(简称带息票据)和不带息商业汇票(简称不带息票据)。

商业承兑汇票是指由付款人签发并承兑,或由收款人签发交由付款人承兑的汇票。商业承兑汇票的付款人收到开户银行的付款通知,应在当日通知银行付款。付款人在接到通知日的次日起3日内(遇法定休假日顺延)未通知银行付款的,视同付款人承诺付款,银行将于付款人接到通知日的次日起第4日(遇法定休假日顺延)将票款划给持票人。付款人提前接到由其承兑的商业汇票,应通知银行于汇票到期日付款。付款人存款账户不足支付的,银行将填制付款人未付票款通知书,连同商业承兑汇票邮寄持票人开户银行转交持票人。

银行承兑汇票是指由在承兑银行开立存款账户的存款人(这里也是出票人)签发,由承兑银行承兑的票据。企业申请使用银行承兑汇票时,应向其承兑银行按票面金额的0.5‰交纳手续费。银行承兑汇票的出票人应于汇票到期前将票款足额交存其开户银行。银行承兑汇票的出票人于汇票到期前未能足额交存票款时,承兑银行除凭票向持票人无条件付款外,对出票人尚未支付的汇票金额按照每天0.5‰计收利息。

带息票据是指票据到期时,承兑人按票据面额及应计利息之和向收款人付款的商业汇票。在这类商业汇票中,票面价值为本金,另外标有票面利率(一般是年利率)。则:

票据到期值 = 票据面值 + 票据利息

不带息票据是指票据到期时,承兑人仅按票面面值向收款人付款的票据。在这一商业汇票中,票面价值一般为本利和,即已将票据的利息计入面值,不另外标有票面利率。则:

$$票据到期值 = 票据面值$$

2.2.2 应收票据的核算

为了反映和监督应收票据取得、票款收回等经济业务,应设置"应收票据"科目,借方登记取得的应收票据的面值,贷方登记到期收回票款或到期前向银行贴现的应收票据的面值,余额在借方,表示尚未收回且未申请贴现的应收票据的面值。"应收票据"科目应按照商业汇票的种类设置明细科目,并设置应收票据备查簿,逐笔登记每一张应收票据的种类、号数、签发日期、票面金额、交易合同号、承兑人、背书人的姓名或单位名称、到期日、贴现日、贴现率、贴现净额、收款日期、收款金额等事项。

1. 取得应收票据

根据应收票据取得的原因不同,其会计处理有所区别。因债务人抵偿前欠货款而取得的应收票据,借记"应收票据"科目,贷记"应收账款"科目;因企业销售货物等取得的应收票据,借记"应收票据"科目,贷记"主营业务收入""应交税费——应交增值税"等科目。

2. 收回到期票款

不带息票据的到期值即是票据的面值,因此收回时,按照票面金额借记"银行存款"科目,贷记"应收票据"科目。

带息票据到期收回首先应计算票据到期值。按到期值收回票款时,借记"银行存款"科目,按票面金额贷记"应收票据"科目,按票据利息额贷记"财务费用"科目。

$$应收票据到期值 = 票据面值 \times (1 + 票面利率 \times 票据期限)$$

如无特别指明,应收票据上注明的利率一般指年利率,全年按 360 天计算,每个月不分实际天数,均按 30 天计算。

$$月利率 = 年利率 \div 12$$
$$日利率 = 年利率 \div 360 = 月利率 \div 30$$

票据期限有两种表示方式:

(1) 以天数表示,即采用票据签发日与到期日"算头不算尾"或"算尾不算头"的方法,按照实际天数计算到期日。以下以"算尾不算头"为例说明。

【例 2-10】一张 2019 年 5 月 6 日签发的面值为 20 000 元、利率为 9%、60 天到期的商业汇票,其到期日为 7 月 5 日。

票据到期值为:$20\ 000 \times (1 + 9\% \times 60 \div 360) = 20\ 300$(元)

到期收到上述应收票据的票款时,编制会计分录如下:

借:银行存款　　　　　　　　　　　　　　　　　　　　20 300
　　贷:应收票据　　　　　　　　　　　　　　　　　　　20 000
　　　　财务费用　　　　　　　　　　　　　　　　　　　　300

(2) 以月数表示。在这一方式中，票据到期日以签发日数月后的对日计算，而不论各月份实际日历天数多少。如果票据签发日为某月份的最后一天，其到期日应为若干月后的最后一天。如 10 月 31 日签发的、4 个月期限的商业汇票，到期日为下一年 2 月 28 日或 29 日（闰年）；如 2 月 28 日签发的、3 个月期限的商业汇票，到期日为 5 月 31 日，依次类推。

假设上例中应收票据的期限采用月数法，即规定两个月后到期，则其到期日应为 7 月 6 日。

3. 应收票据贴现

应收票据的贴现是指持票人因急需资金，将未到期的商业汇票背书后转让给银行，贴给银行一定利息后收取剩余票款的业务活动。银行计算贴现利息的利率称为贴现率，企业从银行获得的票据到期值扣除贴现利息后货币收入，称为贴现收入（净额）。其公式为：

贴现收入 = 票据到期值 − 贴现利息
贴现利息 = 票据到期值 × 贴现率 × 贴现期
贴现期 = 票据期限 − 企业已持有票据期限

企业应按商业汇票的贴现收入，借记"银行存款"科目，按贴现商业汇票的面值，贷记"应收票据"科目（银行无追索权情况下）或"短期借款"科目（银行有追索权情况下）。对于贴现收入与票面价值的差额，借记或贷记"财务费用"科目。

【例 2 – 11】甲公司因急需资金，于 2019 年 7 月 1 日将一张从乙公司取得的，2019 年 6 月 11 日签发、90 天期限、票面价值 300 000 元的不带息商业汇票向银行贴现，年贴现率为 6%。则：

票据到期日为 2019 年 9 月 9 日（6 月份 19 天，7 月份 31 天，8 月份 31 天，9 月份 9 天）。

票据持有天数 20 天（6 月份 19 天，7 月份 1 天）。

贴现期 = 90 − 20 = 70（天）

到期值 = 300 000（元）

贴现利息 = 300 000 × 6% × 70 ÷ 360 = 3 500（元）

贴现收入 = 300 000 − 3 500 = 296 500（元）

甲公司编制会计分录如下：

借：银行存款　　　　　　　　　　　　　　　　　　296 500
　　财务费用　　　　　　　　　　　　　　　　　　　3 500
　　贷：应收票据　　　　　　　　　　　　　　　　　　　300 000

【例 2 – 12】丙公司于 2019 年 8 月 16 日将一张 2019 年 5 月 20 日签发的，期限为 4 个月，票面价值 1 000 000 元，票面利率 3% 的带息商业承兑汇票向银行贴现，年贴现率为 7.2%。

票据到期日为 9 月 20 日。

贴现期为 35 天（8 月份 15 天，9 月份 20 天）。

到期值 = 1 000 000 × (1 + 3% × 4 ÷ 12) = 1 010 000（元）

贴现利息 = 1 010 000 × 7.2% × 35 ÷ 360 = 7 070（元）
贴现收入 = 1 010 000 − 7 070 = 1 002 930（元）
丙公司编制会计分录如下：
借：银行存款　　　　　　　　　　　　　　　　　　　1 002 930
　　贷：短期借款　　　　　　　　　　　　　　　　　　1 000 000
　　　　财务费用　　　　　　　　　　　　　　　　　　　　2 930

4. 转让应收票据

企业将持有的应收票据背书转让取得所需物资时，按应计入取得物资成本的价值，借记"原材料""库存商品"等科目，按专用发票上注明的增值税额，借记"应交税费——应交增值税（进项税额）"科目，按应收票据的账面余额，贷记"应收票据"科目，按实际收到或支付的金额，借记或贷记"银行存款"等科目。

如为带息应收票据，将持有的应收票据背书转让取得所需物资时，按应计入取得物资成本的价值，借记"原材料""材料采购""在途物资""库存商品"等科目，按专用发票上注明的增值税额，借记"应交税费——应交增值税（进项税额）"科目，按应收票据的账面金额，贷记"应收票据"科目，按应计利息，贷记"财务费用"科目，按实际收到或支付的金额，借记或贷记"银行存款"等科目。

【例2-13】甲公司因销售货物取得一张面值为50 000元的商业汇票背书给供货单位，以购买材料。该批材料价款为50 000元，增值税为6 500元，其余款项通过银行转账支付。

甲公司编制会计分录如下：
借：原材料　　　　　　　　　　　　　　　　　　　　　50 000
　　应交税费——应交增值税（进项税额）　　　　　　　　6 500
　　贷：应收票据　　　　　　　　　　　　　　　　　　50 000
　　　　银行存款　　　　　　　　　　　　　　　　　　　6 500

【例2-14】承【例2-13】，若甲公司销售货物取得的是带息商业汇票，期限为90天，已持有30天，年利率为6%。

30天利息 = 50 000 × 30 ÷ 360 × 6% = 250（元）
甲公司编制会计分录如下：
借：原材料　　　　　　　　　　　　　　　　　　　　　50 000
　　应交税费——应交增值税（进项税额）　　　　　　　　6 500
　　贷：应收票据　　　　　　　　　　　　　　　　　　50 000
　　　　银行存款　　　　　　　　　　　　　　　　　　　6 250
　　　　财务费用　　　　　　　　　　　　　　　　　　　　250

5. 商业汇票到期的会计处理

商业汇票到期，应按照实际收到的金额，借记"银行存款"科目，贷记"应收票据"科目。

【例 2-15】乙企业于 2019 年 6 月 30 日销售材料给甲企业，收到甲企业开出的面值 226 000 元，期限为 6 个月的商业票据一张。其中货款为 200 000 元，增值税为 26 000 元。该票据为带息票据，年利率为 9%。票据到期日为 2019 年 12 月 31 日。

(1) 销售商品开出增值税专用发票，取得商业汇票时，编制会计分录如下：

借：应收票据　　　　　　　　　　　　　　　　　　226 000
　　贷：主营业务收入　　　　　　　　　　　　　　　　200 000
　　　　应交税费——应交增值税（销项税额）　　　　　26 000

(2) 每月计算票据利息 = 226 000 × 9% ÷ 12 = 1 695（元）
编制会计分录如下：

借：应收票据——甲企业　　　　　　　　　　　　　1 695
　　贷：财务费用　　　　　　　　　　　　　　　　　1 695

(3) 到期收到票据本付息时，编制会计分录如下：
票据到期值 = 226 000 × (1 + 9% × 6 ÷ 12) = 236 170（元）

借：银行存款　　　　　　　　　　　　　　　　　　236 170
　　贷：应收票据——甲企业　　　　　　　　　　　　234 475
　　　　财务费用　　　　　　　　　　　　　　　　　1 695

若该例中，该商业票据为不带息票据，则不需提利息，即没有第（2）项处理，第（3）项应编制会计分录如下：

借：银行存款　　　　　　　　　　　　　　　　　　226 000
　　贷：应收票据——甲企业　　　　　　　　　　　　226 000

6. 到期无法收到应收票据款的处理

(1) 不带息应收票据的处理。因付款人无力支付票款，或到期不能收回应收票据，如为不带息商业汇票（主要指商业承兑汇票），则按票据的账面金额，借记"应收账款"科目，贷记"应收票据"科目。

【例 2-16】承【例 2-15】，假设该票据为不带息商业承兑汇票，票据到期时甲企业无力支付票款，则应编制会计分录如下：

借：应收账款——甲企业　　　　　　　　　　　　　226 000
　　贷：应收票据——甲企业　　　　　　　　　　　　226 000

(2) 带息应收票据的处理。付款人到期无力支付的票据属于商业承兑汇票，则应在票据到期时，将实际应收的应收票据本利和借记"应收账款"科目，贷记"应收票据""财务费用"科目（应收票据利息部分），待与购货方协商后处理。若企业重新签发新票据更换原应收票据，则从"应收账款"科目转入"应收票据"科目。

【例 2-17】承【例 2-15】，假设该票据为带息商业承兑汇票，票据到期时甲企业无力支付票款，则应编制会计分录如下：

借：应收账款——甲企业　　　　　　　　　　　　　236 170
　　贷：应收票据——甲企业　　　　　　　　　　　　234 475
　　　　财务费用　　　　　　　　　　　　　　　　　1 695

（3）已贴现的商业汇票的处理。已贴现的商业汇票，票据到期后付款人无力支付票款，贴现银行将按票据的到期值收回贴现款。

【例2-18】承【例2-11】，假设甲公司贴现的是商业承兑汇票，汇票到期后，因付款人无力支付票款，贴现银行收回贴现款。甲公司编制会计分录如下：

借：应收账款——乙公司　　　　　　　　　　　　300 000
　　贷：银行存款　　　　　　　　　　　　　　　　　300 000

如果甲公司也无力归还贴现款，则作为逾期贷款处理。甲公司编制会计分录如下：

借：应收账款——乙公司　　　　　　　　　　　　300 000
　　贷：短期借款　　　　　　　　　　　　　　　　　300 000

【例2-19】承【例2-12】，假设丙公司贴现的是商业承兑汇票，汇票到期后，因付款人无力支付票款，贴现银行收回贴现款（到期值）。丙公司编制会计分录如下：

借：应收账款——××企业　　　　　　　　　　　1 010 000
　　贷：银行存款　　　　　　　　　　　　　　　　　1 010 000

如果丙公司也无力归还贴现款，则作为逾期贷款处理。丙公司编制会计分录如下：

借：应收账款——××企业　　　　　　　　　　　1 010 000
　　贷：短期借款　　　　　　　　　　　　　　　　　1 010 000

企业应当设置应收票据备查簿，逐笔登记商业汇票的种类、号数和出票日、票面金额、交易合同号和付款人、承兑人、背书人的姓名或单位名称、到期日、背书转让日、贴现日、贴现率和贴现净额以及收款日期和收回金额、退票情况等资料。商业汇票到期结清票款或退票后，在备查簿中应予注销。

2.3　应收账款

应收账款是指企业因销售商品、产品或提供劳务等，应向购货单位或接受劳务单位收取的款项。不单独设置"预收账款"科目的企业，预收的款项也在"应收账款"科目核算。

2.3.1　应收账款的会计处理

企业发生应收账款时，按应收金额，借记"应收账款"科目，按实现的销售收入，贷记"主营业务收入"等科目，按专用发票上注明的增值税额，贷记"应交税费——应交增值税（销项税额）"科目；收回应收账款时，借记"银行存款"等科目，贷记"应收账款"科目。企业代购货单位垫付的包装费、运输费等，借记"应收账款"科目，贷记"银行存款"等科目；收回代垫费用时，借记"银行存款"科目，贷记"应收账款"科目。如果企业应收账款改用商业汇票结算，在收到承兑的商业汇票时，按票面价值，借记"应收票据"科目，贷记"应收账款"科目。

【例2-20】2019年4月5日，甲企业销售给乙企业A商品1 200件，价款为312 000元，增值税40 560元，已开出增值税专用发票，价税合计352 560元，用银行存款代垫运费2 000元，款项尚未收到。甲企业在实现营业收入、确认已发生的应收账款时，编制会计分录如下：

  借：应收账款——乙企业   354 560
    贷：主营业务收入   312 000
      应交税费——应交增值税（销项税额） 40 560
      银行存款   2 000

同年4月10日，收回货款及代垫运费时，编制会计分录如下：

  借：银行存款   354 560
    贷：应收账款——乙企业   354 560

假设4月10日，乙企业开具一张商业汇票，面值为354 560元，抵付应收账款，则编制会计分录如下：

  借：应收票据——乙企业   354 560
    贷：应收账款——乙企业   354 560

需要指出的是，企业发生的应收账款，在有商业折扣的情况下，应按扣除商业折扣后的金额入账；如果企业发生的应收账款有现金折扣，则发生的现金折扣作为财务费用处理。

【例2-21】某企业销售商品10 000元，增值税1 300元。企业为了及时收款，规定的现金折扣条件为2/10、N/30，编制会计分录如下：

  借：应收账款   11 300
    贷：主营业务收入   10 000
      应交税费——应交增值税（销项税额） 1 300

收到货款时，应根据购货企业是否得到现金折扣的情况入账。如果上述货款在10天内收到，编制会计分录如下：

  借：银行存款   11 074
    财务费用   （11 300×2%）   226
    贷：应收账款   11 300

如果超过了现金折扣的最后期限，则编制会计分录如下：

  借：银行存款   11 300
    贷：应收账款   11 300

2.3.2 坏账损失的会计处理

坏账是指企业无法收回的应收账款。由于发生坏账而产生的损失，称为坏账损失。

1. 坏账损失的确认

根据《小企业会计准则》的规定，小企业应收及预付款项符合下列条件之一的，减除可收回的金额后确认的无法收回的应收及预付款项，作为坏账损失。

(1) 债务人依法宣告破产、关闭、解散、被撤销,或者被依法注销、吊销营业执照,其清算财产不足清偿的。
(2) 债务人死亡,或者依法被宣告失踪、死亡,其财产或者遗产不足清偿的。
(3) 债务人逾期3年以上未清偿,且有确凿证据证明已无力清偿债务的。
(4) 与债务人达成债务重组协议或法院批准破产重整计划后,无法追偿的。
(5) 因自然灾害、战争等不可抗力导致无法收回的。
(6) 国务院财政、税务主管部门规定的其他条件。

应收及预付款项的坏账损失应当于实际发生时记入"营业外支出",同时冲减应收及预付款项。

2. 坏账损失的会计处理

根据《小企业会计准则》的规定,小企业不计提坏账准备,确认应收账款实际发生的坏账损失,应当按照可收回的金额,借记"银行存款"等科目,按照其账面余额,贷记"应收账款""应收票据""其他应收款"等科目,按照其差额,借记"营业外支出"科目。已作坏账损失处理后又收回的应收款项,贷记"营业外收入"科目。

【例2-22】甲是小型企业,是乙企业的供货商。由于乙企业在2018年以来经营发生了严重的困难。截至2019年2月"应收账款——乙企业"的账面余额累计达到120 000元。经与乙企业协商,于2019年6月收回应收账款70 000元。6月份进行该笔坏账损失的账务处理,编制会计分录如下:

借:营业外支出——坏账损失　　　　　　　　　　　　　　50 000
　　银行存款　　　　　　　　　　　　　　　　　　　　　70 000
　贷:应收账款——乙企业　　　　　　　　　　　　　　　120 000

假设乙企业2020年经营情况好转,根据协议,2020年3月又收回应收账款20 000元,编制会计分录如下:

借:银行存款　　　　　　　　　　　　　　　　　　　　　20 000
　贷:营业外收入——坏账收回　　　　　　　　　　　　　 20 000

2.4 其他应收款

其他应收款是核算企业除应收票据、应收账款、应收股利、应收利息以外的其他各种应收、暂付款项,包括各种应收的赔款、罚款、应向职工收取的各种垫付款项等。

其他应收、暂付款主要包括:
(1) 应收的各种赔款、罚款。
(2) 应收出租包装物租金。
(3) 应向职工收取的各种垫付款项。
(4) 其他各种应收、暂付款项。

企业发生其他各种应收款项时,借记"其他应收款"科目,贷记有关科目;收回各种款项时,借记有关科目,贷记"其他应收款"科目。

根据《小企业会计准则》的规定,定额备用金不再通过"其他应收款"科目核算,而应在"其他货币资金——备用金"科目核算。会计部门拨付备用金时,借记"其他货币资金——备用金"或"备用金"科目,贷记"库存现金"或"银行存款"科目。自备用金中支付零星支出,应根据有关的支出凭单,定期编制备用金报销清单,会计部门根据内部各单位提供的备用金报销清单,定期补足备用金,借记"管理费用"等科目,贷记"库存现金"或"银行存款"科目。除了增加或减少拨入的备用金外,使用或报销有关备用金支出时不再通过"其他货币资金"或"备用金"科目核算。

【例2-23】 甲企业2019年7月13日因职工生产过程中发生工伤,用现金垫付医疗费用5 000元。甲企业编制会计分录如下:

借:其他应收款——保险公司　　　　　　　　　　　5 000
　　贷:库存现金　　　　　　　　　　　　　　　　　　　　5 000

假设2019年7月31日收到保险公司的赔款5 000元,款项已通过银行转账。甲企业编制会计分录如下:

借:银行存款　　　　　　　　　　　　　　　　　　5 000
　　贷:其他应收款——保险公司　　　　　　　　　　　　　5 000

【例2-24】 甲企业2019年4月15日经研究,核定给采购员张力定额备用金4 000元。2019年4月28日,张力出差回来,报销差旅费2 500元,以上均以现金支付。

支付备用金时,编制会计分录如下:

借:其他货币资金——备用金　　　　　　　　　　　4 000
　　贷:库存现金　　　　　　　　　　　　　　　　　　　　4 000

张力报销差旅费时,编制会计分录如下:

借:管理费用——差旅费　　　　　　　　　　　　　2 500
　　贷:库存现金　　　　　　　　　　　　　　　　　　　　2 500

假设,借给张力的是非定额备用金,报销时余款以库存现金收回。

支付非定额备用金时,编制会计分录如下:

借:其他应收款——张力　　　　　　　　　　　　　4 000
　　贷:库存现金　　　　　　　　　　　　　　　　　　　　4 000

张力报销差旅费时,编制会计分录如下:

借:管理费用——差旅费　　　　　　　　　　　　　2 500
　　库存现金　　　　　　　　　　　　　　　　　　1 500
　　贷:其他应收款——张力　　　　　　　　　　　　　　　4 000

注销张力定额备用金时,编制会计分录如下:

借:库存现金　　　　　　　　　　　　　　　　　　4 000
　　贷:其他应收款——张力　　　　　　　　　　　　　　　4 000

小企业会计准则——其他应收款

思考练习题

一、判断题

1. "库存现金"科目核算的内容是库存现金及现金等价物的有价证券。（　　）
2. 由于现金在企业资产中所占的比重不大，按重要性原则要求，核算时可以适当简化手续，管理过程也不必过于投入。（　　）
3. 未经批准，企业不得坐支现金。（　　）
4. 一个企业可以同时在几个银行开设基本存款账户，以方便现金的存取工作。（　　）
5. 为了满足稳健性原则的要求，小企业的所有财产均应按成本与市价孰低法计价。（　　）
6. 只要银行和企业财务记录都没错，月末银行对账单的存款余额与企业银行存款日记账余额就应当相等。（　　）
7. 代销、寄销、赊销商品的款项，不得办理托收承付结算。（　　）
8. 银行存款余额调节表可以作为调节账面余额的凭证。（　　）
9. 商业折扣是指鼓励顾客在一定期限内尽早偿还款项而给客户一定数额的价格减让。（　　）
10. 《小企业会计准则》规定，企业收到已经确认为坏账后顾客又还来的款项，应作为营业外收入入账。（　　）
11. 企业已贴现的商业承兑汇票，如果票据到期，承兑方拒付，银行将向贴现人收回已贴现票据的票面额。（　　）
12. 《小企业会计准则》规定，小企业不计提坏账准备。（　　）
13. 《小企业会计准则》规定，小企业确认的坏账损失直接计入管理费用。（　　）
14. 票据贴现收入 = 票据面值 − 贴现息。（　　）
15. 票据贴现金额有可能大于票面金额，也有可能小于票面金额。（　　）
16. 小企业本期确认的坏账损失，对本期损益不会产生影响。（　　）
17. 商业汇票只能用于劳务结算，不可以用于商品交易的结算。（　　）
18. 对于因未达账项引起的银行存款日记账与银行对账单余额的差异不必调整。（　　）

二、单项选择题

1. 使用现金结算的限额金额为（　　）元以下。
   A. 100　　　　B. 500　　　　C. 1 000　　　　D. 1 500
2. 一张带息应收票据面值为10 000元，年利率为9%，3个月到期，则该票据到期日应收利息为（　　）元。
   A. 232.50　　　B. 227.50　　　C. 230　　　　D. 225
3. 企业在6月28日将8月1日到期的票据贴现，则贴现天数为（　　）天。
   A. 32　　　　B. 34　　　　C. 33　　　　D. 35
4. 不单独设置"备用金"科目的企业，内部各部门周转使用的定额备用金应通过（　　）科目核算。

　　A. 库存现金　　B. 其他应收款　　C. 其他货币资金　　D. 银行存款

5. 企业一般不得从本单位的现金收入中直接支付现金，因特殊情况需要坐支现金的，应事先经（　　）审查批准。

　　A. 本企业单位负责人　　　　　B. 上级主管部门

　　C. 开户银行　　　　　　　　　D. 财税部门

6. 按照规定，企业的工资、奖金等现金的支取，只能通过（　　）办理。

　　A. 基本存款户　　B. 一般存款户　　C. 临时存款户　　D. 专用存款户

7. 收到带息的商业汇票时，会计应按（　　）入账。

　　A. 票据面值　　　　　　　　　B. 票据面值 + 到期利息

　　C. 票据到期值　　　　　　　　D. 票据本息的复利现值

8. 我国现阶段商业汇票的承兑期最长不超过（　　）。

　　A. 3 个月　　B. 9 个月　　C. 6 个月　　D. 5 个月

9. 某企业因业务急需用款，将票面金额为 10 000 元、年利率为 8%、期限为 90 天的带息汇票提前 30 天贴现，贴现月利率为 9‰，所得贴现收入为（　　）元。

　　A. 10 100　　B. 10 108.20　　C. 10 118.40　　D. 10 000

10. 应收票据贴现的利息，应记入（　　）科目。

　　A. 销售费用　　B. 制造费用　　C. 管理费用　　D. 财务费用

三、多项选择题

1. 如果带息票据所规定的月利率与月贴现率相同，则贴现收入（　　）。

　　A. 可能大于票面额　　　　　　B. 可能等于票面额

　　C. 可能小于票面额　　　　　　D. 一定与票面额相等

2. 下列事项可确认为坏账损失的是（　　）。

　　A. 因债务人死亡，即确实无法收回的款项

　　B. 到期的应收款、票据款及单位无法支付的款项

　　C. 因债务人破产，按照法律清偿后确实无法收回的应收账款

　　D. 因债务人逾期未履行偿债义务超过 3 年仍不能收回的应收账款

3. 应收款项按其性质来说属于（　　）。

　　A. 流动资产　　B. 负债　　C. 债权　　D. 无形资产

4. 下列票据可以背书转让的有（　　）。

　　A. 现金支票　　B. 商业汇票　　C. 银行汇票　　D. 银行本票

四、业务题

1. 华通公司 2019 年 1 月 1 日起实行定额备用金制，经研究拨给后勤保障部现金 800 元作为定额备用金。10 天后，后勤保障部交来下列单据要求报销：

（1）购买文具用品 205 元。

（2）支付市内交通费 86 元。

（3）购买邮票 57 元。

（4）支付电话费 98 元。

（5）其他各项杂费支出 70 元。

经审核后立即给予报销，并增拨备用金至 1 000 元。根据资料编制有关会计分录。

2. 天明公司 2019 年 6 月发生以下经济业务，根据资料编制有关会计分录：

（1）3 日，收到华通公司投资款 800 000 元存入银行。

（2）8 日，开出现金支票，从银行提取现金 2 000 元以备零星开支。

（3）10 日，委托银行将 80 000 元款项以信汇方式汇往上海某银行开立采购专户。

（4）11 日，向本市大明工厂销售产品一批，货款 48 000 元，增值税 6 240 元，收到对方开出的转账支票一张，当天向银行办妥进账。

（5）14 日，职工李鹏到财务处报销市内交通费 50 元，以现金支付。

（6）17 日，采购员回厂报销汇往上海的外购材料款 38 000 元，增值税 4 940 元。材料已验收入库，款项已从上海开立的采购专户支付。

（7）19 日，向开户银行申请签发银行汇票一张，票面金额 40 000 元，交采购员持往上海宝山钢铁公司采购钢材。

（8）22 日，销售产品 2 件，收到现金 600 元，当日送存银行，取回缴款单回单。

（9）25 日，销售产品一批，价款 74 000 元，增值税 9 620 元。产品发运时开出转账支票，代客户垫付运费 1 600 元。收到客户提交的银行汇票一张，汇票票面金额 90 000 元，实际结算金额 85 220 元，当日持往银行办妥进账手续。

（10）26 日，采购员交来发票账单，从上海宝山钢铁公司购入钢材实际成本 32 000 元，增值税 4 160 元，对方垫付运费 1 300 元，增值税 143 元，钢材已验收入库，款项已通过上海采购专户支付。

（11）27 日，收到银行转来的上海采购专户余款收账通知，将余款 400 元转回入账。

（12）28 日，收到银行转来的托收承付结算凭证的承付通知及所附的发票运单，系广西某工厂运来生铁一批，款项 40 000 元，增值税 5 200 元，验收无误后同意承付全部货款，材料尚未提回。

3. 华通公司 2019 年 6 月 30 日银行存款日记账余额为 215 478 元，同日银行寄来的对账单余额为 218 991 元，经核对发现下列情况：

（1）公司 29 日开出的两张现金支票尚未兑现，金额分别为 390 元和 428 元。

（2）月末银行代收货款 1 710 元，扣除手续费 15 元后存入公司账户，但公司尚未收到入账通知。

（3）银行结算本公司存款利息 83 元，公司尚未收到通知，未能入账。

（4）银行将华闽公司所收到的货款 1 007 元误记入本公司账户。

（5）30 日银行代扣本月电费 345 元，在公司银行日记账上误记为 435 元。

根据上列情况进行相应的会计处理，编制银行存款余额调节表。

4. 华天公司 2019 年 4 月 20 日确认发生坏账 60 000 元，其中甲公司应收账款 10 000 元，乙公司应收账款 50 000 元。2019 年 10 月 15 日，上年已转销的甲公司应收账款 10 000 元又收回。

要求：根据资料编制有关会计分录。

5. 2019 年乙公司发生以下业务，计算贴现所得金额，并为下述业务编制有关会计分录。

(1) 3月4日，乙公司以无息商业承兑汇票办理贴现，票面金额为150 000元，月贴现率为6‰，贴现期为5个月，贴现款存入银行。

(2) 8月4日，付款人在该贴现票据到期日无力支付票款已贴现款，乙公司银行存款又不足支付，贴现银行将其转为逾期贷款处理。

(3) 乙公司于8月7日收到B公司为偿付7月2日购货款而签发的当日出票、30天到期、票面金额为100 000元、年利率为10%的银行承兑汇票一张。

(4) 8月7日，乙公司执B公司票据向银行申请贴现，月贴现率为6‰，贴现所得款项已存入银行。

6. A公司和B公司均为增值税一般纳税人企业，A公司于2019年3月31日向B公司销售一批商品，增值税专用发票上注明的商品价款为300 000元，增值税为39 000元。当日收到B公司签发的一张带息商业承兑汇票，期限为6个月，票面年利率为6%。2019年5月31日，A公司因资金需要，持B公司签发的商业汇票到银行贴现，贴现率为9%，取得贴现收入存入银行。2019年9月30日，A公司已贴现的商业承兑汇票到期，因B公司无力支付，贴现银行将已贴现的票据退回A公司，同时从A公司的账户中将票据款划回。

要求：编制A公司收到票据、票据贴现和银行收回已贴现票据的会计分录。

第 3 章

存 货

知识目标
- 了解存货的分类,掌握存货取得和发出的会计处理。
- 了解周转材料的内容,掌握周转材料的会计处理。
- 掌握存货盘盈、盘亏的会计处理。

技能目标
- 能确认资产负债表中存货所包括的内容。
- 能处理存货取得时的会计账务。
- 能进行存货减值、清查的账务处理。

素质目标
- 培养学生运用不同计价方法进行发出存货处置的素质。
- 培养学生熟练处理存货的初始计量和期末计量的素质。
- 培养学生勤恳细致、兢兢业业的素质。

本章知识结构

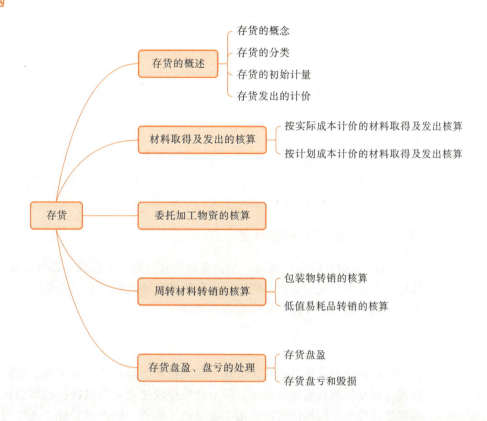

3.1 存货的概述

3.1.1 存货的概念

存货是指小企业在日常生产经营过程中持有以备出售的产成品或商品、处在生产过程中的在产品、将在生产过程或提供劳务过程中耗用的材料和物料等，以及小企业（农、林、牧、渔业）为出售而持有的或在将来收获为农产品的消耗性生物资产。

什么是存货

3.1.2 存货的分类

小企业的存货包括原材料、在产品、半成品、产成品、商品、周转材料、委托加工物资、消耗性生物资产等。

（1）原材料，是指小企业在生产过程中经加工改变其形态或性质并构成产品主要实体的各种原料及主要材料、辅助材料、外购半成品（外购件）、修理用备件（备品备件）、包装材料、燃料等。

（2）在产品，是指小企业正在制造尚未完工的产品，包括正在各个生产工序加工的产品以及已加工完毕但尚未检验或已检验但尚未办理入库手续的产品。

（3）半成品，是指小企业经过一定生产过程并已检验合格交付半成品仓库保管，但尚未制造完工成为产成品，仍需进一步加工的中间产品。

（4）产成品，是指小企业已经完成全部生产过程并已验收入库，符合标准规格和技术条件，可以按照合同规定的条件送交订货单位，或者可以作为商品对外销售的产品。

（5）商品，是指小企业（批发业、零售业）外购或委托加工完成并已验收入库用于销售的各种商品。

（6）周转材料，是指小企业能够多次使用、逐渐转移其价值但仍保持原有形态且不确认为固定资产的材料，包括包装物，低值易耗品，小企业（建筑业）的钢模板、木模板、脚手架等。

（7）委托加工物资，是指小企业委托外单位加工的各种材料、商品等物资。

（8）消耗性生物资产，是指小企业（农、林、牧、渔业）生长中的大田作物、蔬菜、用材林以及存栏待售的牲畜等。

3.1.3 存货的初始计量

《小企业会计准则》规定，小企业取得存货应当按照成本进行计量。从理论上讲，凡与存货形成有关的支出，均应计入存货的成本之内。实际工作中，根据存货取得方式的不同，其入账价值的构成也各不相同。

1. 外购存货成本计量

外购存货的成本包括购买价款、相关税费、运输费、装卸费、保险费以及在外购存货过程发生的其他直接费用，但不含按照税法规定可以抵扣的增值税进项税额。外购存货过程发生的其他直接费用主要是指运输途中的合理损耗、入库前的挑选整理费用等。

小商品流通企业购入的商品，按照进价和按规定应计入商品成本的税金作为实际成本，采购过程中发生的运输费、装卸费、保险费、包装费、仓储费等费用，运输途中的合理损耗，入库前的挑选整理费用，直接计入当期销售费用。

2. 自制存货成本计量

自制存货是指通过进一步加工取得的存货，其成本包括直接材料、直接人工以及按照一定方法分配的制造费用。经过 1 年期以上的制造才能达到预定可销售状态的存货发生的借款费用，也计入存货的成本。借款费用，是指小企业因借款而发生的利息及其他相关成本，包括借款利息、辅助费用以及因外币借款而发生的汇兑差额。

3. 其他方式取得存货的成本计量

（1）投资者投入存货的成本，应当按照评估价值确定。

（2）提供劳务的成本包括与劳务提供直接相关的人工费、材料费和应分摊的间接费用。

（3）自行栽培、营造、繁殖或养殖的消耗性生物资产的成本，应当按照下列规定确定。

①自行栽培的大田作物和蔬菜的成本包括在收获前耗用的种子、肥料、农药等材

料费,人工费和应分摊的间接费用。

②自行营造的林木类消耗性生物资产的成本包括郁闭前发生的造林费、抚育费、营林设施费、良种试验费、调查设计费和应分摊的间接费用。

③自行繁殖的育肥畜的成本包括出售前发生的饲料费、人工费和应分摊的间接费用。

④水产养殖的动物和植物的成本包括在出售或入库前耗用的苗种、饲料、肥料等材料费,人工费和应分摊的间接费用。

4. 盘盈存货的成本

按照同类或类似存货的市场价格或评估价值确定。

3.1.4 存货发出的计价

小企业应当采用先进先出法、加权平均法或者个别计价法确定发出存货的实际成本。计价方法一经选用,不得随意变更。对于性质和用途相似的存货,应当采用相同的成本计算方法确定发出存货的成本。

1. 先进先出法

先进先出法是以先购入的存货先发出这样一种存货实物流转假设为前提,对发出存货进行计价的一种方法。采用这种方法,先购入的存货成本在后购入的存货成本之前转出,据此确定发出存货和期末存货的成本。采用先进先出法,存货成本是按最近购货确定的,期末存货成本比较接近现行的市场价值,其优点是使企业不能随意挑选存货计价以调整当期利润,缺点是工作量比较烦琐,特别对于存货进出量频繁的企业更是如此。而且当物价上涨时,会高估企业当期利润和库存存货价值;反之,会低估企业存货价值和当期利润。

发出存货计价法之先进先出法

【例3-1】某企业2019年5月1日结存甲材料300千克,每千克实际成本为10元;5月5日和20日分别购入该材料900千克和600千克,每千克实际成本分别为11元和12元;5月10日和25日分别发出该材料1 050千克和600千克。按先进先出法计价,计算发出和结存材料的实际成本。计算如表3-1所示。

表3-1 甲材料明细账(先进先出法)

2019年		凭证	摘要	收入			发出			结存		
月	日			数量/千克	单价/元	金额/元	数量/千克	单价/元	金额/元	数量/千克	单价/元	金额/元
5	1		期初							300	10	3 000
	5		购入	900	11	9 900				300	10	3 000
										900	11	9 900
	10		发出				300	10	3 000			
							750	11	8 250	150	11	1 650

续表

2019年		凭证	摘要	收入			发出			结存		
月	日			数量/千克	单价/元	金额/元	数量/千克	单价/元	金额/元	数量/千克	单价/元	金额/元
	20		购入	600	12	7 200				150	11	1 650
										600	12	7 200
	25		发出				150	11	1 650			
							450	12	5 400	150	12	1 800
	30		合计	1 500		17 100	1 650		18 300	150	12	1 800

本月发出存货的成本 = 18 300（元）

本月结存存货的成本 = 1 800（元）

2. 加权平均法

（1）全月一次加权平均法，也称为月末一次加权平均法，指以本月全部收货数量加月初存货数量作为权数，去除本月全部收货成本加上月初存货成本，计算出存货的加权平均单位成本，从而确定存货的发出和库存成本。计算公式如下：

全月一次加权平均法

$$存货单位成本 = \frac{月初结存金额 + 本月各批收货的实际单位成本 \times 本月各批收货的数量}{月初结存数量 + 本月各批收货数量之和}$$

$$本月发出存货成本 = 本月发出存货数量 \times 存货单位成本$$

$$月末库存存货成本 = 月末库存存货数量 \times 存货单位成本$$

$$= 月初结存金额 + 本月各批收货的实际成本 - 本月发出存货实际成本$$

采用加权平均法，只在月末一次计算加权平均单价，比较简单，而且在市场价格上涨或下跌时所计算出来的单位成本平均化，对存货成本的分摊较为折中。但是，这种方法平时只记材料的收付数量不计金额，期末按计算出的加权平均单价，计算结转存货的发出成本。该方法无法从账上提供发出和结存存货的单价及金额，不利于加强对存货的管理。

【例3-2】 以【例3-1】为例说明，若企业采用全月一次加权平均法，则计算如表3-2所示。

表3-2　甲材料明细账（全月一次加权平均法）

2019年		凭证	摘要	收入			发出			结存		
月	日			数量/千克	单价/元	金额/元	数量/千克	单价/元	金额/元	数量/千克	单价/元	金额/元
5	1		期初							300	10	3 000
	5		购入	900	11	9 900				1 200		
	10		发出				1 050			150		
	20		购入	600	12	7 200				750		
	25		发出				600			150		
	30		合计	1 500		17 100	1 650	11.17	18 430.5	150	11.17	1 669.5

平均单位成本 =（3 000 + 17 100）÷（300 + 1 500）= 11.17（元）
本月发出存货的实际成本 = 1 650 × 11.17 = 18 430.5（元）
本月结存存货实际成本 = 3 000 + 17 100 - 18 430.5 = 1 669.5（元）

（2）**移动加权平均法**，简称移动平均法，指本次收货的成本加原有库存的成本，除以本次收货数量加原有存货数量，据以计算加权单价，并对发出存货进行计价的一种方法。计算公式如下：

$$存货加权单价 = \frac{原有存货成本 + 本批收货的实际成本}{原有存货数量 + 本次收货数量}$$

$$本批发货成本 = 本批发货数量 \times 存货加权单价$$

发出存货计价法之移动加权平均法

移动加权平均法的优点在于能使管理当局及时了解存货的结存情况，而且计算的平均单位成本以及发出和结存的存货成本比较客观。但采用这种方法，每次收货都要计算一次平均单价，计算工作量较大，对收发货较频繁的企业不适用。

【例3-3】以【例3-1】为例，若企业采用移动加权平均法，则计算如表3-3所示。

表3-3 甲材料明细账（移动加权平均法）

2019年		凭证	摘要	收入			发出			结存		
月	日			数量/千克	单价/元	金额/元	数量/千克	单价/元	金额/元	数量/千克	单价/元	金额/元
5	1		期初							300	10	3 000
	5		购入	900	11	9 900				1 200	10.75	12 900
	10		发出				1 050	10.75	11 287.5	150	10.75	1 612.5
	20		购入	600	12	7 200				750	11.75	8 812.5
	25		发出				600	11.75	7 050	150	11.75	1 762.5
	30		合计	1 500		17 100	1 650		18 337.5	150	11.75	1 762.5

本月发出存货的实际成本 = 18 337.5（元）
本月结存存货实际成本 = 1 762.5（元）

3. 个别计价法

个别计价法又称个别认定法，对于不能替代使用的存货、为特定项目专门购入或制造的存货以及提供的劳务，如房产、船舶、飞机、重型设备、珠宝、名画等贵重物品等采用个别计价法确定发出存货的成本。采用这一方法是假设存货的成本流转与实物流转相一致，按照各种存货，逐一辨认各批发出存货和期末存货所属的购进批别或生产批别，分别按其购入或生产时所确定的单位成本作为计算各批发出存货和期末存货成本的方法。

发出存货计价法之个别计价法

采用这种方法，计算发出存货的成本和期末存货的成本比较合理、准确，但这种方法的前提是需要对发出和结存存货的批次进行具体认定，以辨别其所属的收入批次，所以实务操作的工作量繁重，困难较大。

3.2 材料取得及发出的核算

3.2.1 按实际成本计价的材料取得及发出核算

对于采用实际成本进行存货日常核算的小企业，应当设置"采购材料""原材料""周转材料""库存商品"等科目进行核算。

"原材料"科目核算小企业库存的各种材料，包括原料及主要材料、辅助材料、外购半成品（外购件）、修理用备件（备品备件）、包装材料、燃料等的实际成本或计划成本。"原材料"科目应按照材料的保管地点（仓库）、材料的类别、品种和规格等进行明细核算。购入的工程用材料，在"工程物资"科目核算，不在本科目核算。

"采购材料"科目用于核算小企业采用实际成本进行材料、商品等物资的日常核算、尚未到达或尚未验收入库的各种物资的实际采购成本。"采购材料"科目应按照供应单位和物资品种进行明细核算。

需要注意的是，小企业（批发业、零售业）在购买商品过程中发生的费用（包括运输费、装卸费、包装费、保险费、运输途中的合理损耗和入库前的挑选整理费等），在"销售费用"科目核算，不在"采购材料"科目核算。

【例3-4】甲公司为增值税一般纳税人，存货按实际成本核算。2019年4月20日购入A材料100吨，取得的增值税专用发票上注明的材料价款为200 000元，增值税为26 000元，供货方代垫运费2 500元，运费增值税为225元，发票等结算凭证已收到，货款及运费尚未支付，材料已验收入库，实际验收材料99.8吨（损失0.2吨属于途中合理损耗）。根据上述资料，编制会计分录如下：

99.8吨材料价款：

借：原材料——A材料　　　　　　　　　　　　　　200 000
　　应交税费——应交增值税（进项税额）　　　　 26 000
　　　贷：应付账款　　　　　　　　　　　　　　　226 000

材料运费：

借：原材料——A材料　　　　　　　　　　　　　　　2 500
　　应交税费——应交增值税（进项税额）　　　　 　 225
　　　贷：应付账款　　　　　　　　　　　　　　　　2 725

A材料的实际成本 = 200 000 + 2 500 = 202 500（元）

【例3-5】乙公司为商品流通企业（增值税一般纳税人），存货按实际成本核算。2019年5月10日购入A商品100吨，取得的增值税专用发票上注明的材料价款为200 000元，增值税为26 000元，供货方代垫运费2 500元，运费的增值税为225元，发票等结算凭证已收到，货款及运费尚未支付，商品已验收入库，实际验收入库商品99.8吨（损失0.2吨属于途中合理损耗）。根据上述资料，编制会计分录如下：

99.8吨商品价款：

```
借：库存商品——A商品                              200 000
    应交税费——应交增值税（进项税额）              26 000
    贷：应付账款                                          226 000
商品运费：
借：销售费用                                      2 500
    应交税费——应交增值税（进项税额）              225
    贷：应付账款                                          2 725
```

1. 外购材料的核算

购入国内货物，由于购货单证及货物到达验收入库时间的差异，会计处理可分为单货同到、单到货未到、货到单未到三种情况。

（1）**单货同到**。即收到发票账单，货物到达并验收入库。这种情况下，企业外购材料、商品等物资，应当按照发票账单所列购买价款、运输费、装卸费、保险费以及在外购材料过程发生的其他直接费用，借记"原材料""周转材料""应交税费——应交增值税（进项税额）"等科目，贷记"应付账款""应付票据""银行存款""其他货币资金"等科目，而不需要通过"在途物资"科目核算。

【例3-6】 某公司是增值税一般纳税人，存货按实际成本核算。2019年4月29日购入甲材料一批，取得的增值税专用发票上注明的价款为200 000元，增值税26 000元，发票等结算凭证已收到，货款尚未支付，材料已验收入库。编制会计分录如下：

```
借：原材料——甲材料                              200 000
    应交税费——应交增值税（进项税额）              26 000
    贷：应付账款                                          226 000
```

（2）**单到货未到**。即收到发票账单，货物尚未到达或验收入库。这种情况下，企业外购材料、商品等物资，应当按照发票账单所列购买价款、运输费、装卸费、保险费以及在外购材料过程发生的其他直接费用，借记"在途物资"科目，按照税法规定可抵扣的增值税进项税额，借记"应交税费——应交增值税（进项税额）"科目，按照购买价款、相关税费、运输费、装卸费、保险费以及在外购物资过程发生的其他直接费用，贷记"库存现金""银行存款""其他货币资金""预付账款""应付账款"等科目。货物验收入库后，借记"原材料""周转材料""库存商品"等科目，贷记"在途物资"科目。

【例3-7】 承【例3-6】，若货物未到或尚未验收入库，则编制会计分录如下：

```
借：在途物资——甲材料                            200 000
    应交税费——应交增值税（进项税额）              26 000
    贷：应付账款                                          226 000
```

原材料到达，并验收入库时，编制会计分录如下：

```
借：原材料——甲材料                              200 000
    贷：在途物资——甲材料                                  200 000
```

(3) **货到单未到**。即期末收到原材料并已验收入库,但月末尚未收到发票账单。这种情况下,企业应先按合同规定的价款暂估入账,借记"原材料""周转材料""库存商品"等科目,贷记"应付账款——暂估应付账款"科目;下月初用红字编制同样的会计分录予以冲回,等发票账单到达后,再按实际成本入账。

【例3-8】 承【例3-6】,若货物已到并验收入库,月末尚未收到发票账单,按合同价暂估入账,假设合同价款为200 000元,编制会计分录如下:

借:原材料——甲材料　　　　　　　　　　　　　200 000
　　贷:应付账款——暂估应付账款　　　　　　　　　　200 000

5月1日,制红字凭证,冲销,编制会计分录如下:

借:原材料——甲材料　　　　　　　　　　　　　200 000
　　贷:应付账款——暂估应付账款　　　　　　　　　　200 000

假设5月2日,收到供应商转来的发票账单,按单货同到处理,编制会计分录如下:

借:原材料——甲材料　　　　　　　　　　　　　200 000
　　应交税费——应交增值税(进项税额)　　　　　 26 000
　　贷:应付账款　　　　　　　　　　　　　　　　　 226 000

2. 发出材料的核算

生产经营领用材料,按照实际成本,借记"生产成本""制造费用""销售费用""管理费用"等科目,贷记"原材料"科目。

出售材料结转成本,按照实际成本,借记"其他业务成本"科目,贷记"原材料"科目。

发给外单位加工的材料,按照实际成本,借记"委托加工物资"科目,贷记"原材料"科目。外单位加工完成并已验收入库的材料,按照加工收回材料的实际成本,借记"原材料"科目,贷记"委托加工物资"科目。

【例3-9】 某工业企业2019年5月10日从材料仓库领用A、B、C材料各一批,用以生产甲、乙两种产品和其他一般耗用。会计部门根据转来的领料凭证汇总后,编制材料耗用汇总表,如表3-4所示。

表3-4　某工业企业材料耗用汇总表
2019年5月10日

项目	A材料		B材料		C材料		合计/元
	数量/千克	金额/元	数量/千克	金额/元	数量/千克	金额/元	
生产甲产品耗用	1 000	6 000	600	1 200	2 000	16 000	23 200
生产乙产品耗用	1 000	6 000	300	600	1 000	8 000	14 600
小　计	2 000	12 000	900	1 800	3 000	24 000	37 800
车间一般耗用	500	3 000			100	800	3 800
行政管理部门耗用			100	200			200
合　计	2 500	15 000	1 000	2 000	3 100	24 800	41 800

复核:林××　　　　　　　　　　　　　　　　　　　　　　制表:郑××

根据表3-4，编制会计分录如下：

借：生产成本——甲产品	23 200
——乙产品	14 600
制造费用	3 800
管理费用	200
贷：原材料——A 材料	15 000
——B 材料	2 000
——C 材料	24 800

【例3-10】甲公司销售 A 材料一批给乙公司，售价为 50 000 元，增值税为 6 500 元，款未收，A 材料成本为 45 000 元。

（1）销售 A 材料时，编制会计分录如下：

借：应收账款——乙公司	56 500
贷：其他业务收入	50 000
应交税费——应交增值税（销项税额）	6 500

（2）结转材料成本时，编制会计分录如下：

借：其他业务成本	45 000
贷：原材料——A 材料	45 000

3.2.2　按计划成本计价的材料取得及发出核算

对于存货采用计划成本进行材料日常核算的小企业，应设置"原材料""材料采购""周转材料"科目等，还应设置"材料成本差异"科目核算。"原材料"科目核算内容与按实际成本核算相同。

"材料采购"科目核算小企业采用计划成本进行材料日常核算、购入材料的采购成本。"材料采购"科目借方登记采购材料的实际成本，贷方登记入库材料的计划成本。实际成本大于计划成本的差异转入"材料成本差异"科目的借方；实际成本小于计划成本的差异转入"材料成本差异"科目的贷方。"材料采购"科目应按照供应单位和材料品种进行明细核算。

"材料成本差异"科目核算小企业采用计划成本进行日常核算的材料计划成本与实际成本的差异。企业验收入库材料发生的材料成本差异，实际成本大于计划成本的差异，借记"材料成本差异"科目，贷记"材料采购"科目；实际成本小于计划成本的差异，编制相反的会计分录，借记"材料采购"科目，贷记"材料成本差异"科目。期末"材料成本差异"科目借方余额反映库存材料实际成本大于计划成本的差异（称为超支差），结转时通常采用"蓝字"结转，贷方余额反映库存材料实际成本小于计划成本的差异（称为节约差），结转时通常采用"红字"结转。

需要说明的是，小企业入库材料的计划成本应当尽可能接近实际成本。除特殊情况外，计划成本在年度内不得随意变更。小企业也可以在"原材料""周转材料"等科目设置"成本差异"明细科目。

1. 外购材料的核算

小企业外购材料,应当按照发票账单所列购买价款、运输费、装卸费、保险费以及在外购材料过程发生的其他直接费用,借记"材料采购"科目,按照税法规定可抵扣的增值税进项税额,借记"应交税费——应交增值税(进项税额)"科目,按照购买价款、相关税费、运输费、装卸费、保险费以及在外购材料过程发生的其他直接费用,贷记"库存现金""银行存款""其他货币资金""预付账款""应付账款"等科目。

验收入库时,实际成本大于计划成本的材料成本差异,借记"材料成本差异"科目,贷记"材料采购"科目;实际成本小于计划成本的差异,借记"材料采购"科目,贷记"材料成本差异"科目。

【例3-11】华天公司向天山公司购入甲材料300千克,不含税售价88 500元,购入乙材料700千克,不含税售价143 500元,取得的增值税专用发票上注明的增值税30 160元,货款尚未支付。材料已验收入库。甲材料、乙材料的单位计划成本为300元/千克、200元/千克。

(1) 购入材料时,编制会计分录如下:

借:材料采购——甲材料 88 500
　　　　　——乙材料 143 500
　　应交税费——应交增值税(进项税额) 30 160
　贷:应付账款——天山公司 262 160

(2) 材料验收入库,编制会计分录如下:

借:原材料——甲材料 (300×300) 90 000
　　　　——乙材料 (700×200) 140 000
　贷:材料采购——甲材料 90 000
　　　　　——乙材料 140 000

(3) 结转材料成本差异,编制会计分录如下:

甲材料成本差异 = 88 500 - 300×300 = -1 500 (元)
乙材料成本差异 = 143 500 - 700×200 = 3 500 (元)
　　　　　合计　2 000 (元)

借:材料采购——甲材料 1 500
　材料成本差异——原材料 2 000
　贷:材料采购——乙材料 3 500

材料已经收到但尚未办理结算手续的,可暂不编制会计分录;待办理结算手续后,再根据所付金额或发票账单的应付金额,借记"材料采购"科目,贷记"银行存款"等科目。对于月末尚未收到发票账单的收料凭证,应分别不同的材料或商品,并按照计划成本暂估入账,借记"原材料""周转材料""库存商品"等科目,贷记"应付账款——暂估应付账款"科目,下月初用红字编制同样的会计分录予以冲回,以便下月收到发票账单等结算凭证时,按照正常程序进行账务处理。

【例3-12】华天公司8月26日从天山公司购入的3 000千克丙材料到达并已验收入库,但尚未收到发票账单,材料款尚未支付。丙材料的计划成本不含税价20元/千克。9月5日,收到天山公司的发票账单,增值税专用发票上注明的货款为58 500元,增值税为7 605元。华天公司当即开出转账支票支付。

(1)丙材料按计划成本暂估入账,编制会计分录如下:

3 000×20=60 000(元)

借:原材料——丙材料　　　　　　　　　　　　60 000
　　贷:应付账款——暂估应付账款　　　　　　　　　60 000

(2)9月1日,冲销暂估入账,编制会计分录如下:

借:原材料——丙材料　　　　　　　　　　　　60 000
　　贷:应付账款——暂估应付账款　　　　　　　　　60 000

(3)9月5日,收到发票账单并付款,编制会计分录如下:

借:材料采购——丙材料　　　　　　　　　　　58 500
　　应交税费——应交增值税(进项税额)　　　　7 605
　　贷:银行存款　　　　　　　　　　　　　　　66 105
借:原材料——丙材料　　　　　　　　　　　　60 000
　　贷:材料采购——丙材料　　　　　　　　　　　58 500
　　　　材料成本差异——原材料　　　　　　　　　1 500

2. 发出材料的核算

发出材料应按发出材料的计划成本计算结转发出材料应负担的材料成本差异。实际成本大于计划成本的差异,借记"生产成本""管理费用""销售费用""委托加工物资""其他业务成本"等科目,贷记"材料成本差异"科目;实际成本小于计划成本的差异,编制相反的会计分录。

发出材料应负担的成本差异应当按月分摊,不得在季末或年末一次计算。发出材料应负担的成本差异,除委托外部加工发出材料可按照月初成本差异率计算外,应使用本月的实际成本差异率;月初成本差异率与本月实际成本差异率相差不大的,也可按照月初成本差异率计算。计算方法一经确定,不得随意变更。材料成本差异率的计算公式如下:

本月材料成本差异率 = $\dfrac{\text{月初结存材料的成本差异} + \text{本月验收入库材料的成本差异}}{\text{月初结存材料的计划成本} + \text{本月验收入库材料的计划成本}} \times 100\%$

月初材料成本差异率 = $\dfrac{\text{月初结存材料的成本差异}}{\text{月初结存材料的计划成本}} \times 100\%$

发出材料应负担的成本差异 = 发出材料的计划成本 × 材料成本差异率

【例3-13】某工业企业月初"原材料"账户计划成本为1 800元,"材料成本差异"账户期初贷方余额为50元(节约差异);本月购入材料一批,实际成本为6 800元,计划成本为7 200元。本月生产领用材料一批,计划成本为5 400元。

要求:(1)计算材料成本差异率。

(2) 计算发出材料应负担的差异额,并计算发出材料的实际成本。

(3) 计算期末库存材料的实际成本。

(4) 编制有关会计分录。

解:

(1) 材料成本差异率 = [-50 + (6 800 - 7 200)] ÷ (1 800 + 7 200)
= [-50 - 400] ÷ 9 000 = -5%

(2) 发出材料应负担的差异额 = 5 400 × (-5%) = -270 (元)

发出材料实际成本 = 5 400 - 270 = 5 130 (元)

(3) 月末库存材料的实际成本 = 1 800 + 7 200 - 5 400 + (-50 - 400 + 270)
= 3 420 (元)

(4) 编制有关会计分录如下:

① 结转原材料成本时:

借:原材料	7 200
贷:材料采购	6 800
材料成本差异	400

② 本月领用时:

| 借:生产成本 | 5 400 |
| 贷:原材料 | 5 400 |

③ 月末结转材料成本差异:

| 借:材料成本差异 | 270 |
| 贷:生产成本 | 270 |

【例 3-14】某企业 2019 年 12 月初结存 B 材料的计划成本为 100 000 元,材料成本差异的月初数为 1 500 元(超支差异),12 月收入 B 材料的计划成本为 150 000 元,B 材料实际成本为 154 750 元,材料成本差异为 4 750 元(超支差异),本月发出 B 材料的计划成本为 80 000 元。

要求:(1) 计算材料成本差异率。

(2) 计算发出材料应负担的差异额,并计算发出材料的实际成本。

(3) 计算期末库存材料的实际成本。

(4) 编制有关会计分录。

解:

(1) 材料成本差异率 = (1 500 + 4 750) ÷ (100 000 + 150 000) × 100%
= 2.5%

(2) 发出材料应负担的差异额 = 80 000 × 2.5% = 2 000 (元)

发出材料的实际成本 = 80 000 + 2 000 = 82 000 (元)

(3) 期末结存材料的实际成本 = 100 000 + 150 000 - 80 000 + (1 500 + 4 750 - 2 000) = 174 250 (元)

(4) 编制有关会计分录如下:

① 结转原材料成本时:

借：原材料		150 000
材料成本差异		4 750
贷：材料采购		154 750
②本月领用时：		
借：生产成本		80 000
贷：原材料		80 000
③月末结转材料成本差异：		
借：生产成本		2 000
贷：材料成本差异		2 000

3.3　委托加工物资的核算

委托加工物资，是指小企业委托外单位加工的各种材料、商品等物资。

小企业应设置"委托加工物资"科目核算委托外单位加工的各种材料、商品等物资的实际成本。"委托加工物资"科目应按照加工合同、受托加工单位以及加工物资的品种等进行明细核算。

小企业发给外单位加工的物资，按照实际成本，借记"委托加工物资"科目，贷记"原材料""库存商品"等科目；按照计划成本或售价核算的，还应同时结转材料成本差异或商品进销差价。

支付加工费、运费等，借记"委托加工物资"科目，贷记"银行存款"等科目；需要交纳消费税的委托加工物资，由受托方代收代缴的消费税，借记"委托加工物资"科目（收回后用于直接销售的）或"应交税费——应交消费税"科目（收回后用于继续加工的），贷记"应付账款""银行存款"等科目。

加工完成验收入库的物资和剩余的物资，按照加工收回物资的实际成本和剩余物资的实际成本，借记"原材料""库存商品"等科目，贷记"委托加工物资"科目。

采用计划成本或售价核算的，按照计划成本或售价，借记"原材料"或"库存商品"科目；按照实际成本，贷记"委托加工物资"科目；按照实际成本与计划成本或售价之间的差额，借记"材料成本差异"科目或贷记"商品进销差价"科目。"委托加工物资"科目期末借方余额，反映小企业委托外单位加工尚未完成物资的实际成本。

采用计划成本或售价核算的，也可以采用上月材料成本差异率或商品进销差价率计算分摊本月应分摊的材料成本差异或商品进销差价。

【例 3-15】华天公司委托乙企业加工甲商品一批（属于应税消费品），收回后准备直接销售。交付加工的甲材料成本为 200 000 元，支付的加工费为 38 420 元（其中，增值税 4 420 元），支付乙企业代收代缴的消费税 11 500 元。甲商品加工完毕验收入库，加工费用通过银行支付。双方适用的增值税税率均为 13%。

(1) 交付委托加工材料，编制会计分录如下：

借：委托加工物资——甲商品		200 000
贷：原材料——甲材料		200 000

(2) 支付乙企业加工费 34 000 元，增值税 4 420 元，编制会计分录如下：

借：委托加工物资——甲商品　　　　　　　　　　　　　　　　34 000
　　　　应交税费——应交增值税（进项税额）　　　　　　　　　 4 420
　　　　　贷：银行存款　　　　　　　　　　　　　　　　　　　　38 420
（3）支付代收代缴的消费税，编制会计分录如下：
　　借：委托加工物资——甲商品　　　　　　　　　　　　　　　　11 500
　　　　　贷：银行存款　　　　　　　　　　　　　　　　　　　　11 500
（4）加工完毕收回甲商品，编制会计分录如下：
　　借：库存商品——甲商品　　　　　　　　　　　　　　　　　245 500
　　　　　贷：委托加工物资——甲商品　　　　　　　　　　　　245 500

如果本例中，收回甲商品用于继续加工的应税消费品，(3)、(4)项的会计处理如下：

（3）支付代收代缴的消费税，编制会计分录如下：
　　借：应交税费——应交消费税　　　　　　　　　　　　　　　　11 500
　　　　　贷：银行存款　　　　　　　　　　　　　　　　　　　　11 500
（4）加工完毕收回甲商品，编制会计分录如下：
　　借：库存商品——甲商品　　　　　　　　　　　　　　　　　234 000
　　　　　贷：委托加工物资——甲商品　　　　　　　　　　　　234 000

【例3-16】 甲企业将一批A原材料委托外单位代加工B材料（不属于应税消费品），发出A原材料计划成本为100 000元，本月材料成本差异率为1%，用银行存款支付加工费用10 000元，取得的增值税专用发票上注明增值税1 300元。加工完毕验收入库，B材料计划成本为112 000元。

（1）发出加工物资时，编制会计分录如下：
　　借：委托加工物资——B材料　　　　　　　　　　　　　　　　101 000
　　　　　贷：原材料——A材料　　　　　　　　　　　　　　　　100 000
　　　　　　　材料成本差异——材料　　　　　　　　　　　　　　 1 000
（2）支付加工费，编制会计分录如下：
　　借：委托加工物资——B材料　　　　　　　　　　　　　　　　 10 000
　　　　应交税费——应交增值税（进项税额）　　　　　　　　　 1 300
　　　　　贷：银行存款　　　　　　　　　　　　　　　　　　　　11 300
（3）加工完成后验收入库，编制会计分录如下：
　　借：库存商品——B材料　　　　　　　　　　　　　　　　　　112 000
　　　　　贷：委托加工物资——B材料　　　　　　　　　　　　　111 000
　　　　　　　材料成本差异　　　　　　　　　　　　　　　　　　 1 000

3.4　周转材料转销的核算

　　周转材料，指企业能够多次使用、逐渐转移其价值但仍保持原有形态，不确认为固定资产的材料，包括包装物、低值易耗品以及小企业（建筑业）的钢模板、木模板、脚手架等。

《小企业会计准则》规定，对于周转材料采用一次转销法进行会计处理，在领用时按其成本计入生产成本或当期损益；金额较大的周转材料，也可以采用分次摊销法进行会计处理。出租或出借周转材料，不需要结转其成本，但应当进行备查登记。对于已售存货，应当将其成本结转为营业成本。

小企业的包装物、低值易耗品，也可以单独设置"包装物""低值易耗品"科目。包装物数量不多的小企业，也可以不设置"包装物"科目，将包装物并入"原材料"科目核算。

3.4.1 包装物转销的核算

包装物是指为了包装本企业商品而储备的各种包装容器，如桶、箱、瓶、坛、袋等。其主要作用是盛装、装潢产品或商品。其核算内容包括：生产过程中用于包装产品作为产品组成部分的包装物；随同商品出售而不单独计价的包装物；随同商品出售而单独计价的包装物；出租或出借给购买单位使用的包装物。各种包装材料，如纸、绳、铁丝、铁皮等，应在"原材料"科目核算；用于储存和保管产品、材料而不对外出售的包装物，应按照价值大小和使用年限长短，分别在"固定资产"科目或"周转材料"科目核算。为了反映和监督包装物的增减变化及其价值损耗、结存等情况，企业应当设置"周转材料——包装物"科目进行核算。包装物的摊销方法主要有一次转销法、分次转销法、分次摊销法等。

1. 生产、施工领用包装物的核算

生产、施工领用周转材料，通常采用一次转销法，按照其成本，借记"生产成本""管理费用""工程施工"等科目，贷记"周转材料——包装物"科目。对于金额较大的包装物，可采用分次摊销法。领用时应按照其成本，借记"周转材料——包装物（在用）"科目，贷记"周转材料——包装物（在库）"科目；按照使用次数摊销时，应按照其摊销额，借记"生产成本""管理费用""工程施工"等科目，贷记"周转材料——包装物（摊销）"科目。

【例3-17】某公司对包装物采用实际成本核算，某月生产某产品领用包装物实际成本为60 000元，编制会计分录如下：

借：生产成本　　　　　　　　　　　　　　　　　　　60 000
　　贷：周转材料——包装物　　　　　　　　　　　　　　　　60 000

假设该公司包装物采用计划成本核算，该包装物的计划成本为60 000元，材料成本差异率为1%，编制会计分录如下：

借：生产成本　　　　　　　　　　　　　　　　　　　60 000
　　贷：周转材料——包装物　　　　　　　　　　　　　　　　60 000

月末结转材料成本差异时，编制会计分录如下：

借：生产成本　　　　　　　　　　　　　　　　　　　　　600
　　贷：材料成本差异　　　　　　　　　　　　　　　　　　　　600

2. 随同商品出售的包装物核算

随同产品出售但不单独计价的包装物，按照其成本，借记"销售费用"科目，贷记"周转材料——包装物"科目。随同产品出售并单独计价的包装物，其收入记入"其他业务收入"科目，按照其成本，借记"其他业务成本"科目，贷记"周转材料——包装物"科目。

【例3-18】某公司某月销售部门领用不单独计价的包装物实际成本为10 000元，包装物采用一次摊销法核算，编制会计分录如下：

借：销售费用　　　　　　　　　　　　　　　　　　　　　　10 000
　　贷：周转材料——包装物　　　　　　　　　　　　　　　　　　10 000

【例3-19】某公司销售商品领用单独计价包装物的实际成本为60 000元，包装物的销售收入为70 000元，增值税为9 100元，款项已存入银行。

（1）出售包装物取得收入，编制会计分录如下：

借：银行存款　　　　　　　　　　　　　　　　　　　　　　79 100
　　贷：其他业务收入　　　　　　　　　　　　　　　　　　　　70 000
　　　　应交税费——应交增值税（销项税额）　　　　　　　　　　9 100

（2）月末结转单独计价包装物的成本，编制会计分录如下：

借：其他业务成本　　　　　　　　　　　　　　　　　　　　60 000
　　贷：周转材料——包装物　　　　　　　　　　　　　　　　　　60 000

【例3-20】以【例3-18】为例，若公司采用分次转销法核算包装物，包装物使用次数为10次，使用期满报废时的残值估计为50元，编制会计分录如下：

（1）领用包装物时：

借：周转材料——包装物（在用）　　　　　　　　　　　　　10 000
　　贷：周转材料——包装物（在库）　　　　　　　　　　　　　10 000

（2）每次摊销包装物时：

借：销售费用　　　　　　　　　　　　　　　　　　　　　　　1 000
　　贷：周转材料——包装物（摊销）　　　　　　　　　　　　　　1 000

（3）包装物使用期满报废时：

借：原材料——残料　　　　　　　　　　　　　　　　　　　　　50
　　贷：销售费用　　　　　　　　　　　　　　　　　　　　　　　　50

转销包装物最后一次的成本：

借：销售费用　　　　　　　　　　　　　　　　　　　　　　　1 000
　　贷：周转材料——包装物（摊销）　　　　　　　　　　　　　　1 000

同时转销在用包装物：

借：周转材料——包装物（摊销）　　　　　　　　　　　　　10 000
　　贷：周转材料——包装物（在用）　　　　　　　　　　　　　10 000

3. 出租出借包装物核算

小企业出租、出借包装物，收取押金时，借记"银行存款""库存现金"科目，贷记"其他应付款——存入保证金"科目；采用一次转销法的，领用出借包装物时按照其成本借记"销售费用"科目，领用出租包装物时按其成本借记"管理费用"科目，贷记"周转材料——包装物"科目。对于金额较大的包装物，可采用分次摊销法。领用包装物时应按照其成本，借记"周转材料——包装物（在用）"科目，贷记"周转材料——包装物（在库）"科目；出租包装物按照使用次数摊销时，应按照其摊销额，借记"销售费用""其他业务成本"等科目，贷记"周转材料——包装物（摊销）"科目。对于出租包装物租出时，只在备查簿进行登记，不转成本。出租或出借包装物收回时，不需要进行会计处理，但应当进行备查登记。采用分次转销法的企业，如果使用计划成本核算，材料成本差异可在周转材料报废时计入相关成本费用。按《小企业会计准则》规定，小企业出租包装物和商品的租金收入认定为营业外收入，逾期未退包装物押金收入，也记入"营业外收入"科目。

【例 3-21】某公司出租出借包装物采用一次转销法核算。本月出租给甲企业包装物 10 只，出借给乙企业包装物 5 只，包装物单位成本为 30 元。每只收取押金 35 元，押金已收存银行。包装物为新购入包装物，并采用实际成本核算。编制会计分录如下：

(1) 收取押金时：
借：银行存款　　　　　　　　　　　　　　　　　525
　　贷：其他应付款——存入保证金　　　　　　　　　　　525

(2) 领用包装物出租出借时：
借：销售费用　　　（出借包装物）　　　　　　　150
　　管理费用　　　（出租包装物）　　　　　　　300
　　贷：周转材料——包装物　　　　　　　　　　　　　450

假设出租包装物收回时，收到租金现金 50 元，编制会计分录如下：
借：库存现金　　　　　　　　　　　　　　　　　50
　　贷：营业外收入　　　　　　　　　　　　　　　　44.25
　　　　应交税费——应交增值税（销项税额）　　　　5.75

注意：收回或再次出租或出借包装物时，在备查簿进行登记，不需要做会计处理。

【例 3-22】乙公司本月为了销售产品将全新的包装物出租给甲企业，包装物 500 个，每个计划成本 40 元。出租包装物收取押金 50 元，每个每次租金为 10 元。租用期满后，甲企业退回包装物 450 个，其中 40 个不能继续使用，予以报废，估计残值 100 元。另外 50 个包装物甲企业逾期未退回，按合同规定没收押金 2 500 元，其余押金退回。乙公司包装物材料成本差异率为 2%。根据上述资料，编制会计分录（有形资产经营租赁增值税税率为 13%）如下：

(1) 领用包装物用于出租时：
借：周转材料——包装物（在用）　　　　　　　20 000
　　贷：周转材料——包装物（在库）　　　　　　　　20 000

(2) 收到押金时：
借：银行存款　　　　　　　　　　　　　　　　25 000
　　贷：其他应付款——甲企业　　　　　　　　　　　25 000

（3）报废收回的40个包装物时：
残料收入：
借：原材料——残料 100
　　管理费用——包装物摊销 1 500
　　贷：周转材料——包装物（在用）（40×40） 1 600
结转包装物成本差异：
借：管理费用——包装物摊销 32
　　贷：材料成本差异——包装物成本差异（1 600×2%） 32
可继续使用的410个出租包装物在备查簿中进行登记。
（4）取得租金收入（从押金中扣收租金，假定没收押金部分不收租金）：
借：其他应付款——甲企业 4 500
　　贷：营业外收入 3 982.3
　　　　应交税费——应交增值税（销项税额） 517.7
无法退回的包装物没收的押金：50×50＝2 500（元）
借：其他应付款——甲企业 2 500
　　贷：营业外收入 2 212.39
　　　　应交税费——应交增值税（销项税额） 287.61
（5）退回剩余的押金时：
借：其他应付款——甲企业 18 000
　　贷：银行存款 18 000

3.4.2 低值易耗品转销的核算

低值易耗品是指不符合固定资产确认条件的各种用具物品，如工具、管理用具、玻璃器皿、劳动保护用品以及在经营过程中周转使用的容器等。为了反映和监督低值易耗品的增减变化及其结存情况，企业应当设置"周转材料——低值易耗品"科目核算。

1. 一次转销法

生产、施工领用低值易耗品，通常采用一次转销法，按照其成本，借记"生产成本""管理费用""工程施工"等科目，贷记"周转材料——低值易耗品"科目。采用一次转销法摊销低值易耗品，在领用时将其价值一次性计入有关资产成本或者当期损益。一次转销法主要适用于价值较低或极易损坏的低值易耗品的转销。

【例3-23】某公司生产车间领用专用工具一批，实际成本为20 000元，全部计入当期制造费用，编制会计分录如下：

借：制造费用 20 000
　　贷：周转材料——低值易耗品 20 000

2. 分次摊销法

分次摊销法也称分期摊销法,是指根据低值易耗品的价值及预计使用期限,将其价值分次(分期)摊销计入有关成本或者当期损益的方法。对于金额较大的低值易耗品,可采用分次摊销法。领用时应按照其成本,借记"周转材料——低值易耗品(在用)"科目,贷记"周转材料——低值易耗品(在库)"科目;按照使用次数摊销时,应按照其摊销额,借记"生产成本""管理费用""工程施工"等科目,贷记"周转材料——低值易耗品(摊销)"科目。

【例3-24】甲公司采用实际成本核算低值易耗品,6月份车间领用低值易耗品一批,实际成本为30 000元,该批低值易耗品的使用期限为1年。

(1) 领用时,编制会计分录如下:

借:周转材料——低值易耗品(在用)　　　　　　　　30 000
　　贷:周转材料——低值易耗品(在库)　　　　　　　　30 000

(2) 每月分摊低值易耗品费用,编制会计分录如下:

30 000÷12=2 500(元)

借:制造费用　　　　　　　　　　　　　　　　　　　2 500
　　贷:周转材料——低值易耗品(摊销)　　　　　　　　2 500

假设期满报废时残料估计为500元,编制会计分录如下:

借:原材料——残料　　　　　　　　　　　　　　　　　500
　　贷:制造费用　　　　　　　　　　　　　　　　　　　500

最后一期费用转销,编制会计分录如下:

借:制造费用　　　　　　　　　　　　　　　　　　　2 500
　　贷:周转材料——低值易耗品(摊销)　　　　　　　　2 500

同时转销在用低值易耗品,编制会计分录如下:

借:周转材料——低值易耗品(摊销)　　　　　　　　30 000
　　贷:周转材料——低值易耗品(在用)　　　　　　　　30 000

3.5　存货盘盈、盘亏的处理

企业进行存货清查盘点,应当编制存货盘存报告单,并将其作为存货清查的原始凭证。经过存货盘存记录的实存数与存货的账面记录核对,若账面存货小于实际存货,为存货的盘盈;反之,为存货的盘亏。

清查盘点,发现盘盈、盘亏、毁损的原材料,按照实际成本(或估计价值),借记或贷记本科目,贷记或借记"待处理财产损溢——待处理流动资产损溢"科目。

3.5.1　存货盘盈

清查盘点,发现盘盈的各种材料、产成品、商品等存货时,应当按照同类或类似存货的市场价格或评估价值,借记"原材料""库存商品"等科目,贷记"待处理财产损溢——待处理流动资产损溢"科目。根据管理权限经批准后,按照"待处

实物资产的清查基本方法

理财产损溢——待处理流动资产损溢"科目余额,贷记"营业外收入"科目。

【例3-25】某企业6月30日进行盘点,发现甲材料盘盈60千克,同类材料的单价为5元/千克。

批准前,根据盘点表编制会计分录如下:

借:原材料　　　　　　　　　　　　　　　　　　　　　　　300
　　贷:待处理财产损溢——待处理流动资产损溢　　　　　　　　　300

批准后,编制会计分录如下:

借:待处理财产损溢——待处理流动资产损溢　　　　　　　　　300
　　贷:营业外收入——盘盈收益　　　　　　　　　　　　　　　　300

3.5.2 存货盘亏和毁损

根据《小企业会计准则》的规定,盘亏、毁损、短缺的各种材料、产成品、商品等存货,应当按照其账面余额,借记"待处理财产损溢——待处理流动资产损溢"科目,贷记"材料采购"或"在途物资""原材料""库存商品"等科目。涉及增值税进项税额的,还应进行相应的账务处理。存货发生毁损,按处置收入、可收回的责任人赔偿和保险赔款,扣除其成本、相关税费后的净额,应当记入"营业外支出"科目。

【例3-26】某企业属一般纳税人,增值税税率为13%。2019年年底在财产清查中,发现盘亏甲材料1 000千克,实际单位成本为100元,经查定额内损耗100千克;材料管理员过失造成的损失为400千克;另500千克由于台风造成的损失应由保险公司赔偿30 000元,款未收。损失甲材料的残料估计价值10 000元。经董事会研究,应由材料管理员赔偿2 000元。

盘亏材料总损失:

成本 = 1 000 × 100 - 10 000 = 90 000(元)

相应的增值税 = 90 000 × 13% = 11 700(元)

盘亏材料净损失 = (90 000 + 11 700) - 30 000 - 2 000 = 69 700(元)

批准前,编制会计分录如下:

借:原材料——残料　　　　　　　　　　　　　　　　　　10 000
　　贷:原材料——甲材料　　　　　　　　　　　　　　　　　10 000
借:待处理财产损溢——待处理流动资产损溢　　　　　　　101 700
　　贷:原材料——甲材料　　　　　　　　　　　　　　　　　90 000
　　　　应交税费——应交增值税(进项税额转出)　　　　　　11 700

批准后,编制会计分录如下:

借:营业外支出——存货盘亏、损毁、报废损失　　　　　　　69 700
　　其他应收款——保险公司　　　　　　　　　　　　　　　30 000
　　　　　　　——材料管理员　　　　　　　　　　　　　　 2 000
　　贷:待处理财产损溢——待处理流动资产损溢　　　　　　101 700

【例3-27】某企业为小规模纳税人,2019年6月30日盘点,盘亏乙材料600千克,每千克200元。经查200千克系自然损耗;另300千克系材料管理员责任心不强造成的,回收残料估价30 000元,应由材料管理员赔偿10 000元;100千克系自然灾害（暴雨）造成的，残料估价 10 000 元，保险公司赔偿 8 000 元。

盘亏材料总损失 = 600×200 –（30 000 + 10 000）= 80 000（元）

盘亏材料净损失 = 80 000 – 10 000 – 8 000 = 62 000（元）

批准前，编制会计分录如下：

借：原材料——残料	40 000
贷：原材料——乙材料	40 000
借：待处理财产损溢——待处理流动资产损溢	80 000
贷：原材料——乙材料	80 000

批准后，编制会计分录如下：

借：营业外支出——存货盘亏、损毁、报废损失	62 000
其他应收款——保险公司	8 000
——材料保管员	10 000
贷：待处理财产损溢——待处理流动资产损溢	80 000

思考练习题

一、判断题

1. 在确定存货数量时，凡是存放在企业的一切货物均应作为企业的存货。（　　）
2. 在物价成上涨趋势的情况下，企业采用先进先出法对存货计价符合稳健性原则。（　　）
3. 发出或委托代销的商品不属于企业的存货。（　　）
4. 企业可以在制度规定的存货计价方法中，任意选择一种对发出存货进行计价，一旦选择，不能随意变更。（　　）
5. 期末库存存货计价偏低，会降低本期销售成本，虚增本期利润。（　　）
6. 盘亏的存货按规定手续报经批准后，应将净损失计入营业外支出。（　　）
7.《小企业会计准则》规定，存货盘亏时，属于一般经营损失的部分计入管理费用，属于非常损失的部分应计入其他业务成本。（　　）
8. 企业一切存货销售的收入，都应通过"主营业务收入"账户核算。（　　）
9.《小企业会计准则》规定，投资者投入的存货应按投资各方确认的价值作为实际成本。（　　）
10. 对纳税人而言，购入存货应负担的增值税均不应计入外购存货的采购成本。（　　）

二、单项选择题

1. 在有商业折扣的情况下，计入存货历史成本的购货价格是指（　　）。
   A. 供货单位的报价
   B. 供货单位的报价减去商业折扣
   C. 供货单位的报价减去最大的现金折扣
   D. 供货单位的报价加上运输成本

2. 甲公司 6 月 1 日甲材料结存 300 件，单价 2 元/件，6 月 6 日发出 100 件，6 月

10日购200件，单价2.2元/件，6月15日发出200件。企业采用移动加权平均法计算发出存货成本，则6月15日结存的材料成本为（　　）元。

  A. 400   B. 416   C. 420   D. 440

3. 下列各项中，不属于存货范围的是（　　）。

  A. 尚在加工中的产品

  B. 委托加工存货

  C. 购货单位已交款并已开出提货单而尚未提走的货物

  D. 款项已支付，而尚未到达企业的存货

4. 制造企业外购存货支付的运费，应（　　）。

  A. 作为存货成本的一部分

  B. 作为准予抵扣的进项税额

  C. 作为制造费用

  D. 作为期间费用

5. 材料按实际成本计价时，对于已付款材料尚未到达的情况应通过（　　）账户核算。

  A. 物资采购 B. 在途物资 C. 材料成本差异 D. 应付账款

6. 下列费用中，不能计入材料采购成本的有（　　）。

  A. 买价   B. 运费

  C. 运输途中的合理损耗   D. 广告费

7. 待处理盘亏材料200元（不含税），增值税税率13%，现查明属当事人过失造成的，应由其赔偿，则记入"其他应收款"科目的金额为（　　）。

  A. 200元 B. 226元 C. 234元 D. 26元

8. 企业采购材料在运输中的合理损耗应计入（　　）。

  A. 材料成本 B. 管理费用 C. 运输费用 D. 其他业务支出

9. 为委托加工物资所支付的运费，计入（　　）。

  A. 物资采购   B. 在途物资

  C. 管理费用   D. 委托加工物资成本

10. 低值易耗品采用分次摊销法，在第一次领用时，应将其全部价值转入（　　）科目。

  A. 周转材料——低值易耗品（在用）

  B. 周转材料——低值易耗品（摊销）

  C. 待摊费用

  D. 制造费用

三、多项选择题

1. 下列各项属于存货范围的有（　　）。

  A. 修理用备件 B. 包装物 C. 在产品 D. 外购商品

2. 下列项目中，构成外购材料采购成本的有（　　）。

  A. 买价   B. 专用发票中注明的增值税

  C. 外地运费   D. 运输途中的合理损耗

3. 应计入存货采购成本的增值税包括（　　）。
   A. 专用发票中注明的增值税
   B. 普通发票中注明的增值税
   C. 自用存货应负担的增值税
   D. 按农产品买价的11%计算的增值税
4. 下列费用中应计入一般纳税人企业存货采购成本的有（　　）。
   A. 购入存货运输过程中的保险费用　　B. 存货储备保管费用
   C. 采购人员工资费用　　D. 入库前的挑选整理费用
5. 下列业务中，通过"其他业务收入"科目核算的有（　　）。
   A. 销售商品或提供劳务取得的收入　　B. 销售材料取得的收入
   C. 包装物销售收入　　D. 出租包装物取得的收入
6. 工业企业仓库发出材料，与"材料"科目贷方对应的借方科目可能有（　　）。
   A. 生产成本　　B. 制造费用　　C. 管理费用　　D. 在建工程
7. 对存货实行实地盘存制的企业，销售成本是根据下列（　　）因素确定的。
   A. 生产成本　　B. 制造费用
   C. 管理费用　　D. 在建工程
8. 发出存货的计价方法有（　　）。
   A. 先进先出法　　B. 后进后出法
   C. 加权平均法　　D. 个别计价法

四、业务题

1. 某企业的增值税税率为13%，年终对存货进行清查，清查发现盘亏B原材料400千克，单位实际成本为100元，盘亏原因是管理制度不健全造成的。

   要求：请根据上述情况作出账务处理。

2. 海华公司某存货在2019年5月份的有关情况如表3－5所示。

表3－5　海华公司某存货情况

日期	摘要	数量/件	单价/元	金额/元
5月1日	期初结存	2 000	10	20 000
5月3日	购入	1 200	11	13 200
5月8日	购入	5 000	10.20	51 000
5月12日	发出	4 100		
5月15日	购入	3 000	10.50	31 500
5月19日	购入	1 000	12	12 000
5月21日	发出	2 000		
5月28日	购入	4 000	11	44 000
5月30日	发出	2 100		
5月31日	期末结存	8 000		
6月1日	购入	2 000	12	

要求：试分别以加权平均法、先进先出法计算5月份存货的发出成本。

3. 某企业材料采用实际成本法核算，2019年6月发生以下经济业务。请根据这些经济业务编制相应的会计分录。

（1）从本地购入材料一批，价款50 000元，支付增值税6 500元，材料已验收入库，有关单据已到，货款已通知银行支付。

（2）从外地购入材料一批，价值35 000元，支付的增值税4 550元，有关单据已到，货款已经支付，材料尚未到达。

（3）上述在途物资已到，并验收入库。

（4）从外地购入材料一批，材料已验收入库，但结算凭证未到，货款尚未支付，暂估价15 000元。

（5）从外地购进原材料一批，价款34 000元，支付的增值税4 420元，对方单位代垫运费1 000元，增值税110元，企业签发商业承兑汇票39 420元支付款项，材料尚未入库。

（6）本月生产车间生产产品领用材料实际成本80 000元，管理部门领用材料实际成本7 000元。

4. 甲企业委托乙企业加工材料一批。交付加工的材料成本为200 000元，支付的加工费为32 000元（不含增值税），材料加工完毕验收入库，加工费用等以银行存款支付，双方适用的增值税税率为13%。

要求：请根据相关结果编制会计分录。

5. 某企业6月初原材料账面余额为40 000元，材料成本差异借方余额为500元，本月购入材料实际成本为158 500元，节约差异为1 500元。本月发出材料的计划成本为180 000元。

要求：计算材料成本差异率、发出材料应承担的材料成本差异、发出材料的实际成本以及期末结存材料的实际成本，并编制相关的会计分录。

6. 某企业结存原材料的计划成本为230 000元，材料成本差异期初贷方余额为400元，本期收入材料的计划成本为345 000元，实际成本为350 000元；本期发出材料的计划成本为450 000元。

要求：计算材料成本差异率、发出材料应承担的材料成本差异、发出材料的实际成本以及期末结存材料的实际成本，并编制相关的会计分录。

7. 某企业周转材料仓库本月发出下列包装物：

（1）3日，A车间为生产产品领用包装物实际成本100 000元。

（2）10日，销售部门领用包装物10 000件，随同产品出售，不单独计价，该批包装物实际成本30 000元。

（3）15日，出借全新包装物500件给购货单位，该包装物单位成本100元，每件收取押金80元。

（4）20日，购货单位归还包装物300件，退还收取的押金24 000元。

（5）30日，本月出借后收回的包装物报废30件，残值300元作为原材料入库存。

假设该企业对于出借包装物采用分次转销法，包装物可周转使用的次数为30次。

要求：编制相关的会计分录。

8. 甲企业发出包装物采用一次摊销法进行核算，本月发生有关包装物发出的经济业务如下,当月包装物材料成本差异率为 −1%。请编制相关会计分录。

(1) 生产领用包装物一批,计划成本 2 000 元。

(2) 企业销售产品时,领用不单独计价的包装物,其计划成本为 1 000 元。

(3) 企业销售产品时,领用单独计价的包装物,其计划成本为 500 元。

(4) 仓库发出新包装物一批,出租给购货单位,计划成本为 5 000 元,收到租金 500 元,存入银行。

(5) 出借新包装物一批,计划成本为 3 000 元,收到押金 1 000 元,存入银行。

(6) 出借包装物逾期未退,按规定没收其押金 1 000 元。

(7) 出租包装物收回后,不能继续使用而报废,收回残料入库,价值 600 元。该批包装物计划成本为 2 000 元。

(8) 月末结转包装物材料成本差异。

9. 甲企业低值易耗品采用实际成本法核算。该企业生产车间 3 月 10 日从仓库领用工具一批,实际成本 10 000 元。6 月 30 日该批工具全部报废,报废时的残料价值为 500 元,作为原材料入库。该企业工具按分次转销法进行摊销,工具的使用寿命为 50 天。

要求:编制有关此项低值易耗品领用、摊销和报废的会计分录。

第4章

投 资

知识目标
- 掌握短期投资、长期投资的计量。
- 掌握长期股权投资成本法的核算。
- 掌握长期债券投资的核算。
- 熟悉长期投资损失的确定及核算。

技能目标
- 能进行短期投资的账务处理。
- 能进行长期股权投资的账务处理。
- 能进行长期债券投资的账务处理。

素质目标
- 培养学生熟识企业投资业务的素质。
- 培养学生对投资的认知素质。
- 培养学生提升专业技能的素质。

本章知识结构

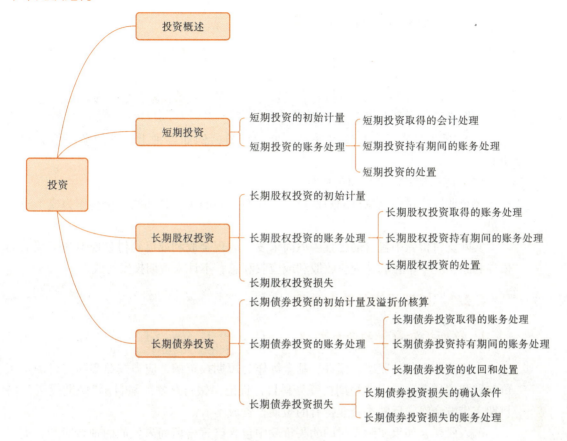

4.1 投资概述

投资,指企业为通过分配来增加财富,或为谋求其他利益,而将资产让渡给其他单位所获得的另一项资产。

(1)这里的投资是狭义的,是指对外(即其他单位)的投资,不包括对内的投资,如购置固定资产、无形资产等。

(2)投资是将资产让渡给其他单位所产生的。如企业可以用现金购买其他企业发行的股票、债券,也可以用固定资产、无形资产投资其他单位,以获取投资收益。

(3)投资所增加的经济利益是通过分配获取的。投资所增加的经济利益不是企业自身经营产生的,而是将资产让渡给其他单位使用(投资),通过其他单位使用该项资产创造收益后分配取得的。此外,投资企业也可以通过投资来改善贸易关系,如提供稳定的原料供应、良好的销售网点等来获取利益。

投资按投资目的可以分为短期投资和长期投资,这是投资的基本分类。

4.2 短期投资

短期投资核算包括短期投资取得及其成本的确定、短期投资收益的确认、短期投资的处置等内容。企业应设置"短期投资"科目进行核算。

4.2.1 短期投资的初始计量

短期投资，是指小企业购入的能随时变现并且持有时间不准备超过 1 年（含 1 年）的投资，如小企业以赚取差价为目的从二级市场购入的股票、债券、基金等。短期投资的特点是易于变现，且持有时间较短，不以控制被投资单位等为目的。

短期投资应当具备以下两个条件：

（1）能够在公开市场交易并且有明确市价，例如各种上市的股票、债券和基金等。

（2）应保持其流动性和获利性。

小企业以支付现金取得的短期投资，应当按照购买价款和相关税费作为成本进行计量。

实际支付价款中包含的已宣告但尚未发放的现金股利或已到付息期但尚未领取的债券利息，应当单独确认为应收股利或应收利息，不计入短期投资的成本。

4.2.2 短期投资的账务处理

1. 短期投资取得的会计处理

小企业购入各种股票、债券、基金等作为短期投资的，应当按照实际支付的购买价款和相关税费，借记"短期投资"科目，贷记"银行存款"科目。"短期投资"科目期末借方余额，反映小企业持有的短期投资成本。

购入股票，如果实际支付的购买价款中包含已宣告但尚未发放的现金股利，应当按照实际支付的购买价款和相关税费扣除已宣告但尚未发放的现金股利后的金额，借记"短期投资"科目，按照应收的现金股利，借记"应收股利"科目，按照实际支付的购买价款和相关税费，贷记"银行存款"科目。

购入债券，如果实际支付的购买价款中包含已到付息期但尚未领取的债券利息，应当按照实际支付的购买价款和相关税费扣除已到付息期但尚未领取的债券利息后的金额，借记"短期投资"科目，按照应收的债券利息，借记"应收利息"科目，按照实际支付的购买价款和相关税费，贷记"银行存款"科目。

【例 4-1】光华企业于 2019 年 2 月 8 日以银行存款购入下列股票作为短期投资（见表 4-1），并编制相关的会计分录。

表 4-1 股票投资表

项目	股数/股	每股单价/元	税费/元	投资成本/元
股票 A	10 000	7.00	400	70 400
股票 B	15 000	6.00	550	90 550
股票 C	12 000	15.00	1 000	181 000
合　计				341 950

借：短期投资——股票 A　　　　　　　　　　　　　　　　　　70 400

短期投资——股票 B		90 550
短期投资——股票 C		181 000
贷：银行存款		341 950

【例 4-2】2019 年 6 月 26 日，华天公司将银行存款 4 000 000 元转入某证券公司用于购买股票。6 月 30 日，华天公司以证券公司存款购入华兴股份有限公司（以下简称华兴）已宣告但尚未分派现金股利的股票 100 000 股，并且不准备长期持有，每股成交价 12.2 元，其中，0.2 元为已宣告但尚未分派的现金股利，股权登记截止日为 7 月 10 日；另支付相关税费 21 000 元。

（1）购入华兴股票作为短期投资时的投资成本计算如下：

成交价（100 000×12.2）　　　　　　1 220 000 元
加：支付的相关税费　　　　　　　　　　21 000 元
减：已宣告尚未分派的现金股利（100 000×0.2）20 000 元
短期投资成本　　　　　　　　　　　1 221 000 元

华天公司编制会计分录如下：

借：短期投资——华兴股票　　　　　　　　　1 221 000
　　应收股利——华兴公司　　　　　　　　　　　20 000
　　贷：银行存款　　　　　　　　　　　　　　　1 241 000

（2）假设 2019 年 7 月 28 日，华天公司收到原已记入"应收股利"科目的现金股利20 000 元，则编制会计分录如下：

借：银行存款　　　　　　　　　　　　　　　　20 000
　　贷：应收股利——华兴公司　　　　　　　　　　20 000

2. 短期投资持有期间的会计处理

在短期投资持有期间，被投资单位宣告分派的现金股利，借记"应收股利"科目，贷记"投资收益"科目。在债务人应付利息日，按照分期付息、一次还本债券投资的票面利率计算的利息收入，借记"应收利息"科目，贷记"投资收益"科目。

【例 4-3】华天公司 2019 年 6 月 30 日购入长江股份公司股票 100 000 股，每股 12 元，相关税费 20 000 元。2019 年 7 月 10 日，长江股份公司宣告分派现金股利，每股 0.2 元，华天公司于 2019 年 7 月 25 日收到现金股利。华天公司应编制会计分录如下：

（1）购入时：

借：短期投资——股票投资（长江）　　　　　1 220 000
　　贷：银行存款　　　　　　　　　　　　　　1 220 000

（2）长江股份公司宣告分派股利时：

借：应收股利——华天公司　　　　　　　　　　20 000
　　贷：投资收益——股票投资（长江）　　　　　20 000

（3）收到长江股份公司现金股利时：

借：银行存款　　　　　　　　　　　　　　　　20 000
　　贷：应收股利——长江公司　　　　　　　　　20 000

【例 4-4】 甲公司 2019 年发生短期投资业务如下：

(1) 6 月 1 日，以从证券市场购入 A 公司股票 5 000 股作为短期投资，每股价格为 10 元，另外支付税费及手续费 150 元。

(2) 6 月 20 日，购入 B 公司已宣告但尚未分派现金股利的股票 50 000 股作为短期投资，每股成交价 8 元，另外支付印花税及券商手续费 1 200 元；B 公司已于 6 月 10 日宣告每股发放现金股利 0.1 元。

(3) 7 月 5 日，收到 B 公司发放的现金股利。

(4) 8 月 1 日，购入 C 公司上年 6 月发行，年利率为 6%，3 年期面值总额为 100 000 元的公司债券作为短期投资。以银行存款支付价款 106 000 元（其中 6 000 元为宣告发放尚未支付的利息），另外支付手续费 318 元。

(5) 10 月 2 日，收到 C 公司的债券利息 6 000 元。

(6) 12 月 1 日，购入 D 公司上年 6 月 1 日发行的 3 年期债券作为短期投资，该债券面值总额 30 万元，年利率为 7%，甲公司按 31.5 万元价格购入，另支付税费等 945 元，该债券到期还本付息。

以上款项均通过银行存款结算。

要求：根据上述短期投资业务，编制相应的会计分录。

(1) 购入股票时：

借：短期投资——股票投资（A 公司）　　　　　　　　　　50 150
　　贷：银行存款　　　　　　　　　　　　　　　　　　　　50 150

(2) 购入股票时：

借：短期投资——股票投资（B 公司）　　　　　　　　　　396 200
　　应收股利——B 公司（50 000×0.1）　　　　　　　　　5 000
　　贷：银行存款　　　　　　　　　　　　　　　　　　　　401 200

(3) 收到股利时：

借：银行存款　　　　　　　　　　　　　　　　　　　　　5 000
　　贷：应收股利——B 公司　　　　　　　　　　　　　　　5 000

(4) 购入 C 公司债券：

借：短期投资——债券投资（C 公司）　　　　　　　　　　100 318
　　应收利息——C 公司　　　　　　　　　　　　　　　　6 000
　　贷：银行存款　　　　　　　　　　　　　　　　　　　　106 318

(5) 收到利息时：

借：银行存款　　　　　　　　　　　　　　　　　　　　　6 000
　　贷：应收利息——C 公司　　　　　　　　　　　　　　　6 000

(6) 购入 D 公司债券：

借：短期投资——债券投资（D 公司）　　　　　　　　　　315 945
　　贷：银行存款　　　　　　　　　　　　　　　　　　　　315 945

3. 短期投资的处置

出售短期投资，应当按照实际收到的出售价款，借记"银行存款"或"库存现金"科目,按照该项短期投资的账面金额,贷记"短期投资"科目,按照尚未收到的现金股利或债券利息,贷记"应收股利"或"应收利息"科目,按照其差额,贷记或借记"投资收益"科目。

【例4-5】承【例4-4】,12月20日,将C公司债券全部出售,取得110 000元的收入,另外支付税费及手续费等330元。

C公司债券的账面余额为100 318元。

投资收益=110 000-100 318-330=9 352(元)

借:银行存款　　　　　　　　　　　　　　　　　　　　109 670
　　贷:短期投资——债券投资(C公司)　　　　　　　　 100 318
　　　　投资收益——债券投资收益　　　　　　　　　　　 9 352

4.3 长期股权投资

长期股权投资核算的内容包括长期股权投资取得时,初始投资成本的确定,长期股权投资的成本法核算,长期股权投资的处置等。企业应设置"长期股权投资"科目进行核算。"长期股权投资"科目应按照被投资单位进行明细核算。

4.3.1 长期股权投资的初始计量

长期股权投资,是指小企业准备长期持有的权益性投资。

小企业以支付现金取得的长期股权投资,应当按照购买价款和相关税费作为成本进行计量。实际支付价款中包含的已宣告但尚未发放的现金股利,应当单独确认为应收股利,不计入长期股权投资的成本。通过非货币性资产交换取得的长期股权投资,应当按照换出非货币性资产的评估价值和相关税费作为成本进行计量。

4.3.2 长期股权投资的账务处理

1. 长期股权投资取得的账务处理

1)以支付现金取得的长期股权投资

小企业以支付现金取得的长期股权投资,如果实际支付的购买价款中包含已宣告但尚未发放的现金股利,应当按照实际支付的购买价款和相关税费扣除已宣告但尚未发放的现金股利后的金额,借记"长期股权投资"科目,按照应收的现金股利,借记"应收股利"科目,按照实际支付的购买价款和相关税费,贷记"银行存款"科目。

【例4-6】华天公司与乙公司投资设立金元有限责任公司,注册资本为3 000 000元,华天公司出资1 000 000元,以银行存款支付。华天公司应编制会计分录如下:

借:长期股权投资——金元公司　　　　　　　　　　　1 000 000
　　贷:银行存款　　　　　　　　　　　　　　　　　　 1 000 000

【例4-7】2019年2月1日,华天公司购入甲股份有限公司(以下简称甲公司)公开发行的股票100 000股,每股3.6元,其中,每股含已宣告但尚未领取的现金股利0.1元,支付相关税费2 000元,以银行存款支付。华天公司准备长期持有甲股份有限公司股票。

初始投资成本：$100\,000 \times (3.6 - 0.1) + 2\,000 = 352\,000$（元）

应收股利：$100\,000 \times 0.1 = 10\,000$（元）

华天公司应编制会计分录如下：

2019年2月1日购入甲公司股票：

借：长期股权投资——甲公司	352 000
应收股利——甲公司	10 000
贷：银行存款	362 000

收到甲股份有限公司发放的现金股利时：

借：银行存款	10 000
贷：应收股利——甲公司	10 000

2）通过非货币性资产交换取得的长期股权投资

通过非货币性资产交换取得的长期股权投资，应当按照非货币性资产的评估价值与相关税费之和，借记"长期股权投资"科目，按照换出非货币性资产的账面价值，贷记"固定资产清理""无形资产"等科目，按照支付的相关税费，贷记"应交税费"等科目，按照其差额，贷记"营业外收入"科目或借记"营业外支出"等科目。

【例4-8】甲公司为取得华天公司10%的股权，占注册资本金额为2 000 000元。将一项对华兴股份有限公司的长期股权投资（评估确认价800 000元）和一项专利权技术（评估确认价500 000元）作为投资，并用银行存款投资1 000 000元，已办妥了相关产权转移手续（假设不考虑相关税费）。

华天公司应编制会计分录如下：

借：长期股权投资——华兴公司	800 000
无形资产——××专利权	500 000
银行存款	1 000 000
贷：实收资本——甲公司	2 000 000
资本公积——资本溢余	300 000

【例4-9】承【例4-8】，假设甲公司"长期股权投资——华兴公司"的账面余额为850 000元（评估价值为800 000元），无形资产账面摊余价值为300 000元（评估价值为500 000元），已办妥了相关的产权转移手续（假设不考虑相关税费）。

长期股权投资初始成本（非货币资产的评估价值）$= 800\,000 + 500\,000$
$= 1\,300\,000$（元）

换出非货币资产的账面价值 $= 850\,000 + 300\,000 = 1\,150\,000$（元）

交换的差额 $= 1\,300\,000 - 1\,150\,000 = 150\,000$（元）

甲公司应编制会计分录如下：

借：长期股权投资——华天公司	2 300 000
贷：长期股权投资——华兴公司	850 000
无形资产——××专利权	300 000
银行存款	1 000 000
营业外收入——非流动资产处置净收益	150 000

【例 4-10】华天公司以固定资产对外投资，投出资产的账面原价为 4 250 000 元，已计提折旧为 250 000 元。固定资产的评估价值为 2 000 000 元。办理相关固定资产产权转移过程中发生的相关税费 300 000 元，用银行存款支付。华天公司应编制会计分录如下：

(1) 固定资产转入清理时：

借：固定资产清理　　　　　　　　　　　　　　　　　4 000 000
　　累计折旧　　　　　　　　　　　　　　　　　　　　 250 000
　　贷：固定资产　　　　　　　　　　　　　　　　　　　　 4 250 000

(2) 长期股权投资初始成本 = 2 000 000 + 300 000 = 2 300 000（元）

借：长期股权投资　　　　　　　　　　　　　　　　　2 300 000
　　营业外支出　　　　　　　　　　　　　　　　　　 2 000 000
　　贷：银行存款　　　　　　　　　　　　　　　　　　　　 300 000
　　　　固定资产清理　　　　　　　　　　　　　　　　　　 4 000 000

2. 长期股权投资持有期间的账务处理

长期股权投资应当采用成本法进行会计处理。在长期股权投资持有期间，被投资单位宣告分派的现金股利或利润，应当按照应分得的金额确认为投资收益。

长期股权投资持有期间，被投资单位宣告分派的现金股利或利润，应当按照应分得的金额，借记"应收股利"科目，贷记"投资收益"科目。

【例 4-11】甲公司 2019 年 4 月 2 日购入乙公司股份 100 000 股，每股价格 12 元，另支付相关税费 6 000 元，甲公司购入乙公司股份占乙公司有表决权资本的 3%，并准备长期持有。乙公司于 2019 年 5 月 2 日宣告分派 2018 年度的现金股利，每股 0.2 元。甲公司应编制会计分录如下：

(1) 计算初始投资成本：

成交价（100 000 × 12）　　　　　　1 200 000
加：税费　　　　　　　　　　　　　　　　 6 000
初始投资成本　　　　　　　　　　　　 1 206 000

(2) 购入时应编制会计分录如下：

借：长期股权投资——乙公司　　　　　　　　　　　 1 206 000
　　贷：银行存款　　　　　　　　　　　　　　　　　　　 1 206 000

(3) 乙公司宣告分派股利时应编制会计分录如下：

借：应收股利　　　　　　　　　　（100 000 × 0.2）　 20 000
　　贷：投资收益——股票投资收益　　　　　　　　　　　　 20 000

【例 4-12】甲公司 2019 年 1 月 1 日以银行存款购入丙公司 10% 的股权，并准备长期持有，实际投资成本为 20 000 000 元；2019 年 6 月 26 日，丙公司宣告分派 2018 年的利润 1 000 000 元，2019 年 7 月 6 日收到丙公司分派利润 100 000 元，存入银行。甲公司编制会计分录如下：

(1) 2019 年 1 月 1 日投资时：

借：长期股权投资——丙公司　　　　　　　　　　　 20 000 000

　　　　贷：银行存款　　　　　　　　　　　　　　　　　　20 000 000
　　（2）2019年6月26日宣告分派利润时：
　　借：应收股利——丙公司　　　　（1 000 000×10%）　　100 000
　　　　贷：投资收益——股票投资收益　　　　　　　　　　　100 000
　　（3）2019年7月6日收到分派的利润时：
　　借：银行存款　　　　　　　　　　　　　　　　　　　　100 000
　　　　贷：应收股利——丙公司　　　　　　　　　　　　　　100 000

【例4-13】甲公司2019年4月26日以每股10元的价格从证券二级市场购入乙股份有限公司（简称乙公司）股票1 000 000股，每股价格中包含0.2元的已宣告但尚未领取的现金股利，另支付相关税费35 000元。甲公司购入的股票准备长期持有，编制会计分录如下：

投资初始成本＝1 000 000×（10－0.2）+35 000＝9 835 000（元）
应收股利＝1 000 000×0.2＝200 000（元）
　　借：长期股权投资——乙公司　　　　　　　　　　　　　9 835 000
　　　　应收股利——乙公司　　　　　　　　　　　　　　　　200 000
　　　　贷：银行存款　　　　　　　　　　　　　　　　　　10 035 000

2019年5月10日，甲公司收到乙公司分来的购买该股票时已宣告分派的现金股利，编制会计分录如下：

　　借：银行存款　　　　　　　　　　　　　　　　　　　　200 000
　　　　贷：应收股利——乙公司　　　　　　　　　　　　　　200 000

乙公司宣告分派2018年度股利，甲公司应收现金股利200 000元，编制会计分录如下：

　　借：应收股利——乙公司　　　　　　　　　　　　　　　200 000
　　　　贷：投资收益——股票投资收益　　　　　　　　　　　200 000

假设2019年度乙公司发生净亏损1 000 000元，收到乙公司的报表及相关通知。按《小企业会计准则》规定，长期股权投资采用成本法，因此亏损时无须进行会计处理。

3. 长期股权投资的处置

处置长期股权投资，处置价款扣除其成本、相关税费后的净额，应当计入投资收益。

处置长期股权投资，应当按照处置价款，借记"银行存款"等科目，按照其成本，贷记"长期股权投资"科目，按照应收未收的现金股利或利润，贷记"应收股利"科目，按照其差额，贷记或借记"投资收益"科目。

【例4-14】承【例4-11】，假设2019年10月10日，甲公司将持有的乙公司股票售出，收到价款净额1 250 000元，款项已由银行收妥，编制会计分录如下：

投资收益＝1 250 000－1 206 000＝44 000（元）
　　借：银行存款　　　　　　　　　　　　　　　　　　　　1 250 000
　　　　贷：长期股权投资——乙公司（投资成本）　　　　　　1 206 000
　　　　　　投资收益——股票投资收益　　　　　　　　　　　　44 000

4.3.3 长期股权投资损失

1. 长期股权投资损失的确认

小企业长期股权投资符合下列条件之一的,减除可收回的金额后确认的无法收回的长期股权投资,作为长期股权投资损失。

(1) 被投资单位依法宣告破产、关闭、解散、被撤销,或者被依法注销、吊销营业执照的。

(2) 被投资单位财务状况严重恶化,累计发生巨额亏损,已连续停止经营3年以上,且无重新恢复经营改组计划的。

(3) 对被投资单位不具有控制权,投资期限届满或者投资期限已超过10年,且被投资单位因连续3年经营亏损导致资不抵债的。

(4) 被投资单位财务状况严重恶化,累计发生巨额亏损,已完成清算或清算期超过3年以上的。

(5) 国务院财政、税务主管部门规定的其他条件。

2. 长期股权投资损失的账务处理

根据《小企业会计准则》规定,长期股权投资损失应当于实际发生时计入营业外支出,同时冲减长期股权投资账面余额。确认实际发生的长期股权投资损失,应当按照可收回的金额,借记"银行存款"等科目,按照其账面余额,贷记"长期股权投资"科目,按照其差额,借记"营业外支出"科目。

4.4 长期债券投资

长期债券投资的核算包括长期债券投资初始计量,长期债券溢折价、收益的计算,长期债券的处置、损失的核算等内容。企业应设置"长期债券投资"科目核算。"长期债券投资"科目应按照债券种类和被投资单位,分别按"面值""溢折价""应计利息"科目进行明细核算。

4.4.1 长期债券投资的初始计量及溢折价核算

1. 长期债券投资的初始计量

长期债券投资,是指小企业准备长期(在1年以上)持有的债券投资。长期债券投资包括购买价款和相关税费。实际支付价款中包含的已到付息期但尚未领取的债券利息,单独确认为应收利息,不计入长期债券投资的成本。

2. 长期债券投资溢折价核算

购入长期债券时,按购入价格与债券面值之间的差异可分为按债券面值购入、溢价购入、折价购入。溢价或折价购入是由于债券的名义利率（或票面利率）与实际利率（或市场利率）不同而引起的。

如果债券票面利率高于市场利率，表明债券发行单位实际支付的利息将高于按市场利率计算的利息，发行单位则在发行时按照高于债券票面价值的价格发行，即溢价发行，对购买单位而言则为溢价购入。溢价发行对投资者而言，是为以后多得利息而事先付出的代价；对于发行单位而言，是为以后多付利息而事先得到的补偿。

如果债券的票面利率低于市场利率，表明发行单位今后实际支付的利息低于按照市场利率计算的利息，则发行单位按照低于票面价值的价格发行，即折价发行，对于购买单位而言，是折价购入。折价发行对投资者而言，是为今后少得利息而事先得到的补偿；对发行单位而言，是为今后少付利息而事先付出的代价。

长期债券投资溢价或折价计算公式如下：

债券投资溢价或折价=（债券初始投资成本–尚未到期的债券利息）–债券面值

小企业长期债券投资溢价或折价采用直线摊销法。

3. 长期债券投资利息的核算

长期债券投资在持有期间发生的应收利息应当确认为投资收益。

（1）分期付息、一次还本的长期债券投资，在债务人应付利息日按照票面利率计算的应收未收利息收入应当确认为应收利息，不增加长期债券投资的账面余额。

（2）一次还本付息的长期债券投资，在债务人应付利息日按照票面利率计算的应收未收利息收入应当增加长期债券投资的账面余额。

（3）债券的折价或者溢价在债券存续期间内于确认相关债券利息收入时采用直线法进行摊销。

长期债券投资到期，小企业收回长期债券投资，应当冲减其账面余额。处置长期债券投资，处置价款扣除其账面余额、相关税费后的净额，应当计入投资收益。

4.4.2 长期债券投资的账务处理

1. 长期债券投资取得的账务处理

小企业购入债券作为长期投资，应当按照债券票面价值，借记"长期债券投资（面值）"科目，按照实际支付的购买价款和相关税费，贷记"银行存款"科目，按照其差额，借记或贷记"长期债券投资（溢折价）"科目。

如果实际支付的购买价款中包含已到付息期但尚未领取的债券利息，应当按照债券票面价值，借记"长期债券投资（面值）"科目，按照应收的债券利息，借记"应收利息"科目，按照实际支付的购买价款和相关税费，贷记"银行存款"科目，按照其差额，借记或贷记"长期债券投资（溢折价）"科目。

【例4-15】甲公司2019年8月1日购入丙公司同年4月1日发行、每年付息一次、年利率为6%的3年期公司债券作为长期投资。该债券的面值总额为100 000元的。以银行存款支付价款98 000元，另支付相关税费500元。款项以银行存款支付。

(1) 购入成本：
购买价格　　　　　　　　　　98 000
加：相关税费　　　　　　　　　　500
减：债券面值　　　　　　　　100 000
债券溢折价　　　　　　　　　 −1 500

(2) 购入债券时，编制会计分录如下：
借：长期债券投资——丙公司（面值）　　　　　　　　　100 000
　　贷：长期债券投资——丙公司（溢折价）　　　　　　　 1 500
　　　　银行存款　　　　　　　　　　　　　　　　　　　98 500

2. 长期债券投资持有期间的账务处理

在长期债券投资持有期间，在债务人应付利息日，按照分期付息、一次还本的长期债券投资票面利率计算的利息收入，借记"应收利息"科目，贷记"投资收益"科目。按照一次还本付息的长期债券投资票面利率计算的利息收入，借记"长期债券投资（应计利息）"科目，贷记"投资收益"科目。

在债务人应付利息日，按照应分摊的债券溢折价金额，借记或贷记"投资收益"科目，贷记或借记"长期债券投资（溢折价）"科目。

【例4-16】甲公司2019年1月1日购入乙公司2019年1月1日发行的3年期债券，票面利率为12%，债券面值1 000元，甲公司按1 050元的价格购入100张，另支付有关税费400元，该债券每年付息一次，最后一年还本金并付最后一次利息。假设甲公司按年计算利息，甲公司计提利息并按直线法摊销溢价。

(1) 购入成本：
购买价格（100 × 1 050）　105 000
加：相关税费　　　　　　　　　　400
减：债券面值（100 × 1 000）100 000
债券溢折价　　　　　　　 5 400

(2) 购入债券时，编制会计分录如下：
借：长期债券投资——乙公司（面值）　　　　　　　　　100 000
　　　　　　　　——乙公司（溢折价）　　　　　　　　　5 400
　　贷：银行存款　　　　　　　　　　　　　　　　　　105 400

(3) 年度终了计算利息并按直线法摊销溢折价：

直线法是将债券的溢折价按债券的还款期限（或付息期数）平均分摊。在直线法摊销溢折价的方法下，每期溢折价的摊销数额相等。年度终了计算利息并摊销溢价，如表4-2所示。

表 4-2 债券溢价摊销表（直线法）

元

日 期	应收利息	利息收入	溢价摊销	未摊销溢价	面值和未摊销溢价之和
	(1) = 面值 × 票面利率	(2) = (1) - (3)	(3) = 5 400÷3	(4) = 上期 (4) - (3)	(5) = 上期 (5) - (3)
2019 年 1 月				5 400	105 400
2019 年 12 月	12 000	10 200	1 800	3 600	103 600
2020 年 12 月	12 000	10 200	1 800	1 800	101 800
2021 年 12 月	12 000	10 200	1 800		100 000
合计	36 000	30 600	5 400		

注意：每年计提利息 = 100 000 × 12% = 12 000（元）

每年摊销溢价 = 5 400÷3 = 1 800（元）

利息收入 = 12 000 - 1 800 = 10 200（元）

①每年计提利息时，编制会计分录如下：

借：应收利息　　　　　　　　　　　　　　　　　　　　　　　　　12 000

　　贷：长期债券投资——乙公司（溢折价）　　　　　　　　　　　　1 800

　　　　投资收益　　　　　　　　　　　　　　　　　　　　　　　10 200

②每年收到债券利息时，编制会计分录如下：

借：银行存款　　　　　　　　　　　　　　　　　　　　　　　　　12 000

　　贷：应收利息　　　　　　　　　　　　　　　　　　　　　　　12 000

③到期收回本金时，编制会计分录如下：

借：银行存款　　　　　　　　　　　　　　　　　　　　　　　　100 000

　　贷：长期债券投资——乙公司（面值）　　　　　　　　　　　　100 000

【例 4-17】承【例 4-16】，假设购入的乙公司债券是到期一次还本付息的，每年计提利息相同。

（1）每年计提利息时，编制会计分录如下：

借：长期债券投资——乙公司（应计利息）　　　　　　　　　　　　12 000

　　贷：长期债券投资——乙公司（溢折价）　　　　　　　　　　　　1 800

　　　　投资收益　　　　　　　　　　　　　　　　　　　　　　　10 200

（2）到期收回本金及利息，编制会计分录如下：

借：银行存款　　　　　　　　　　　　　　　　　　　　　　　　136 000

　　贷：长期债券投资——乙公司（面值）　　　　　　　　　　　　100 000

　　　　　　　　　——乙公司（应计利息）　　　　　　　　　　　36 000

【例 4-18】承【例 4-15】，2020 年 3 月 31 日（债务人付息日），甲公司作计提利息和摊销债券溢折价的会计处理，并于 2020 年 4 月 2 日收到债券利息。

债券存续期间为 2019 年 8 月 1 日—2021 年 3 月 31 日，共 32 个月。2020 年应摊销存续期间数 8 个月（2019 年 8 月 1 日—2020 年 3 月 31 日）。

2020 年 3 月 31 日应摊销折价 = 1 500 × 8 ÷ 32 = 375（元）

2020 年 3 月 31 日计提利息 = 100 000 × 6% = 6 000（元）

（1）2020 年 3 月 31 日计提利息时，编制会计分录如下：

借：应收利息　　　　　　　　　　　　　　　　　　　6 000
　　长期债券投资——乙公司（溢折价）　　　　　　　　375
　　贷：投资收益　　　　　　　　　　　　　　　　　　　　6 375

（2）2020 年 4 月 2 日收到债券利息时，编制会计分录如下：

借：银行存款　　　　　　　　　　　　　　　　　　　6 000
　　贷：应收利息　　　　　　　　　　　　　　　　　　　　6 000

3. 长期债券投资的收回和处置

《小企业会计准则》规定，长期债券投资到期，小企业收回长期债券投资，应当冲减"长期债券投资"账面余额。处置长期债券投资，处置价款扣除"长期债券投资"账面余额、相关税费后的净额，应当计入投资收益。

1）长期债券投资收回的账务处理

小企业长期债券投资到期，收回长期债券投资，应当按照收回的债券本金或本息，借记"银行存款"等科目；按照"长期债券投资"账面余额，贷记"长期债券投资（成本、溢折价、应计利息）"科目；按照应收未收的利息收入，贷记"应收利息"科目。

【例 4-19】承【例 4-15】，2020 年 3 月 31 日，甲公司购入丙公司的债券到期，收回本金和利息。

收回本金（面值）100 000 元。

收回利息（2019 年 4 月 1 日—2020 年 3 月 31 日）一年的利息 6 000 元。

编制会计分录如下：

借：银行存款　　　　　　　　　　　　　　　　　　106 000
　　贷：长期债券投资——债券投资（面值）　　　　　　100 000
　　　　应收利息　　　　　　　　　　　　　　　　　　　6 000

2）长期债券投资处置的账务处理

小企业处置长期债券投资，应当按照处置收入，借记"银行存款"等科目，按照"长期债券投资"账面余额，贷记"长期债券投资（成本、溢折价）"科目，按照应收未收的利息收入，贷记"应收利息"科目，按照其差额，贷记或借记"投资收益"科目。

【例 4-20】甲公司 2019 年 1 月 1 日购入期限为 3 年的到期一次还本付息的国库券 100 000 元，准备长期持有，假设国库券的年利率为 3%，没有发生相关的税费。2020 年 9 月 26 日，将国库券出让，取得转让净收入为 104 000 元。

（1）购入时，编制会计分录如下：

借：长期债券投资——国库券（面值） 100 000
　　贷：银行存款 100 000

(2) 2019 年 12 月 31 日计提利息，编制会计分录如下：

100 000×3% = 3 000（元）

借：长期债券投资——国库券（应计利息） 3 000
　　贷：投资收益 3 000

(3) 出让债券时，编制会计分录如下：

借：银行存款 104 000
　　贷：长期债券投资——国库券（面值） 100 000
　　　　长期债券投资——国库券（应计利息） 3 000
　　　　投资收益 1 000

【例 4-21】甲公司于 2019 年 1 月 1 日购入乙公司当日发行的 4 年期债券10 000张，每张面值为100 元，购入价格每张110 元，发生的相关税费共计36 000元，票面利率10%，以上款项以银行存款付讫。该债券每年12月31日付息一次，4 年到期还本。2021 年 3 月，因补充流动资金需要转让该债券，转让净收入为 1 050 000 元。

(1) 2019 年 1 月 1 日购入债券时，编制会计分录如下：

购入成本：
　购买价格（10 000×110） 1 100 000
加：相关税费　　　　　　　　　　　 36 000
减：债券面值（10 000×100） 1 000 000
　债券溢折价　　　　　　　　　　 136 000

借：长期债券投资——乙公司（面值） 1 000 000
　　长期债券投资——乙公司（溢折价） 136 000
　　贷：银行存款 1 136 000

(2) 2019 年 12 月 31 日计提利息摊销溢价时：

①计提利息摊销溢价时，编制会计分录如下：

应计利息 = 1 000 000×10% = 100 000（元）
应摊溢价 = 136 000÷4 = 34 000（元）

借：应收利息 100 000
　　贷：长期债券投资——乙公司（溢折价） 34 000
　　　　投资收益 66 000

②收到利息时，编制会计分录如下：

借：银行存款 100 000
　　贷：应收利息 100 000

③2020 年 12 月 31 日作以上相同的①、②处理。

④2021 年 3 月，转让债券时，编制会计分录如下：

尚未摊销的溢价 = 136 000 - 34 000×2 = 68 000（元）
投资收益 = 1 050 000 - 1 000 000 - 68 000 = -18 000（元）

借：银行存款	1 050 000
投资收益	18 000
贷：长期债券投资——乙公司（面值）	1 000 000
——乙公司（溢折价）	68 000

4.4.3　长期债券投资损失

1. 长期债券投资损失的确认条件

小企业长期债券投资符合《小企业会计准则》第十条所列条件之一的（同第 2 章，"坏账损失的确认"的 6 个条件），减除可收回的金额后确认无法收回的长期债券投资，作为长期债券投资损失。长期债券投资损失应当于实际发生时计入营业外支出，同时冲减"长期债券投资"账面余额。

2. 长期债券投资损失的账务处理

按照《小企业会计准则》的规定，确认实际发生的长期债券投资损失，应当按照可收回的金额，借记"银行存款"等科目，按照其账面余额，贷记"长期债券投资（成本、溢折价）"科目，按照其差额，借记"营业外支出"科目。

【例 4-22】 甲公司 2017 年 6 月购买了乙上市公司发行的、期限为 3 年、票面利率为 8%、到期一次还本付息的债券 500 000 元，乙上市公司按面值发行债券，并承担发行过程中的所有税费。假设 2019 年 3 月因乙上市公司遭受重大安全事故，无法继续经营而申请破产。法院于 2020 年 1 月作出判决，应付债券按面值的 50% 归还投资者。2020 年 2 月办妥相关手续，收回债券款 250 000 元。相关账务处理如下：

（1）2017 年 6 月购入债券时，编制会计分录如下：

| 借：长期债券投资——乙公司（面值） | 500 000 |
| 贷：银行存款 | 500 000 |

（2）2018 年 6 月计提债券利息，编制会计分录如下：

500 000×8% = 40 000（元）

| 借：长期债券投资——乙公司（应计利息） | 40 000 |
| 贷：投资收益 | 40 000 |

（3）2019 年 6 月计提债券利息同（2）。

（4）收回债券款时，编制会计分录如下：

借：银行存款	250 000
营业外支出——坏账损失	330 000
贷：长期债券投资——乙公司（面值）	500 000
——乙公司（应计利息）	80 000

思考练习题

一、判断题

1. 由于短期投资的短期性,投资企业一般不重视被投资企业的经营管理决策权,而主要重视投资收益。（　）
2. 企业溢价购入债券是为以后多得利息而事先付出的代价。（　）
3. 当债券票面利率大于实际利率时,债券折价购入。（　）
4. 购入的债券无论期限长短,其利息均应于收到时计入损益。（　）
5. 《小企业会计准则》规定,企业购入短期和长期债券所发生的经纪人佣金、税金和手续费等,均作为债券投资的初始成本。（　）
6. 公司在不同时期将短期投资转让时,必然获取数额不等的收益。（　）
7. 《小企业会计准则》规定,长期股权投资收到被投资单位分配的利润时,应贷记"投资收益"账户。（　）
8. 《小企业会计准则》规定,长期股权投资应采用成本法核算。（　）
9. 溢价购入的债券在当期计提利息和摊销溢价金额时,应按应计利息减摊销的溢价金额后的差额计入投资收益。（　）
10. 《小企业会计准则》规定,短期投资期末不再按成本与市价孰低法计价。（　）
11. 《小企业会计准则》规定,短期投资持有期间获得的现金股利和利息,除已计入应收款项的现金股利和利息外,应在实际收到时作为投资成本的收回,冲减短期投资的账面价值。（　）
12. 《小企业会计准则》下,长期股权投资、长期债券投资均不采用权益法核算。（　）
13. 股票股利是被投资企业给投资企业的报酬,因此,投资企业均应确认收益。（　）
14. 《小企业会计准则》规定,处置短期投资时,不再计提跌价准备。（　）
15. 企业购买债券进行了长期投资时所发生的溢价或折价应在债券的发行日至到期日之间予以摊销。（　）
16. 在《小企业会计准则》下,被投资企业以非现金资产对外投资不会引起投资企业资本公积的增减变动。（　）
17. 在《小企业会计准则》下,长期股权投资应在实际收到利润时确认投资收益。（　）

二、单项选择题

1. 购入作为短期投资的股票,实际支付价款中包含的已宣告发放但尚未收取的现金股利,其核算账户应为（　）。
   A. 应收股利　　B. 短期投资　　C. 财务费用　　D. 投资收益
2. A公司认购C公司普通股1 000股,每股面值10元,实际买价每股11元,其中包含已宣告发放但尚未收取的现金股利500元;另外支付相关费用100元。该批股票作为短期投资的初始投资成本为（　　）元。

  A. 10 000   B. 11 000   C. 11 600   D. 10 600

 3. 作为短期投资购入的股票中，如果包含已宣告发放但尚未收取的现金股利，当实际收到这部分股利时应（　　）。

  A. 记入"投资收益"科目   B. 记入"营业外收入"科目

  C. 记入"应收股利"科目   D. 冲减"短期投资"科目

 4. A 公司 2019 年 1 月 1 日购入当日发行的 3 年期、年利率 10% 的到期还本付息债券，实际支付价款 66 000 元（不考虑手续费等费用），债券面值 60 000 元。2019 年 4 月 1 日 A 公司以 80 000 元价格出售该批债券。则该批债券投资所取得的累计收益为（　　）元。

  A. 14 000   B. 20 000   C. 8 000   D. 18 000

 5. 在《小企业会计准则》下，以固定资产作为长期股权投资入账的价值应是（　　）。

  A. 账面净值   B. 评估价值

  C. 历史成本   D. 投资各方确认的价值

 6. 采用成本法核算长期股权投资时，下列各项中应相应调减"长期股权投资"账面价值的是（　　）。

  A. 被投资单位当年实现净利润   B. 投资企业追加投资

  C. 被投资单位当年发生亏损   D. 被投资单位资产评估增值

 7. 短期股票投资与长期股票投资在会计核算上的共同之处主要是（　　）。

  A. 购入股票时按投资成本入账

  B. 期末按成本与市价孰低法计价

  C. 收到现金股利或股票股利全部作为投资收益处理

  D. 按实际权益调整投资的账面价值

 8. 2019 年 7 月 1 日 A 公司以每张 1 100 元的价格购入 B 公司 2019 年 1 月 1 日发行的面值 1 000 元、票面利率 10%、3 年期、到期一次还本付息的债券 50 张，作为长期投资，另外支付相关税费 600 元。该项债券投资的溢价为（　　）元。

  A. 5 000   B. 5 600   C. 7 500   D. 4 400

 9. 长期股权投资持有期间，投资企业收到被投资单位分派的现金股利时，应当（　　）。

  A. 减少实收资本   B. 冲减应收股息

  C. 增加实收资本   D. 计入投资收益

 10. 某小企业购买面值为 400 万元的 A 公司债券作为长期投资，共支付价款 475 万元，其中含手续费 2 万元，应收利息 20 万元。该项债券投资记入"长期债券投资"科目的金额为（　　）万元。

  A. 473   B. 450   C. 455   D. 453

 11. 采用直线法摊销长期债券投资溢价时，各期摊销额（　　）。

  A. 逐期增加 B. 逐期减少 C. 保持不变 D. 不能确定

 12. 在《小企业会计准则》下，在长期股权投资中，如果投资企业对被投资单位有控制权,则对该投资的核算应采用( )。

  A. 成本法   B. 成本与市价孰低法

  C. 市价法   D. 权益法

13. 下列项目中,不应计入短期投资的初始投资成本的是( )。

  A. 支付的相关税金

  B. 支付价款中包含的已到付息期但尚未领取的债券利息

  C. 支付价款中包含的尚未到期的债券利息

  D. 支付的手续费

14. 某小企业 2019 年年初购入甲公司 60% 的有表决权股份,实际支付价款 200 万元。当年甲企业经营获利 100 万元,发放股利 20 万元。2019 年年末企业的股票投资成本为( )万元。

  A. 200   B. 248   C. 260   D. 272

三、多项选择题

1. 按照《小企业会计准则》的规定,企业收到长期债券投资(分期付息债券)的利息,可能贷记的账户有( )。

  A. 营业外收入   B. 应收利息   C. 短期投资   D. 投资收益

2. 下列各项中,应计入短期投资成本的有( )。

  A. 取得短期投资时支付的税金

  B. 取得短期投资时支付的手续费

  C. 实际支付价款中包含的已宣告发放但尚未收到的现金股利

  D. 实际支付价款中包含的到期还本付息债券自发行日起至购买日止的应收利息

3. 投资收益包括( )。

  A. 短期投资持有期内收到的现金股利或债券利息

  B. 出售有价证券取得的收入大于其账面价值的差额

  C. 收到的购入长期债券(分期付息债券)时支付的应收利息

  D. 投资企业实际收到被投资方支付的现金股利

四、业务题

1. 华天公司 2019 年 4 月份发生如下短期投资业务(下述款项均已通过银行收付):

  (1) 2 日,购入 C 公司本年初发行的 3 年期、面值 100 元、票面利率 9%、到期一次还本付息的债券 100 张,支付价款 12 000 元,税金及手续费用等 200 元。

  (2) 6 日,购入 E 股份公司发行的普通股股票 10 000 股,每股买价 8 元,其中包含已经宣告发放但尚未收取的现金股利,每股 0.30 元;另外支付相关税费 800 元。

  (3) 28 日,全部出售 6 日购入的 E 公司股票,每股卖价 11 元;支付交易税费 1 000 元,直接从收入中扣除。

  要求:编制有关会计分录。

2. 某公司 2019 年发生下列短期投资业务:

  (1) 5 月 31 日,按面值购入钢铁公司发行的债券 80 张,每张价值为 1 000 元,计价款 80 000 元，年利率为 5%，另以交易金额的 1‰ 支付佣金，款项一并以银行存款支付。

（2）6月30日，以 103 500 元购入海信公司 2019 年发行的，每张面值为 1 000 元的债券 100 张，另有成交金额 1‰ 的佣金。款项一并以银行存款支付，该债券年利率为 5%，每年 9 月 30 日支付利息。

（3）9月30日，收到本公司持有的海信公司 100 张债券的利息。

（4）12月5日，出售 5 月 31 日购入的钢铁公司债券 80 张，以每张 1 020 元价格成交，按交易金额的 1‰ 支付交易佣金，佣金已从出售收入中扣除，出售净收入已转入银行存款。

要求：编制有关会计分录。

3. 华天公司 2019 年 1 月 1 日以银行存款购入 B 公司同日发行的 5 年期、年利率 6%、按年计息到期收回本息的债券，作为长期投资，面值 200 000 元，实际支付价款 210 000 元，另以银行存款支付相关税费 300 元。

要求：编制购入债券，年末计提利息并分摊溢价，到期收回本息的会计分录。

4. 华通公司于 2019 年年初按面值购入闽洋公司普通股 250 万股作为长期投资，每股面值 1 元，支付相关费用 2 000 元。2019 年度闽洋公司实现净利润 100 万元，年末宣告按每股面值的 5% 发放现金股利，支付日期为 2020 年 3 月 1 日。2020 年度闽洋公司发生亏损 30 万元，没有分配股利。

要求：编制从购入股票起至 2020 年度的有关会计分录。

5. 2019 年 1 月 1 日 A 企业以 22 000 万元购入 B 公司发行在外的全部普通股的 30%。2019 年 4 月 26 日 B 公司宣告分配 2018 年度现金股利 5 000 万元，2019 年 5 月 26 日收到现金股利，2019 年度 B 公司实现净利润 9 500 万元；2020 年 5 月 25 日 B 公司宣告分配 2019 年度现金股利 6 000 万元，2020 年度 B 公司发生净亏损 25 000 万元。

要求：采用成本法对 A 企业每年的有关业务进行核算。

第 5 章

固定资产

知识目标
- 了解固定资产的概念、特征、分类,熟悉固定资产的计价。
- 掌握固定资产增加和减少的会计处理。
- 掌握固定资产折旧、修理及改良的核算。

技能目标
- 能判断固定资产的范围。
- 能运用不同的折旧方法对同一固定资产进行账务处理。
- 能进行固定资产改建的账务处理。

素质目标
- 培养学生熟识企业固定资产业务的素质。
- 培养学生对固定资产进一步认知的素质。
- 培养学生提升专业技能的素质。

本章知识结构

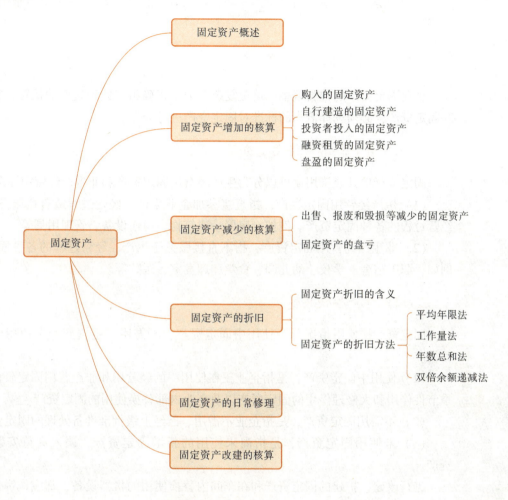

5.1 固定资产概述

5.1.1 固定资产的概念及特征

固定资产，是指小企业为生产产品、提供劳务、出租或经营管理而持有的，使用寿命超过 1 年的有形资产。小企业的固定资产包括房屋、建筑物、机器、机械、运输工具、设备、器具、工具等。

固定资产具有以下一些基本特征：

（1）使用期限超过 1 年，且在使用过程中保持原来的物质形态不变。这一特征表明，企业为了获得资产并把它投入生产经营而发生的支出，属于资本性支出，而不是收益性支出，它属于长期资产，而不是流动资产。

（2）使用寿命是有限的，并且在使用过程中具有实物形态，是有形资产。固定资产的磨损价值是逐渐转移的，正因为如此，固定资产才需要计提折旧。

（3）用于生产经营活动而不是为了出售。这一特征是区别固定资产与商品等流动资产的重要标志。例如,汽车制造厂生产的汽车是商品而不是固定资产,又如造船厂生产的轮船是商品而不是固定资产,房地产公司开发的房屋是商品而不是固定资产,等等。

5.1.2 固定资产的分类

企业固定资产的种类繁多,情况复杂。为了正确组织固定资产的核算,管好、用好固定资产,必须选择恰当的标准对固定资产进行分类。

1. 固定资产按其经济用途分类

固定资产按其经济用途可以分为生产经营用固定资产和非生产经营用固定资产。

(1) 生产经营用固定资产,指直接参加企业生产、经营过程或直接服务于生产、经营过程的各种固定资产。例如,房屋、建筑物、运输设备、管理用具等。

(2) 非生产经营用固定资产,指不直接服务于生产、经营过程的各种固定资产。例如,职工宿舍、学校、幼儿园、食堂、理发室、医院等。

2. 固定资产按使用情况分类

固定资产按使用情况分为使用中固定资产、不需用固定资产和未使用固定资产三类。

(1) 使用中固定资产,是指企业正在使用中的经营用和非经营用固定资产、由于季节性停用和大修理停用的固定资产以及企业内部替换使用的固定资产。

(2) 不需用固定资产,是指企业不需用、已经上级批准准备处理的固定资产。

(3) 未使用固定资产,是指尚未使用的新增固定资产,调入尚待安装的固定资产。

进行改建、扩建的固定资产和在车间内替换使用的机器设备,都应作为使用中固定资产。

3. 固定资产按所有权分类

固定资产按所有权可以分为自有固定资产和租入固定资产。

(1) 自有固定资产,是指企业所拥有的可以自由支配的固定资产。

(2) 租入固定资产,是指企业采用租赁方式从其他单位租入的固定资产,按其租赁方式的不同,可为经营性租入固定资产和融资租入(租赁)固定资产两种形式。

4. 固定资产按其经济用途和使用情况分类

固定资产按其经济用途和使用情况可以分为七大类:

(1) 经营用固定资产。

(2) 非经营用固定资产。

(3) 经营性租入固定资产。

(4) 不需用固定资产。

（5）未使用固定资产。

（6）土地，是指过去已经估价单独入账的土地。因征用土地而支付的补偿费，应计入与土地有关的房屋、建筑物的价值内，不应单独作为土地价值入账。

（7）融资租入固定资产，是指企业以融资租赁的方式租入的机器设备。在租赁期内应视同自有固定资产进行管理。

5.1.3 固定资产的计价

固定资产的正确计价是对固定资产进行价值核算的前提。为了如实地、科学地核查固定资产价值的增减变动情况，就必须遵循一定的计价标准，对固定资产正确计价。《小企业会计准则》规定，固定资产应当按照成本进行计量。

由于固定资产的来源渠道不同，其价值构成的具体内容也有差异，固定资产取得时的入账价值应当根据具体情况分别确定。

（1）外购固定资产。外购固定资产的成本包括购买价款、相关税费、运输费、装卸费、保险费、安装费等，但不含按照税法规定可以抵扣的增值税进项税额。以一笔款项购入多项没有单独标价的固定资产，应当按照各项固定资产或类似资产的市场价格或评估价值比例对总成本进行分配，分别确定各项固定资产的成本。

（2）自行建造固定资产。自行建造固定资产的成本，由建造该项资产在竣工决算前发生的支出（含相关的借款费用）构成。小企业在建工程在试运转过程中形成的产品、副产品或试车收入冲减在建工程成本。

（3）投资者投入的固定资产。投资者投入的固定资产的成本，应当按照评估价值和相关税费确定。

（4）融资租入固定资产。融资租入固定资产的成本，应当按照租赁合同约定的付款总额和在签订租赁合同过程中发生的相关税费等确定。

（5）盘盈固定资产。盘盈固定资产的成本，应当按照同类或者类似固定资产的市场价格或评估价值，扣除按照该项固定资产新旧程度估计的折旧后的余额确定。

5.1.4 固定资产账面价值调整的规定

对于已经入账的固定资产价值不得任意变动，只有在以下五种情况下才能对固定资产账面价值进行调整。

（1）根据国家规定对固定资产重新估价。

（2）增加补充设备或改良装置。

（3）将固定资产一部分拆除。

（4）根据实际价值调整原来的暂估价值。

（5）发现原来计入的固定资产价值有错误。

5.1.5 企业购置固定资产进项税额抵扣的规定

根据税法规定，自2009年1月1日起，增值税一般纳税人可以抵扣其购进（包括接受捐赠、实物投资）或者自制（包括改扩建、安装）固定资产所含的进项税额，未抵扣完的进项税额结转至下期继续抵扣。具体规定有如下：

（1）允许抵扣的固定资产包括机器、机械、运输工具以及其他与生产经营有关的设备、工具、器具等。但应征消费税的小汽车、摩托车和游艇、房屋、建筑物等不动产以及不动产在建工程不允许抵扣进项税额。2016年3月24日，财政部、国家税务总局公布的《营业税改征增值税试点实施办法》第27条规定：购置固定资产用于简易计税方法计税项目、免征增值税项目、集体福利或者个人消费，进项税额不得从销项税额中抵扣。

（2）除专门用于非应税项目、免税项目等的机器设备进项税额不得抵扣外，包括混用的机器设备在内的其他机器设备进项税额均可抵扣。

（3）纳税人允许抵扣的固定资产进项税额，是指纳税人2009年1月1日以后实际发生，并取得2009年1月1日以后开具的增值税扣税凭证上注明的或者依据增值税扣税凭证计算的增值税税额。这里所称的增值税扣税凭证是指增值税专用发票、海关进口增值税专用缴款书和运输费用结算单据。

（4）增值税一般纳税人销售自己使用过的固定资产，属于以下两种情形的，自2012年2月1日起可按简易办法依4%征收率减半征收增值税，同时不得开具增值税专用发票：①纳税人购进或者自制固定资产时为小规模纳税人，认定为一般纳税人后销售该固定资产。②增值税一般纳税人发生按简易办法征收增值税应税行为，销售其按照规定不得抵扣且未抵扣进项税额的固定资产。这里所称的已使用过的固定资产，是指纳税人根据会计制度已经计提折旧的固定资产。

（5）自2009年1月1日起，进口设备增值税免税政策和外商投资企业采购国产设备增值税退税政策停止执行。

（6）自2019年4月1日起，增值税一般纳税人取得不动产或者不动产在建工程的进项税额不再分两年抵扣。

5.2 固定资产增加的核算

小企业增加的固定资产主要有购入的固定资产、自行建造的固定资产、投资者投入的固定资产、融资租入的固定资产、盘盈的固定资产等。小企业应当根据《小企业会计准则》规定的固定资产标准，结合本企业的具体情况，制定固定资产目录，作为核算依据。小企业购置计算机硬件所附带的、未单独计价的软件，也通过"固定资产"科目核算。小企业临时租入的固定资产和以经营租赁租入的固定资产，应另设备查簿进行登记，不在"固定资产"科目核算。"固定资产"科目应按照固定资产类别和项目进行明细核算。小企业根据实际情况设置固定资产登记簿和固定资产卡片。

5.2.1 购入的固定资产

1. 购入新的不需要安装的固定资产

小企业购入（含以分期付款方式购入）不需要安装的固定资产，应当按照实际支付的购买价款、相关税费（不包括按照税法规定可抵扣的增值税进项税额）、运输费、装卸费、保险费等，借记"固定资产"科目，按照税法规定可抵扣的增值税进项税额，借记"应交税费——应交增值税（进项税额）"科目，贷记"银行存款""长期应付款"等科目。

【例 5-1】 2019 年某企业购入一部用于集体福利的小汽车，价格为 300 000 元，增值税 39 000 元，发生的车辆购置税费 30 000 元，其他相关费用 5 000 元，全年汽车保险费 6 000 元。款项全部以银行存款付清。

(1) 支付汽车购置款时，编制会计分录如下：

借：固定资产——小汽车　　　　　　　　　　　　　　　335 000
　　应交税费——应交增值税（进项税额）　　　　　　　 39 000
　　贷：银行存款　　　　　　　　　　　　　　　　　　374 000

(2) 支付汽车保险费时，编制会计分录如下：

借：管理费用——财产保险费　　　　　　　　　　　　　　6 000
　　贷：银行存款　　　　　　　　　　　　　　　　　　　6 000

假设该企业以分期付款的方式购入该小汽车，首付款 50 000 元，其余购车款分 10 次平均支付。其他条件不变，则：

(1) 支付汽车购置款时，编制会计分录如下：

借：固定资产——小汽车　　　　　　　　　　　　　　　335 000
　　应交税费——应交增值税（进项税额）　　　　　　　 39 000
　　贷：银行存款　　　　　　　　　　　　　　　　　　 50 000
　　　　长期应付款　　　　　　　　　　　　　　　　　324 000

(2) 支付汽车保险费时，编制会计分录如下：

借：管理费用——财产保险费　　　　　　　　　　　　　　6 000
　　贷：银行存款　　　　　　　　　　　　　　　　　　　6 000

(3) 分期支付款时 [每期支付 324 000÷10=32 400（元）]，编制会计分录如下：

借：长期应付款　　　　　　　　　　　　　　　　　　　32 400
　　贷：银行存款　　　　　　　　　　　　　　　　　　32 400

【例 5-2】 2019 年 1 月，华仁企业购入车间生产用设备一台，价款为 200 000 元，增值税 26 000 元，设备由厂家负责运输、安装、调试。设备正常运转后，华仁企业取得相关的发票账单，转账付清全部设备款。编制会计分录如下：

借：固定资产　　　　　　　　　　　　　　　　　　　200 000
　　应交税费——应交增值税（进项税额）　　　　　　　26 000
　　贷：银行存款　　　　　　　　　　　　　　　　　 226 000

2. 购入需要安装的固定资产

小企业购入需要安装的固定资产（含以分期付款方式购入），应当按照实际支付的购买价款、相关税费（不包括按照税法规定可抵扣的增值税进项税额）、运输费、装卸费、保险费、安装费等，借记"在建工程"科目，按照税法规定可抵扣的增值税进项税额，借记"应交税费——应交增值税（进项税额）"科目，贷记"银行存款"等科目。待安装完毕交付使用时，再由"在建工程"科目转入"固定资产"科目。

【例5-3】2019年某企业从长江机械股份公司购入需要安装的生产线1条,全套生产线的价格为500 000元,增值税65 000元,以银行存款支付运输费10 000元,取得运输费的增值税发票900元,以银行存款支付生产线款300 000万元,余款待生产线安装调试成功后支付。安装生产线时,领用了生产用材料成本为10 000元,购进该批材料时支付的增值税为1 300元,支付安装人员工资8 000元。

(1) 购买生产线价款、税金、包装费、运输费款项合计575 900元,其中,可抵扣的增值税为65 900元(500 000×13% + 10 000×9%),用银行存款支付300 000元,暂欠275 900元,编制会计分录如下:

借:在建工程——××生产线   510 000
　　应交税费——应交增值税(进项税额)   65 900
　　贷:银行存款   300 000
　　　　应付账款——长江机械股份公司   275 900

(2) 领用安装材料、支付工资等费用时,编制会计分录如下:

借:在建工程——××生产线   18 000
　　贷:原材料   10 000
　　　　应付职工薪酬   8 000

(3) 设备安装完毕交付使用时,编制会计分录如下:

固定资产的价值:510 000 + 18 000 = 528 000(元)

借:固定资产——××生产线   528 000
　　贷:在建工程——××生产线   528 000

5.2.2 自行建造的固定资产

自行建造的固定资产完成竣工决算,按照竣工决算前发生的相关支出,借记"固定资产"科目,贷记"在建工程"科目。在建工程按其实施方式不同,可分为自营工程和出包工程两种。

1. 自营工程建造的固定资产

自营工程是指由企业自行组织施工队伍进行的工程。自营工程领用工程物资,应按实际成本,借记"在建工程"科目,贷记"工程物资"科目。在建工程应负担的职工薪酬,借记"在建工程"科目,贷记"应付职工薪酬"科目。

(1) 在建工程领用本企业生产用材料的核算。在建工程领用本企业生产用材料的,应按材料的实际成本加上不能抵扣的增值税进项税额,借记"在建工程"科目,按材料的实际成本或计划成本,贷记"原材料"科目,按不能抵扣的增值税进项税额,贷记"应交税费——应交增值税(进项税额转出)"科目。

(2) 在建工程使用本企业的产品或商品的核算。在建工程使用本企业的产品或商品,应当按照成本,借记"在建工程"科目,贷记"库存商品"科目。同时,按照税法规定应交纳的增值税额,借记"在建工程"科目,贷记"应交税费——应交增值税(销项税额)"科目。

(3) 在建工程发生的借款利息的核算。在建工程在竣工决算前发生的借款利息,在应付利息日应当根据借款合同利率计算确定的利息费用，借记"在建工程"科目，贷记"应付利息"科目。办理竣工决算后发生的利息费用，在应付利息日，借记"财务费用"科目，贷记"应付利息"等科目。

（4）在建工程在试运转过程中发生的支出及产品核算。在建工程在试运转过程中发生的支出，借记"在建工程"科目，贷记"银行存款"等科目；形成的产品或者副产品对外销售或转为库存商品的，借记"银行存款""库存商品"等科目，贷记"在建工程"科目。自营工程办理竣工决算，借记"固定资产"科目，贷记"在建工程"科目。

【例 5 - 4】2019 年某企业经批准自行建造一座生产车间，发生了如下经济业务：
（1）从银行借入长期借款 1 000 000 元，期限为 2 年，年利率为 6.5%。
（2）购入为工程准备的各种钢材、水泥、石材、砖块、设备等专用物资价款为 800 000 元，增值税 104 000 元，以银行存款支付。工程物资被全部领用。
（3）领用了企业生产用材料一批，实际成本为 100 000 元，增值税 13 000 元；领用企业生产的产品一批，商品成本为 50 000 元，计税价格为 60 000 元。
（4）支付工程人员工资 120 000 元，企业辅助生产车间提供有关劳务支出 50 000 元。
（5）工程竣工决算前应负担的利息费用 97 500 元，竣工决算后利息费用为 32 500 元。
（6）工程达到预计可使用状态并交付使用。

以上经济业务的会计处理如下：
（1）取得借款，编制会计分录如下：
借：银行存款　　　　　　　　　　　　　　　　　　　1 000 000
　　贷：长期借款　　　　　　　　　　　　　　　　　　　1 000 000
（2）购入为工程准备的物资，编制会计分录如下：
借：工程物资　　　　　　　　　　　　　　　　　　　800 000
　　应交税费——应交增值税（进项税额）　　　　　　104 000
　　贷：银行存款　　　　　　　　　　　　　　　　　　　904 000
工程领用物资，编制会计分录如下：
借：在建工程——车间工程　　　　　　　　　　　　　800 000
　　贷：工程物资　　　　　　　　　　　　　　　　　　　800 000
（3）工程领用企业生产用材料，编制会计分录如下：
借：在建工程——车间工程　　　　　　　　　　　　　100 000
　　贷：原材料　　　　　　　　　　　　　　　　　　　100 000
工程领用企业生产的产品，编制会计分录如下：
借：在建工程——车间工程　　　　　　　　　　　　　57 800
　　贷：库存商品　　　　　　　　　　　　　　　　　　50 000
　　　　应交税费——应交增值税（销项税额）　　　　　7 800
（4）支付工程人员工资，编制会计分录如下：
借：在建工程——车间工程　　　　　　　　　　　　　120 000
　　贷：应付职工薪酬　　　　　　　　　　　　　　　　120 000

分配辅助生产车间劳务支出，编制会计分录如下：

借：在建工程——车间工程　　　　　　　　　　　　50 000
　　贷：生产成本——辅助生产成本　　　　　　　　　　50 000

（5）利息资本化，编制会计分录如下：

借：在建工程——车间工程　　　　　　　　　　　　97 500
　　财务费用——利息费用　　　　　　　　　　　　32 500
　　贷：应付利息　　　　　　　　　　　　　　　　130 000

支付利息时，编制会计分录如下：

借：应付利息　　　　　　　　　　　　　　　　　130 000
　　贷：银行存款　　　　　　　　　　　　　　　　130 000

（6）工程达到预计可使用状态并交付使用，编制会计分录如下：

借：固定资产——生产车间　　　　　　　　　　　1 225 300
　　贷：在建工程——车间工程　　　　　　　　　　1 225 300

工程成本 = 800 000 + 100 000 + 57 800 + 120 000 + 50 000 + 97 500 = 1 225 300（元）

2. 出包工程建造的固定资产

出包工程是企业委托外部组织进行施工的工程。企业按规定预付承包单位的工程价款时，借记"预付账款"科目，贷记"银行存款"等科目；工程完工收到承包单位账单，补付或补记工程价款时，借记"在建工程"科目，贷记"银行存款"等科目；工程完工交付使用时，按实际发生的全部支出，借记"固定资产"科目，贷记"在建工程"科目。

【例5-5】某企业将一座仓库的施工出包给甲施工企业，按合同约定，先支付给承包商工程款500 000元，增值税45 000元。工程竣工决算后，收到有关结算单据，补付工程款400 000元，增值税36 400元。

（1）预付工程款，编制会计分录如下：

借：预付账款——甲施工企业　　　　　　　　　　500 000
　　应交税费——应交增值税（进项税额）　　　　　45 000
　　贷：银行存款　　　　　　　　　　　　　　　　545 000

（2）补付工程款，编制会计分录如下：

借：在建工程——出包工程（仓库）　　　　　　　400 000
　　应交税费——应交增值税（进项税额）　　　　　36 000
　　贷：银行存款　　　　　　　　　　　　　　　　436 000

（3）工程完工，交付使用，编制会计分录如下：

借：固定资产——仓库　　　　　　　　　　　　　900 000
　　贷：在建工程——出包工程（仓库）　　　　　　900 000

注意：纳税人提供建筑服务、租赁服务采取预收款方式的，其纳税义务发生时间为收到预付款的当天。建筑服务增值税税率为9%。

5.2.3 投资者投入的固定资产

投资者投入的固定资产的成本,应当按照评估价值和相关税费确定。取得投资者投入的固定资产时,按照评估价值和相关税费,借记"固定资产"科目或"在建工程"科目,贷记"实收资本""资本公积"科目。

【例5-6】甲公司接受丙公司以房屋出资作为注册资本,该房屋的原价为300 000元,评估确认价为410 000元,相关税费10 000元。记入丙公司名下的实收资本额为350 000元。甲公司应编制会计分录如下:

借:固定资产——房屋　　　　　　　　　　　　　　　　420 000
　　贷:实收资本——丙公司　　　　　　　　　　　　　　350 000
　　　　资本公积　　　　　　　　　　　　　　　　　　　 70 000

5.2.4 融资租赁固定资产

企业在生产经营过程中,由于生产经营的临时性或季节性需要,或出于融资等方面的考虑,对于生产经营所需的固定资产可以采用租赁的方式取得。租赁按其性质和形式的不同可分为经营租赁和融资租赁两种。

融资租赁固定资产是指企业通过融通资金的方式租入的固定资产。融资租赁与经营租赁相比,其特点和区别主要体现在如下几个方面:

(1) 租期较长(一般达到租赁资产使用年限的75%以上)。
(2) 租约一般不能取消。
(3) 支付的租金包括设备的价款、租赁费和借款利息等。
(4) 租赁期满,承租人有优先选择廉价购买租赁资产的权利。也就是说,在融资租赁的方式下,与租赁资产有关的主要风险和报酬已由出租人转归承租人。因此企业应将融资租赁固定资产作为一项资产计价入账,同时确认相应的负债并计提折旧。

《小企业会计准则》规定,融资租赁固定资产的成本,应当按照租赁合同约定的付款总额和在签订租赁合同过程中发生的相关税费等确定。

企业应在租赁开始日,按租赁协议或者合同确定的价款、运输费、途中保险费、安装调试费等,借记"固定资产——融资租赁固定资产"科目,按租赁协议或者合同确定的付款总额,贷记"长期应付款——应付融资租赁固定资产租赁费"科目,按支付的其他费用,贷记"银行存款"等科目。租赁期满,如合同规定将固定资产所有权转归承租企业,应进行转账,将固定资产从"融资租赁固定资产"明细科目转入有关明细科目。

【例5-7】甲企业以融资租赁的方式租入丁企业一条生产线,合同约定租赁期为5年,该生产线的租金总额为1 000 000元,分5年支付,每年支付200 000元,租赁期满,再支付50 000元,该生产线归甲企业所有。在租赁开始日发生印花税、公证费、律师费及佣金等共计10 000元,甲企业另外以银行存款支付安装调试费20 000元。

(1) 在租赁开始日支付印花税、公证费、安装调试费等,编制会计分录如下:

借:固定资产——融资租赁固定资产　　　　　　　　　　30 000

　　　　贷：银行存款　　　　　　　　　　　　　　　　　　　　30 000
　　　借：固定资产——融资租赁固定资产　　　　　　　　　　1 050 000
　　　　贷：长期应付款——应付融资租赁固定资产租赁费　　　1 050 000
　(2) 每年支付融资租赁费时，编制会计分录如下：
　　　借：长期应付款——应付融资租赁固定资产租赁费　　　　200 000
　　　　贷：银行存款　　　　　　　　　　　　　　　　　　　200 000
　(3) 租赁期满，用银行存款支付50 000元的购买款，编制会计分录如下：
　　　借：长期应付款——应付融资租赁固定资产租赁费　　　　 50 000
　　　　贷：银行存款　　　　　　　　　　　　　　　　　　　 50 000
　(4) 按合同规定将固定资产所有权转归甲企业，编制会计分录如下：
　　　借：固定资产——生产用固定资产（××生产线）　　　　1 080 000
　　　　贷：固定资产——融资租赁固定资产　　　　　　　　　1 080 000

5.2.5　盘盈的固定资产

盘盈的固定资产，按照同类或类似固定资产的市场价格或评估价值扣除按照新旧程度估计的折旧后的余额，借记"固定资产"科目，贷记"待处理财产损溢——待处理非流动资产损溢"科目。盘盈的固定资产按照管理权限经批准后处理时，按照"待处理财产损溢——待处理非流动资产损溢"科目余额，借记"待处理财产损溢——待处理非流动资产损溢"科目，贷记"营业外收入"科目。

【例5-8】甲企业在年终盘点中，盘盈了一台设备，该同类设备的市场价格为30 000元，该设备估计有五成新。
　(1) 批准前，编制会计分录如下：
　　　借：固定资产——××设备　　　　　　　　　　　　　　 15 000
　　　　贷：待处理财产损溢——待处理非流动资产损溢　　　　 15 000
　(2) 按权限批准后，编制会计分录如下：
　　　借：待处理财产损溢——待处理非流动资产损溢　　　　　 15 000
　　　　贷：营业外收入——固定资产盘盈　　　　　　　　　　 15 000

5.3　固定资产减少的核算

企业固定资产减少的原因主要有出售、报废和毁损、盘亏、对外投资转出固定资产等。

5.3.1　出售、报废和毁损等减少的固定资产

出售、报废和毁损等原因减少的固定资产，按减少的固定资产账面价值，借记"固定资产清理"科目，按已提折旧，借记"累计折旧"科目，按固定资产原价，贷记"固定资产"科目。

按照税法规定不得从增值税销项税额中抵扣的进项税额，借记"固定资产清理"科目，贷记"应交税费——应交增值税（进项税额转出）"科目。对于出售2009年1

月1日以后购入的固定资产，按售价计算应纳增值税，贷记"应交税费——应交增值税（销项税额）"科目。

清理过程中应支付的相关税费及其他费用，借记"固定资产清理"科目，贷记"银行存款""应交税费"等科目。取得出售固定资产的价款、残料价值和变价收入等处置收入，借记"银行存款""原材料"等科目，贷记"固定资产清理"科目。应由保险公司或过失人赔偿的损失，借记"其他应收款"等科目，贷记"固定资产清理"科目。

固定资产清理完成后，如为借方余额，借记"营业外支出——非流动资产处置净损失"科目，贷记"固定资产清理"科目。如为贷方余额，借记"固定资产清理"科目，贷记"营业外收入——非流动资产处置净收益"科目。

1. 固定资产出售

企业固定资产主要为本企业生产经营使用，但对某些不需要的资产，也可以出售转让。

【例5-9】 2019年4月，某企业出售2016年3月购入的设备1台，原价40 000元，转让价为11 300元，款项已存入银行，该设备已计提折旧10 000元。会计处理如下：

（1）注销出售固定资产价值，编制会计分录如下：

借：固定资产清理　　　　　　　　　　　　　　　30 000
　　累计折旧　　　　　　　　　　　　　　　　　10 000
　　　贷：固定资产——不需用固定资产　　　　　　　　40 000

（2）取得转让收入，编制会计分录如下：

借：银行存款　　　　　　　　　　　　　　　　　11 300
　　　贷：固定资产清理　　　　　　　　　　　　　　　11 300

（3）按税法规定计算应缴纳增值税，编制会计分录如下：

应交增值税 = 11 300 ÷ (1 + 13%) × 13% = 1 300（元）

借：固定资产清理　　　　　　　　　　　　　　　1 300
　　　贷：应交税费——应交增值税（销项税额）　　　　1 300

（4）结转清理净支出，编制会计分录如下：

11 300 - 30 000 - 1 300 = -20 000（元）

借：营业外支出——非流动资产处置净损失　　　　20 000
　　　贷：固定资产清理　　　　　　　　　　　　　　　20 000

2. 固定资产的报废和毁损

固定资产到了预计使用年限或因其他特殊原因丧失了生产能力，不能继续使用时，要办理报废手续，转入清理。

【例5-10】 甲企业有一辆小货车，原价60 000元，已计提折旧20 000元，因交通事故而报废。发生清理费800元，以现金支付；出售残料收到现金1 000元（不考虑相关税费),经过相关部门处理,应由事故过错方赔偿10 000元,收到赔偿款并存入银行。应由保险公司赔偿20 000元,款未收到。编制会计分录如下:

(1) 固定资产转入清理:

借:固定资产清理——小货车	40 000
累计折旧	20 000
贷:固定资产	60 000

(2) 支付清理费用:

借:固定资产清理	800
贷:库存现金	800

(3) 出售残料收入:

借:库存现金	1 000
贷:固定资产清理——小货车	1 000

(4) 收到赔偿款项:

借:银行存款	10 000
其他应收款——保险公司	20 000
贷:固定资产清理——小货车	30 000

(5) 结转清理净损失:

借:营业外支出——非流动资产处置净损失	9 800
贷:固定资产清理	9 800

5.3.2　固定资产的盘亏

盘亏的固定资产,按照该项固定资产的账面价值,借记"待处理财产损溢——待处理非流动资产损溢"科目,按照已计提的折旧,借记"累计折旧"科目,按照其原价,贷记"固定资产"科目。盘亏的固定资产按照管理权限经批准后处理时,按照残料价值,借记"原材料"等科目,按照可收回的保险赔偿或过失人赔偿,借记"其他应收款"科目,贷记"待处理财产损溢——待处理非流动资产损溢"科目,按照其借方差额,借记"营业外支出"科目。

【例5-11】某企业年终盘点,发现盘亏甲设备一台,账面原价为5 000元,累计已计提折旧3 000元,经批准后处理。企业编制会计分录如下:

(1) 批准前:

借:待处理财产损溢——待处理非流动资产损溢	2 000
累计折旧	3 000
贷:固定资产——甲设备	5 000

(2) 批准后:

借:营业外支出	2 000
贷:待处理财产损溢——待处理非流动资产损溢	2 000

5.4 固定资产的折旧

5.4.1 固定资产折旧的含义

1. 固定资产折旧的含义

固定资产折旧，是指在固定资产使用寿命内，按照确定的方法对应计折旧额进行系统分摊。应计折旧额，是指应当计提折旧的固定资产的原价（成本）扣除其预计净残值后的金额。预计净残值，是指固定资产预计使用寿命已满，小企业从该项固定资产处置中获得的扣除预计处置费用后的净额。

2. 影响固定资产计提折旧的因素

（1）计提折旧的基础（固定资产原价）。
（2）固定资产的净残值。
（3）固定资产的使用年限。

3. 固定资产折旧的范围

企业在用的固定资产一般均应计提折旧，具体包括以下几项：
（1）房屋建筑物。
（2）在用的机器设备、仪器仪表、运输工具、工具器具。
（3）季节性停用、大修理停用的固定资产。
（4）融资租赁的固定资产。

已达到预定可使用状态的固定资产，如果尚未办理竣工决算，应按估计价值暂估入账，并计提折旧；待办理了竣工决算手续后，再按照实际成本调整原来的暂估价，同时调整原已计提的折旧额。

不计提折旧的固定资产包括：
（1）房屋建筑以外的未使用、不需用固定资产。
（2）以经营租赁方式租入的固定资产。
（3）已提足折旧仍继续使用的固定资产。
（4）按规定单独估价作为固定资产入账的土地。

4. 固定资产开始折旧和终止折旧的时间

企业一般应当按月提取折旧，当月增加的固定资产，当月不计提折旧，从下月起计提折旧；当月减少的固定资产，当月仍计提折旧，从下月起不计提折旧。固定资产提足折旧后，不管能否继续使用，均不再提取折旧；提前报废的固定资产，也不再补提折旧。所谓提足折旧，是指已经提足该项固定资产应提的折旧总额。应提的折旧总额为固定资产原价减去预计残值加上预计清理费用。

5. 最低折旧年限

2008年1月1日起施行的《中华人民共和国企业所得税法》规定：除国务院财政、税务主管部门另有规定外，固定资产计提折旧的最低年限如下：

(1) 房屋、建筑物，为20年。
(2) 飞机、火车、轮船、机器、机械和其他生产设备，为10年。
(3) 与生产经营活动有关的器具、工具、家具等，为5年。
(4) 飞机、火车、轮船以外的运输工具，为4年。
(5) 电子设备，为3年。

购买的软件一般应记入"无形资产"科目，只有当软件和设备一体使用时，才记入"固定资产"科目。

5.4.2 固定资产的折旧方法

小企业应当按照平均年限法（直线法）计提折旧。小企业的固定资产由于技术进步等原因，确需加速折旧的，可以采用双倍余额递减法和年数总和法计提折旧。小企业应当根据固定资产的性质和使用情况，并考虑税法的规定，合理确定固定资产的使用寿命和预计净残值。固定资产的折旧方法、使用寿命、预计净残值一经确定，不得随意变更。

1. 平均年限法

平均年限法也称直线法，是将固定资产的应计提折旧额在固定资产整个预计使用年限内平均分摊的折旧方法，有关计算公式如下：

$$月折旧额 = 固定资产原始价值 \times 月折旧率$$

其中，固定资产原始价值是月初应计提折旧的固定资产原始价值。

$$年折旧率 = (1 - 净残值率) / 预计使用年限$$

月折旧率则计算如下：

$$月折旧率 = 年折旧率 \div 12$$

折旧率按计算对象不同，分为个别折旧率、分类折旧率和综合折旧率三种。个别折旧率是按单项固定资产计算的折旧率；分类折旧率是按各类固定资产分别计算的折旧率；综合折旧率则是按全部固定资产计算的折旧率。

(1) 直接计算。

【例5-12】某企业按分类折旧率计提折旧，月初固定资产原价及折旧率如表5-1所示。

表5-1 固定资产原价及折旧率

使用部门	固定资产项目	固定资产原价（月初）/元	月折旧率/%	月折旧额/元
车间	厂房	1 000 000	0.4	4 000
	机器设备	2 600 000	0.8	20 800
	小计	3 600 000	—	24 800
厂部	房屋建筑物	800 000	0.3	24 000
销售经营部	房屋建筑物	600 000	0.25	1 500
	合计	5 000 000	—	28 700

某企业月末编制会计分录如下：

借：制造费用——折旧费　　　　　　　　　　　　　　　24 800
　　管理费用——折旧费　　　　　　　　　　　　　　　24 000
　　销售费用——折旧费　　　　　　　　　　　　　　　 1 500
　　贷：累计折旧　　　　　　　　　　　　　　　　　　28 700

【例 5 -13】某企业采用个别折旧法计提折旧，上月购入的某设备，本月计提折旧。该设备的原价为 400 000 元，净残值率为 4%，预计使用年限为 10 年。计算该设备本月应计提的折旧额。

年折旧率 = (1 - 4%) ÷ 10 × 100% = 9.6%

月折旧率 = 9.6% ÷ 12 = 0.8%

当月应计提折旧额 = 400 000 × 0.8% = 3 200（元）

（2）利用上月折旧数据计算折旧。

利用上月折旧数据计算折旧，实际上就是运用了"固定资产开始折旧和终止折旧的时间"的规定。

【例 5 -14】某企业 2019 年 4 月固定资产折旧计算表如表 5 -2 所示。

表 5 -2　固定资产折旧计算表

元

使用部门	固定资产项目	上月折旧额	上月增加固定资产		上月减少固定资产		本月折旧额	分配费用
			原价	折旧额	原价	折旧额		
A 车间	厂房	5 500					5500	制造费用
	机器设备	8 500	600 000	4 800	300 000	2 400	10 900	
	其他设备	1 000					1 000	
	小计	15 000					17 400	
B 车间	厂房	1 000					1 000	
	机器设备	6 000	100 000	800			6 800	
	小计	7 000					7 800	
厂部管理部门	房屋建筑	4 500					4 500	管理费用
	小计	4 500					4 500	
合计		26 500	700 000	5 600	300 000	2 400	29 700	

根据表 5 -2 的固定资产折旧计算表，编制会计分录如下：

借：制造费用——A 车间（折旧费）　　　　　　　　　　17 400
　　　　　　——B 车间（折旧费）　　　　　　　　　　 7 800
　　管理费用——折旧费　　　　　　　　　　　　　　　 4 500
　　贷：累计折旧　　　　　　　　　　　　　　　　　　29 700

2. 工作量法

工作量法，是将固定资产的应计折旧额在固定资产预计总工作量中平均分摊的方法。有关计算公式如下：

$$单位工作量折旧额 = \frac{固定资产原价 \times (1-净残值率)}{预计总工作量}$$

某项固定资产某月折旧额 = 该项固定资产当月工作量 × 单位工作量折旧额

式中，预计总工作量可以是小时数、产量数、行驶里程数、工作台班数等。

【例 5-15】某企业的数控机床原价为 2 000 000 元，预计残值率为 5%，预计可使用 50 万小时，本月使用了 300 小时，计算本月应计提的折旧额。

$$单位工作量折旧额 = \frac{2\,000\,000 \times (1-5\%)}{500\,000} = 3.8 （元/小时）$$

本月应计提折旧额 = 300 × 3.8 = 1 140 （元）

3. 年数总和法

年数总和法又称合计年限法，是将固定资产的原价减去净残值后的净额乘以一个逐年递减的分数计算每年的折旧额，这个分数的分子代表固定资产尚可使用的年数，分母代表使用年数的逐年数字总和。

【例 5-16】某项固定资产原价 306 000 元，预计净残值 6 000 元，预计使用年限 5 年。在年数总和法下计算各年的折旧额如表 5-3 所示。

表 5-3 在年数总和法计算各年的折旧额

年份	应计折旧原价 (1)	尚可使用年数/年 (2)	年折旧率 (3)=(2)/15	年折旧额/元 (4)=(1)×(3)	累计折旧额/元 (5)
1	306 000 - 6 000 = 300 000	5	5/15	100 000	100 000
2	306 000 - 6 000 = 300 000	4	4/15	80 000	180 000
3	306 000 - 6 000 = 300 000	3	3/15	60 000	240 000
4	306 000 - 6 000 = 300 000	2	2/15	40 000	280 000
5	306 000 - 6 000 = 300 000	1	1/15	20 000	300 000
合计	—	—	—	300 000	300 000

4. 双倍余额递减法

双倍余额递减法是以固定资产的期初账面原值为折旧基数、以直线法折旧率的双倍数（不考虑净残值）作折旧率来计算各期折旧额的方法。由于在折旧率中不考虑预计净残值，这样会导致在固定资产预计使用期满时已计提折旧额总数超过应计提折旧额，即固定资产处置时其账面净值低于预计净残值。为了解决这个问题，在固定资产预计使用年限的最后几年，每年要进行这样的测算与处理：如果双倍余额递减法计算的年折旧额小于本年用固定资产账面净值与预计净值之差在剩余年限内按直线计算的折旧额，从这一年起，改用直线法计提折旧。简化的做法是，在固定资产预计使用年限的最后两年，将固定资产账面净值与预计净残值之差采用直线法在剩余两年内分摊。

【例 5-17】某企业一台机器设备的原价为 40 000 元，预计使用年限为 5 年，预计净残值率为 5%。请用双倍余额递减法计算该机器设备的月折旧额。

双倍余额递减法：

折旧率为：$2/5 = \frac{1}{5} \times 2$

第 1 年计提折旧：$40\,000 \times 2/5 = 16\,000$（元）

月折旧额 $= 16\,000 \div 12 = 1\,333.33$（元）

第 2 年计提折旧：$(40\,000 - 16\,000) \times 2/5 = 24\,000 \times 2/5 = 9\,600$（元）

月折旧额 $= 9\,600 \div 12 = 800$（元）

第 3 年计提折旧：$(40\,000 - 16\,000 - 9\,600) \times 2/5 = 14\,400 \times 2/5 = 5\,760$（元）

月折旧额 $= 5\,760 \div 12 = 480$（元）

第 4 年至第 5 年折旧额：$(14\,400 - 5\,760 - 40\,000 \times 5\%)/2 = 6\,640/2 = 3\,320$（元）

月折旧额 $= 3\,320 \div 12 = 276.67$（元）

5.5 固定资产的日常修理

固定资产的修理主要是为了修复或保持固定资产的原先性能标准，以确保未来的经济利益而发生的不会增加固定资产价值的支出。固定资产修理，按其修理范围的大小、间隔时间的长短以及费用支出的多少，可分为大修理和日常修理。大修理在"长期待摊费用"科目核算。固定资产的日常修理费，应当在发生时根据固定资产的受益对象计入相关资产成本或者当期损益，借记"制造费用""管理费用"等科目，贷记"银行存款"等科目。

【例 5-18】某企业生产车间本月发生机器设备的维修费用 25 000 元，其中，领用修理用备件 20 000 元，支付设备生产企业人员的维修费 5 000 元；厂部办公楼维修费用 3 000 元，以银行存款转账支付以上费用。上述情况编制会计分录如下：

借：管理费用——修理费　　　　　　　　　　　　　3 000
　　制造费用——修理费　　　　　　　　　　　　　25 000
　　贷：原材料——修理用备件　　　　　　　　　　20 000
　　　　银行存款　　　　　　　　　　　　　　　　8 000

【小贴士】在小企业会计准则下，生产车间发生的固定资产日常修理费用等后续支出，记入"制造费用"科目，行政管理部门等发生的固定资产日常修理费用等后续支出，记入"管理费用"科目。在小企业会计准则下，应当根据不同情况分别记入当期"管理费用"或"销售费用"科目。

5.6 固定资产改建的核算

固定资产投入使用以后，为了维护、改进原有固定资产的功能，已提足折旧的固定资产和经营租入的固定资产进行改建时要发生一些必要的支出，企业在发生这些支出时，要确定这些支出应该是资本化还是费用化，需根据支出的性质进行分析。

《小企业会计准则》规定，固定资产的改建支出，应当计入固定资产的成本，但已提足折旧的固定资产和经营租赁的固定资产发生的改建支出应当计入长期待摊费用。固定资产的改建支出，是指改变房屋或者建筑物结构、延长使用年限等发生的支出。

5.6.1 固定资产改建支出账务处理

对固定资产进行改扩建时，应当按照该项固定资产账面价值，借记"在建工程"科目，按照其已计提的累计折旧，借记"累计折旧"科目，按照其原价，贷记"固定资产"科目。在改扩建过程中发生的相关支出，借记"在建工程"科目，贷记"银行存款""应付职工薪酬"等相关科目。改扩建完成办理竣工决算，借记"固定资产"科目，贷记"在建工程"科目，并按重新确定的使用寿命、预计净残值和折旧方法计提折旧。改扩建活动延长固定资产使用寿命的，应适当延长该固定资产的折旧年限。

【例5-19】某企业对生产车间进行改建，并将工程承包给某一工程公司，承包费用为170 000元，预付工程款80 000元，余款工程竣工后决算。为改建该工程，企业用专项存款100 000元购入了专用工程物资，增值税13 000元；专用工程物资由该工程全部领用。改建工程在改良过程中，领用企业生产用材料，实际成本为50 000元，该材料应负担的增值税为6 500元。该工程拆除材料变价取得现金收入5 000元，工程完工后转入生产用。

（1）预付承包工程款80 000元，增值税7 200元，编制会计分录如下：

借：预付账款——车间改建工程　　　　　　　　　　　　　80 000
　　应交税费——应交增值税（进项税额）　　　　　　　　　7 200
　　贷：银行存款　　　　　　　　　　　　　　　　　　　　　87 200

（2）购入专用工程物资，编制会计分录如下：

借：工程物资　　　　　　　　　　　　　　　　　　　　　100 000
　　应交税费——应交增值税（进项税额）　　　　　　　　　13 000
　　贷：银行存款　　　　　　　　　　　　　　　　　　　　113 000

（3）改建工程领用工程物资时，编制会计分录如下：

借：在建工程——车间改建工程　　　　　　　　　　　　　100 000
　　贷：工程物资　　　　　　　　　　　　　　　　　　　　100 000

（4）领用企业生产用材料，编制会计分录如下：

借：在建工程——车间改建工程　　　　　　　　　　　　　50 000
　　贷：原材料　　　　　　　　　　　　　　　　　　　　　50 000

（5）拆除材料变价收入，编制会计分录如下：

借：库存现金　　　　　　　　　　　　　　　　　　　　　5 000
　　贷：在建工程——车间改建工程　　　　　　　　　　　　5 000

（6）工程完工后，实际补付工程款90 000元，增值税8 100元，编制会计分录如下：

借：在建工程——车间改建工程　　　　　　　　　　　　　90 000
　　应交税费——应交增值税（进项税额）　　　　　　　　　8 100

贷：银行存款　　　　　　　　　　　　　　　　　　　　　98 100

（7）改建工程转入生产用固定资产，增加原有固定资产原价 = 100 000 + 50 000 − 5 000 + 170 000 = 315 000（元），编制会计分录如下：

借：固定资产——生产用固定资产（××车间）　　　　　315 000
　　贷：在建工程——车间改建工程　　　　　　　　　　　315 000

思考练习题

一、判断题

1. 盘盈的固定资产按固定资产的原始价值入账。（　）
2. 企业固定资产一经入账，其入账价值均不得作任何变动。（　）
3. 企业出包工程的预付工程价款应通过"预付账款"科目核算。（　）
4. 通过"固定资产"科目核算的固定资产，其所有权均归属本企业。（　）
5. 固定资产在全部使用年限内的应计提折旧额，就是固定资产的原价。（　）
6. 单位出售固定资产所发生的清理费用应计入管理费用。（　）
7. 提前报废的固定资产，其原价与已计提折旧的差额应记入"固定资产清理"账户。（　）
8. 只要是使用年限在一年以上的各种劳动生产资料，均应作为固定资产管理。（　）
9. 盘盈的固定资产，应按其评估价值作为入账价值。（　）
10. 接受固定资产投资时，应按投出单位固定资产的账面价值作为入账价值。（　）
11. 企业未使用、不需用固定资产均不计提固定资产折旧。（　）
12. 企业出售已使用过的固定资产所得收入，应当作为其他业务收入处理。（　）
13. 固定资产采用不同的折旧方法会改变固定资产应计提的折旧总额。（　）
14. 工作量法计提折旧的特点是每年提取的折旧额相等。（　）
15. 企业对自有固定资产改良的支出，属于资本性支出，应计入固定资产的价值。（　）
16. 当月增加的固定资产当月计提折旧，当月减少的固定资产当月不计提折旧。（　）
17. 按双倍余额递减法每期计提的折旧额大于按平均年限法计提的折旧额。（　）
18. 在建工程领用本企业生产的产品，应按产品售价计入在建工程成本。（　）
19. 固定资产清理的净损益应记入"营业外收入"或"营业外支出"科目。（　）

二、单项选择题

1. 非正常报废的固定资产损失应记入（　）账户。
   A. 管理费用　　　B. 其他业务支出　　　C. 在建工程　　　D. 营业外支出
2. 下列选项中，应在"固定资产清理"科目反映的是（　）。
   A. 经营租入固定资产　　　　　　　B. 经营租出固定资产

C. 尚未清理完毕的固定资产　　　　　D. 待安装固定资产

3. 下列各项支出中,属于收益性支出的是（　　）。
   A. 购入固定资产的运费　　　　　B. 租入固定资产的改良支出
   C. 固定资产日常修理费　　　　　D. 固定资产交付使用前的利息支出

4. 企业的下列固定资产中,不计提折旧的是（　　）。
   A. 闲置的房屋　　　　　　　　　B. 经营性租入的设备
   C. 临时出租的设备　　　　　　　D. 季节性停用的设备

5. 某一固定资产账面原价为 200 000 元,使用年限为 5 年,预计残值率为 5%。在采用双倍余额递减法计提折旧的情况下,按规定第 2 年应计提的折旧是（　　）元。
   A. 48 000　　　B. 24 000　　　C. 47 200　　　D. 30 400

6. 采用出包方式建造固定资产时,对于按合同规定预付的工程款,应借记（　　）科目。
   A. 预付账款　　　B. 工程物资　　　C. 在建工程　　　D. 固定资产

7. 某设备的账面原价为 80 000 元,使用年限为 5 年,估计净残值为 5 000 元,按年数总和法计提折旧。该设备在第 3 年应计提的折旧为（　　）元。
   A. 15 000　　　B. 30 000　　　C. 10 000　　　D. 5 000

8. 企业出租的固定资产,应由（　　）折旧。
   A. 出租单位计提　　　　　　　　B. 租入单位计提
   C. 出租和租入单位均计提　　　　D. 出租和租入单位均不需计提

9. 企业盘盈、盘亏固定资产通过（　　）科目核算。
   A. 固定资产清理　　　　　　　　B. 在建工程
   C. 待处理财产损溢　　　　　　　D. 营业外收入或营业外支出

10. 某企业购入旧设备一台,实际支付价款 5 000 元,支付运费 500 元,安装费 1 000 元,出售单位账面原价为 8 000 元,其中含安装费 400 元,已计提折旧 3 500 元。则该企业设备入账的原价为（　　）元。（上述款项均不含增值税）
    A. 6 500　　　B. 6 100　　　C. 9 100　　　D. 8 000

11. 某企业对生产线进行扩建,该生产线原价为 1 200 万元,已计提折旧 100 万元,扩建生产线时发生扩建支出 200 万元,同时在扩建时处理废料发生变价收入 10 万元。该生产线新的原价应为（　　）万元。
    A. 1 390　　　B. 1 300　　　C. 1 290　　　D. 1 205

12. 某企业购入一台需要安装的设备,取得增值税发票上注明的价款为 50 000 元,增值税为 6 500 元,支付运费 2 500 元;设备安装时领用生产用材料价值 1 000 元（不含税）,购进该批生产用材料的增值税为 130 元,设备安装时支付有关人员工资 2 000 元。该固定资产的成本为（　　）元。
    A. 55 570　　　B. 61 000　　　C. 64 000　　　D. 62 170

13. 企业对自有固定资产发生的改建支出,应当作为（　　）。
    A. 收益性支出　　B. 长期待摊费用　　C. 管理费用　　D. 资本性支出

14. 甲公司的一台机器设备采用工作量法计提折旧。原价为 153 万元,预计生产产品产量为 450 万件,预计净残值率 3%,本月生产产品 76.5 万件。则该机器设备的月折旧额为（　　）元。

　　A. 267 903　　　B. 262 959　　　C. 252 297　　　D. 252 284

15. 某企业2019年6月期初固定资产原价为10 500万元。6月增加一项固定资产，入账价值为750万元，同时6月减少固定资产原价150万元；则6月该企业应计提折旧固定资产原价为（　　）万元。

　　A. 11 100　　　B. 10 650　　　C. 10 500　　　D. 10 350

16. 某企业对账面原价为100万元，累计折旧为60万元的某一项固定资产进行清理。清理时发生清理费用5万元，清理收入80万元（其中增值税4万元）。该固定资产的清理净收入为（　　）万元。

　　A. 31　　　B. 35　　　C. 41　　　D. 45

17. 下列固定资产中，当月应计提折旧的有（　　）。

　　A. 当月购入并投入使用的机器　　B. 以经营租赁方式租赁的生产用设备
　　C. 上月融资租赁的固定资产　　　D. 已提足折旧继续使用的厂房

三、多项选择题

1. 下列各项中，应计入固定资产原价的是（　　）。

　　A. 融资租赁的固定资产的原价
　　B. 经营性租赁固定资产的原价
　　C. 经营性租出固定资产的原价
　　D. 工程完工交付使用的固定资产的原价

2. 固定资产按使用情况划分，可分为（　　）。

　　A. 使用中固定资产　　　　B. 未使用固定资产
　　C. 自有固定资产　　　　　D. 不需用固定资产

3. 购入车间生产用设备的入账价值包括（　　）。

　　A. 买价　　B. 运输费　　C. 增值税　　D. 包装费

4. 按现行制度规定，下列固定资产应计提折旧的是（　　）。

　　A. 季节性停用的厂房
　　B. 提前报废的设备
　　C. 未使用房屋
　　D. 已达到预定可使用状态的生产性设备

5. 下列项目中，构成固定资产清理净损益的是（　　）。

　　A. 盘亏固定资产原价与累计折旧的差额
　　B. 报废固定资产发生的运输费
　　C. 毁损固定资产的变价收入
　　D. 自然灾害造成的固定资产损失的保险赔偿款

6. 车间设备日常修理费用不通过（　　）科目核算。

　　A. 管理费用　　B. 财务费用　　C. 营业外支出　　D. 预提费用

7. 企业的下列固定资产中，应计提折旧的是（　　）。

　　A. 经营租入的设备　　　　B. 融资租入的设备
　　C. 闲置的房屋　　　　　　D. 大修理停用的设备

8. 下列支出中,应记入"固定资产清理"科目借方的有（　　）。

　　A. 发生的清理费用

　　B. 因改建车间而支付的拆除费用

　　C. 支付清理固定资产人员的工资

　　D. 因自然灾害遭受毁损的固定资产账面净值

9. 下列项目中,应通过"营业外支出"账户核算的有（　　）。

　　A. 固定资产大修理支出　　　　　　B. 固定资产盘亏损失

　　C. 固定资产清理净损失　　　　　　D. 支付的在建工程利息

10. 企业计算固定资产折旧的主要依据有（　　）。

　　A. 固定资产的预计使用年限　　　　B. 固定资产取得时的原始价值

　　C. 固定资产的净残值　　　　　　　D. 固定资产的使用部门

11. 提取固定资产折旧时,所有年份均需要考虑固定资产净残值的折旧方法是（　　）。

　　A. 平均年限法　　　　　　　　　　B. 双倍余额递减法

　　C. 工作量法　　　　　　　　　　　D. 年数总和法

12. 固定资产清理核算的内容包括（　　）。

　　A. 固定资产出售　　　　　　　　　B. 固定资产盘亏

　　C. 固定资产报废　　　　　　　　　D. 固定资产捐赠

四、业务题

1. 某企业进口一条生产线,安装完毕后固定资产原价为 400 000 元,预计使用年限为 5 年,净残值 16 400 元。

　　要求：分别按照平均年限法、双倍余额递减法、年数总和法计算每年的折旧额,并编制会计分录。

2. 某企业发生如下业务：

　　(1) 购入需要安装的生产用设备一台,购入时发票价格 200 000 元,税额 26 000 元,运费 8 500 元,运费增值税为 765 元,以银行存款支付。

　　(2) 安装该设备领用生产用材料 10 000 元。

　　(3) 上述设备安装完毕交付使用。

　　要求：编制以上业务的会计分录。

3. 某企业发生如下业务（不考虑相关税费）：

　　(1) 报废车床一台,账面原价 36 000 元。已计提折旧 32 000 元,残值收入 5 000 元,发生清理费用 500 元,款项均通过银行存款收付。

　　(2) 接受投入设备一台,账面原价 200 000 元,已计提折旧 5 000 元,评估价值 165 000 元。

　　(3) 将一台旧设备对外投资,设备原价 50 000 元,已计提折旧 15 000 元,评估确认价 32 000 元。

　　(4) 出售一台机器设备,原价 900 000 元,已计提折旧 800 000 元,发生清理费用 5 000 元,出售该机器设备收入 130 000 元,款项均通过银行存款收付。

　　(5) 月末盘盈设备一台,同类设备的市场价格为 80 000 元,估计六成新。

要求：编制以上业务的会计分录。

4. 甲公司 2019 年从租赁公司融资租赁一台大型生产线，租赁合同约定付款总额为 1 000 万元，预计残值为 5 万元。甲公司发生该设备的安装调试费、运费等共计 10 万元，以银行存款支付。合同约定，租赁期为 10 年，每年等额偿还生产线款，10 年后再支付 5 万元，该生产线归甲公司所有（按平均年限法计提折旧，折旧年限按 10 年计算）。不考虑相关税费。

要求：
（1）编制租入固定资产的会计分录。
（2）编制每年计提折旧的会计分录。
（3）编制每年偿还生产线款的会计分录。
（4）编制生产线转入生产用固定资产的会计分录。

5. 某企业于 2019 年 1 月 1 日开始自行建造一幢厂房，用专门借款购入各种工程物资支出 600 000 元，支付增值税 78 000 元，领用工程物资，实际成本为 550 000 元；另外领用企业生产用材料一批，实际成本为 80 000 元；分配工程人员工资 125 000 元，企业辅助生产车间为工程提供有关劳务支出 25 000 元，工程于 2019 年 12 月 10 日完工交付使用。该工程项目交付使用前企业应负担的长期借款利息为 10 000 元。

要求：
（1）编制有关会计分录。
（2）计算工程完工交付使用时固定资产的入账价值。

第6章

无形资产及其他资产

知识目标
- 了解无形资产的概念、特征、分类、确认及计价。
- 掌握无形资产的会计处理。
- 了解长期待摊费用的概念,熟悉长期待摊费用的会计处理。

技能目标
- 能判断无形资产的范围。
- 能对比无形资产与固定资产账务处理的异同点。
- 能进行无形资产处置的账务处理。

素质目标
- 培养学生熟识企业无形资产业务的素质。
- 培养学生对无形资产进一步认知的素质。
- 培养学生提升专业技能的素质。

本章知识结构

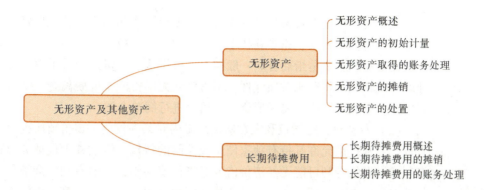

6.1 无形资产

6.1.1 无形资产概述

1. 无形资产的定义与特征

无形资产,是指小企业为生产产品、提供劳务、出租或经营管理而持有的、没有实物形态的可辨认非货币性资产。小企业的无形资产包括土地使用权、专利权、商标权、著作权、非专利技术等。

无形资产通常代表企业所拥有的一种法定权利,如知识产权、优先权、垄断权或者企业所具有的非凡的盈利能力。它具有以下显著特征:

(1) 无实体性。无形资产没有物质形态,但并非没有物质形态的资产就是无形资产,如应收账款,尽管它没有实物形态,但它属于企业的债权,它不会在长期内为企业提供任何经济利益,因而不是无形资产。

(2) 有偿性。由于无形资产的价值具有不确定性,为慎重起见,只对于那些已付出代价而获得的专利权、非专利技术等才作为企业无形资产进行核算。

(3) 独占性。无形资产是企业依法拥有的特殊权利,或依靠保密而独家拥有的特权,在一定时期内、一定范围内受到法律保护,未经持有人同意不得侵占和使用。

(4) 依附性。有些无形资产不能与特定企业或企业的有形资产分离,它们的存在及其价值是以与有形资产相结合为前提的。

(5) 所提供的经济效益具有很大的不确定性。有些无形资产只是在某个特定的企业在某种条件下存在并发挥作用,有些资产的受益期难以确定,可能会随市场竞争、新技术发明而被替代。

(6) 无形资产的持有目的是生产商品、提供劳务、出租给他人或管理需要。如果为了出售或其他目的而持有就不是无形资产。

在上述六个特征中,无实体性和有偿性是无形资产的主要特征,后四个特征是无形资产与其他资产相区别的重要特征。因此,判断一项资产是否属于无形资产,不应看其是否具备某一特征,而应考查它是否具备所有特征。

2. 无形资产的分类

无形资产按是否可辨认可分为可辨认无形资产和不可辨认无形资产。其中可辨认无形资产包括专利权、非专利技术、商标权、著作权、土地使用权、特许权等；不可辨认无形资产主要是指商誉。一般而言，可辨认无形资产通常可以脱离企业个体而单独取得或转让，具有相对独立性；不可辨认无形资产不能脱离企业个体而单独取得或者转让。下面对一些主要无形资产的概念进行简单介绍。

（1）专利权，是指权利人在法定期限内对某一发明创造价值所拥有的独占权和专有权。专利权是允许其持有独家使用或控制的特权，但它并不保证能给持有者带来经济利益。有的专利可能无经济价值或经济价值很小，有的专利则会被另外更有经济价值的专利所淘汰。所以，企业并非将其所拥有的一切专利权都予以资本化，而只是把那些在较长时期内能为企业带来较大经济利益的专利权作为无形资产。

（2）非专利技术，指生产中实用的、先进的、新颖的不申请专利的技术、资料、技能、知识等。一般包括为生产某种产品或采用某项工艺流程和工艺技术所需要的知识、经验和技巧的总和。它既涉及技术领域，也可能涉及经营管理领域。非专利技术是由于发明者不愿意申请专利或来不及申请专利，或者不具备申请专利的条件，发明者没有取得专利权，而是采取保密手段控制、占有和垄断的技术，它虽不受法律保护，但享有事实上的专利权。企业的非专利技术可以自行研究开发，可以向他人购买，也可接受他人投资。自行开发的非专利技术不作为无形资产处理。

（3）商标权，是指企业专门在某种指定的商品上使用特定的名称、图案和标记的权利。商标一经注册，便归企业专用，并获得法律上的保障，他人不得在同一种商品或类似商品上再使用同样的商标。商标的价值在于它能够使拥有者具有较大的获利能力。《中华人民共和国商标法》为商标权提供了法律保障。

（4）著作权，是著作人对其著作依法享有的出版、发行等方面的专门权利，又称为版权。一般而言，企业申请者著作权开支不大，不作为无形资产，只有购入的著作权，才作为无形资产处置。

（5）土地使用权，是国家准许某一企业在一定期间对国有土地享有开发、利用、经营的权利。据我国宪法规定，土地属于国家和集体所有，任何社会组织或个人都不能以任何理由侵占、买卖土地，所以土地使用权也称为土地租赁权。

（6）特许权，也称为专营权，指在某一地区经营或销售某种特定商品的权利或是一家企业接受另一家企业使用其商标、商号、技术秘密等的权利。特许权的形成往往有两种方式：第一种方式是由政府授权，准许企业在某一地点享有某种特权，如烟草专卖权、水电专营权等；第二种方式是企业间依签订的合同，有限期或无限期使用另一企业的某些权利，如连锁店分店使用总店的名称、商标使用权等。

（7）商誉，是企业获得超额收益的能力。企业的商誉多由地理位置优越、服务态度良好、生产技术先进、产品价廉物美、经营有道等各种综合因素所形成。这些因素使企业所获得的报酬超过类似企业的一般获利水平。不过，由于商誉是一种不能确指的综合性无形资产，其成本不易客观地确定，因此，对企业自己创立的商誉是不予入账的。只有企业对外购买的商誉，按成本入账。商誉依存于企业而存在，不能单独获得，因此，一般只有在企业转让合并时才予以计算。当企业转让时，如果转让价格超过被收买企业的净资产，其差额即作为商誉入账。

6.1.2 无形资产的初始计量

《小企业会计准则》规定，无形资产应当按照成本进行计量。

（1）外购无形资产。外购无形资产的成本包括购买价款、相关税费和相关的其他支出（含相关的借款费用）。

（2）投资者投入的无形资产。投资者投入的无形资产的成本，应当按照评估价值和相关税费确定。

（3）自行开发的无形资产。自行开发的无形资产的成本，由符合资本化条件后至达到预定用途前发生的支出（含相关的借款费用）构成。

6.1.3 无形资产取得的账务处理

无形资产取得包括外购无形资产、投资者投入的无形资产、自行开发的无形资产的取得等。小企业自行开发无形资产发生的支出，同时满足下列条件的，才能确认为无形资产。

（1）完成该无形资产以使其能够使用或出售在技术上具有可行性。

（2）具有完成该无形资产并使用或出售的意图。

（3）能够证明运用该无形资产生产的产品存在市场或无形资产自身存在市场，无形资产将在内部使用的，应当证明其有用性。

（4）有足够的技术资源、财务资源和其他资源支持，以完成该无形资产的开发，并有能力使用或出售该无形资产。

（5）归属于该无形资产开发阶段的支出能够可靠地计量。

1. 外购无形资产

小企业外购无形资产，应当按照实际支付的购买价款、相关税费和相关的其他支出（含相关的利息费用），借记"无形资产"科目，贷记"银行存款""应付利息"等科目。

【例6-1】华天公司2019年3月购买一项先进工艺的专利权，转让价为4 000 000元，发生律师费及相关交易税费150 000元，增值税240 000元，该专利权的受益年限估计为10年，以上价款以银行存款支付。华天公司应编制会计分录如下：

借：无形资产——××专利权　　　　　　　　　　　　　4 000 000
　　无形资产——××专利权（律师费及相关交易税费）　 150 000
　　应交税费——应交增值税（进项税额）　　　　　　　 240 000
　　贷：银行存款　　　　　　　　　　　　　　　　　　4 390 000

2. 投资者投入的无形资产

收到投资者投入的无形资产，应当按照评估价值和相关税费，借记"无形资产"科目，贷记"实收资本""资本公积"科目。

【例6-2】某企业收到甲投资者以其专利技术作为投资,评估确认的价值为800 000元,编制会计分录如下(假设不考虑增值税):

借:无形资产——××专利权　　　　　　　　　　　　　800 000
　　贷:实收资本——甲投资者　　　　　　　　　　　　　　800 000

3. 自行开发的无形资产

自行开发建造厂房等建筑物、外购土地及建筑物支付的价款应当在建筑物与土地使用权之间按照合理的方法进行分配,其中属于土地使用权的部分,借记"无形资产"科目,贷记"银行存款"等科目。难以合理分配的,应当将外购土地及建筑物的全部支出记入"固定资产"科目。

自行开发的无形资产,在研究开发过程中发生的费用应先记入"研发支出"科目,开发项目达到预定用途形成无形资产的,按照应予资本化的支出,借记"无形资产"科目,贷记"研发支出"科目。

【例6-3】2019年1月,某公司通过竞拍方式取得一块工业地的使用权(40年),支付政府出让金及相关税费共计5 000 000元,以银行存款支付。该公司取得土地使用权后,在该土地上修建工业厂房(某建筑公司承包),厂房总造价2 000 000元,款项以银行存款付清。工业厂房的使用年限也为40年,不计残值。

(1) 取得土地使用权时,编制会计分录如下:

借:无形资产——土地使用权　　　　　　　　　　　　5 000 000
　　贷:银行存款　　　　　　　　　　　　　　　　　　　5 000 000

(2) 厂房建造完成竣工交付使用时,编制会计分录如下:

借:固定资产——厂房　　　　　　　　　　　　　　　2 000 000
　　贷:银行存款　　　　　　　　　　　　　　　　　　　2 000 000

(3) 每月计提折旧及摊销无形资产时,编制会计分录如下:

土地使用权摊销额 = 5 000 000 ÷ (40 × 12) = 10 416.67 (元)
厂房折旧 = 2 000 000 ÷ (40 × 12) = 4 166.67 (元)

借:管理费用　　　　　　　　　　　　　　　　　　　　10 416.67
　　制造费用　　　　　　　　　　　　　　　　　　　　　4 166.67
　　贷:累计摊销　　　　　　　　　　　　　　　　　　　　10 416.67
　　　　累计折旧　　　　　　　　　　　　　　　　　　　　4 166.67

【例6-4】企业为研制某项专利发生研发费用490 000元,其中,研发过程中发生的材料费150 000元,研发人员的工资250 000元,设备的租赁费90 000元。上述费用中,予以资本化的部分为390 000元,予以费用化的部分为100 000元。另外,在申请专利过程中发生专利登记费20 000元,律师费10 000元,这项专利权申请成功,取得专利的所有权。

费用化支出 = 100 000 (元)
资本化支出 = 390 000 + 20 000 + 10 000 = 420 000 (元)

(1) 研究开发过程中发生的费用,编制会计分录如下:

借:研发支出——资本化支出　　　　　　　　　　　　　420 000

	——费用化支出	100 000
贷：原材料		150 000
	应付职工薪酬	250 000
	银行存款	120 000

（2）开发项目达到预定用途，编制会计分录如下：
借：无形资产——专利权　　　　　　　　　　　　　420 000
　　贷：研发支出——资本化支出　　　　　　　　　　420 000
（3）期末结转费用化费用，编制会计分录如下：
借：管理费用　　　　　　　　　　　　　　　　　　100 000
　　贷：研发支出——费用化支出　　　　　　　　　　100 000

6.1.4　无形资产的摊销

无形资产应当在其使用寿命内采用平均年限法（也叫年限平均法）进行摊销，根据其受益对象计入相关资产成本或者当期损益。

无形资产的摊销期自其可供使用时开始至停止使用或出售时止。有关法律规定或合同约定了使用年限的，可以按照规定或约定的使用年限分期摊销。小企业不能可靠估计无形资产使用寿命的，摊销期不得低于10年。小企业应设置"累计摊销"科目核算无形资产摊销，"累计摊销"科目应按照无形资产项目进行明细核算。

小企业应按月采用平均年限法计提无形资产的摊销，并按照无形资产的受益对象，借记"制造费用""管理费用"等科目，贷记"累计摊销"科目。小企业处置无形资产还应同时结转"累计摊销"。

【例6-5】甲公司于2019年3月6日以银行存款240 000元购买了一项车间生产使用的专利权（不含增值税），该专利权的受益年限为10年，每月摊销额＝无形资产价值÷（摊销年限×12）＝240 000÷（10×12）＝2 000（元），公司应编制会计分录如下：
借：制造费用——技术转让费　　　　　　　　　　　2 000
　　贷：累计摊销——××专利权　　　　　　　　　　2 000

6.1.5　无形资产的处置

处置无形资产时，处置收入扣除其账面价值、相关税费等后的净额，应当记入"营业外收入"或"营业外支出"科目。所称无形资产的账面价值，是指无形资产的成本扣减累计摊销后的余额。

1. 无形资产的出售

无形资产的出售，是指无形资产所有权的转让。小企业出售无形资产，应当按照取得的出售无形资产的价款等处置收入，借记"银行存款"等科目，按照其已计提的累计摊销，借记"累计摊销"科目，按照应支付的相关税费及其他费用，贷记"应交税费——应交增值税""银行存款"等科目；按照其成本，贷记"无形资产"科目，按照其差额，贷记"营业外收入——非流动资产处置净收益"科目或借记"营业外支出——非流动资产处置净损失"科目。

【例6-6】承【例6-5】2019年10月10日，甲公司将2019年3月6日购入的专利权以300 000元的价格转让，款项存入银行存款。以银行存款支付公证费、律师费、手续费等5 000元，共计应交纳增值税18 000元，假设没有其他税费。相关会计处理如下：

该专利权已摊销额 = 2 000 × 7 = 14 000（元）
无形资产账面价值 = 240 000 − 14 000 = 226 000（元）
转让收益 = 300 000 − 226 000 − 18 000 − 5 000 = 51 000（元）

甲公司应编制会计分录如下：

借：银行存款	（300 000 − 5 000）	295 000
累计摊销——××专利权		14 000
贷：无形资产——××专利权		240 000
应交税费——应交增值税（销项税额）		18 000
营业外收入——非流动资产处置净收益		51 000

本例中，若转让无形资产的收入为220 000元，增值税为13 200元，其他费用不变。则转让收益为：220 000 − 226 000 − 13 200 − 5 000 = −24 200（元）

甲公司应编制会计分录如下：

借：银行存款	（220 000 − 5 000）	215 000
营业外支出——非流动资产处置净损失		24 200
累计摊销——××专利权		14 000
贷：无形资产——××专利权		240 000
应交税费——应交增值税（销项税额）		13 200

2. 无形资产的出租

无形资产的出租是指无形资产使用权的转让，其租金收入的确认按《小企业会计准则》规定的收入确认原则进行，按所收取的租金收入借记"银行存款""其他应收款"等科目，贷记"其他业务收入"等科目；计提出租无形资产的摊销时，借记"其他业务成本"科目，贷记"累计摊销"，计算应交纳的增值税，贷记"应交税金"等科目，应交纳的其他税费，借记"税金及附加"科目，贷记"应交税费"等科目。

【例6-7】甲企业特许丁企业开立连锁分店，每年收取加盟费100 000元，并提供开业及经营过程指导。增值税税率为6%，假设没有其他税费。甲企业每年应确认收入100 000元，应交纳的增值税 = 100 000 × 6% = 6 000（元），本年度实际发生技术人员指导费用50 000元，以现金支付。甲企业应编制会计分录如下：

（1）收取加盟费：

借：银行存款	106 000
贷：其他业务收入	100 000
应交税费——应交增值税（销项税额）	6 000

（2）支付技术员指导费用等：

借：其他业务成本	50 000
贷：库存现金	50 000

【例6-8】 甲公司将某项专利权出租给乙公司，每月收取使用费1 000元，款项存入银行。计提增值税税金56.60元，假设没有附加税费。该专利的账面价值为48 000元，摊销期限为5年。甲公司应编制会计分录如下：

(1) 收取使用费时：

借：银行存款	1 000
贷：其他业务收入	943.40
应交税费——应交增值税（销项税额）	56.60

(2) 每月摊销无形资产：

$48\ 000 \div (5 \times 12) = 800$（元）

借：其他业务成本	800
贷：累计摊销	800

3. 无形资产的报废

无形资产的报废，是指无形资产预期不再给企业带来利益时，小企业将其账面价值予以转销。按无形资产的账面价值借记"营业外支出"科目，按已计提的无形资产摊销额借记"累计摊销"科目，按无形资产的初始价值贷记"无形资产"科目。

【例6-9】 某公司拥有的某项专利权，"无形资产"科目余额为100 000元，"累计摊销"科目贷方余额60 000元。由于该项专利权已被其他专利替代，已没有使用的价值，经有权机构批准报废。应编制会计分录如下：

借：营业外支出——报废损失	40 000
累计摊销——××专利权	60 000
贷：无形资产——××专利权	100 000

6.2 长期待摊费用

6.2.1 长期待摊费用概述

长期待摊费用是指企业发生的摊销期限在1年以上的费用。小企业的长期待摊费用包括已提足折旧的固定资产的改建支出、经营租入固定资产的改建支出、固定资产的大修理支出和其他长期待摊费用等。

固定资产的大修理支出，是指同时符合下列条件的支出：

(1) 修理支出达到取得固定资产时的计税基础50%以上。

(2) 修理后固定资产的使用寿命延长2年以上。

6.2.2 长期待摊费用的摊销

长期待摊费用应当在其摊销期限内采用平均年限法进行摊销，根据其受益对象计入相关资产的成本或者管理费用，并冲减长期待摊费用。具体摊销期限规定如下：

(1) 已提足折旧的固定资产的改建支出，按照固定资产预计尚可使用年限分期摊销。

(2) 经营租入固定资产的改建支出，按照合同约定的剩余租赁期限分期摊销。

(3) 固定资产的大修理支出，按照固定资产尚可使用年限分期摊销。

(4) 其他长期待摊费用，自支出发生月份的下月起分期摊销，摊销期不得低于3年。

6.2.3 长期待摊费用的账务处理

为核算小企业已提足折旧的固定资产的改建支出、经营租入固定资产的改建支出、固定资产的大修理支出和其他长期待摊费用等，企业应设置"长期待摊费用"科目。"长期待摊费用"科目应按照支出项目进行明细核算。

小企业发生的长期待摊费用，借记"长期待摊费用""应交税费"科目，贷记"银行存款""原材料"等科目。

按月采用平均年限法摊销长期待摊费用，应当按照长期待摊费用的受益对象，借记"制造费用""管理费用"等科目，贷记"长期待摊费用"科目。"长期待摊费用"科目期末借方余额，反映小企业尚未摊销完毕的长期待摊费用。

【例6-10】某企业平均每隔4年需对车间设备进行大修理。2019年对车间某设备进行大修理，该设备的原始价值为400 000元。本次大修理支出240 000元（其中增值税27 610.62元）。

(1) 发生大修理费用时，编制会计分录如下：

借：长期待摊费用——大修理支出　　　　　　　　　212 389.38
　　应交税费——应交增值税（进项税额）　　　　　　27 610.62
　　贷：银行存款　　　　　　　　　　　　　　　　　　　240 000

(2) 每月摊销大修理费用时：

212 389.38÷(4×12)=4 424.78（元）

编制会计分录如下：

借：制造费用　　　　　　　　　　　　　　　　　　　4 424.78
　　贷：长期待摊费用——大修理支出　　　　　　　　　4 424.78

【例6-11】甲公司的一机组已提足折旧，经技术人员鉴定，机组进行改建后仍能正常使用，且创造的价值与新购设置相当，与新购相比节约资金60%以上，可继续使用至少5年。本次改建共发生费用300 000元，增值税36 000元，以银行存款支付。甲公司应编制会计分录如下：

(1) 发生改建费用时：

借：长期待摊费用——改建支出　　　　　　　　　　300 000
　　应交税费——应交增值税（进项税额）　　　　　　36 000
　　贷：银行存款　　　　　　　　　　　　　　　　　　　36 000

(2) 每月摊销改建费用：

300 000÷(5×12)=5 000（元）

借：制造费用　　　　　　　　　　　　　　　　　　　5 000
　　贷：长期待摊费用——改建支出　　　　　　　　　　5 000

【例6-12】2019年6月16日，甲公司对其以经营租赁方式租入的办公楼进行装修，发生下列支出：领用生产用材料实际成本为500 000元，相应的增值税进项税额为 85 000 元；辅助生产车间为该装修工程提供的劳务支出为 180 000 元；工程人员的工资薪酬为 330 000 元。2019 年 12 月，该办公楼装修完工并开始使用。该办公楼的租赁期为 5 年。甲公司的会计处理如下：

（1）装修领用材料时，编制会计分录如下：

借：长期待摊费用——改建支出　　　　　　　　　　500 000
　　贷：原材料　　　　　　　　　　　　　　　　　　　500 000

（2）辅助生产车间为装修工程提供劳务时，编制会计分录如下：

借：长期待摊费用——改建支出　　　　　　　　　　180 000
　　贷：生产成本——辅助生产成本　　　　　　　　　　180 000

（3）计提工程人员工资薪酬时，编制会计分录如下：

借：长期待摊费用——改建支出　　　　　　　　　　330 000
　　贷：应付职工薪酬　　　　　　　　　　　　　　　　330 000

（4）每月摊销改建支出，编制会计分录如下：

$(500\ 000 + 180\ 000 + 330\ 000) \div (5 \times 12) = 16\ 833.33$（元）

借：管理费用——改建支出摊销　　　　　　　　　　16 833.33
　　贷：长期待摊费用——改建支出　　　　　　　　　　16 833.33

思考练习题

一、判断题

1. 企业无形资产摊销应记入"管理费用"科目。　　　　　　　　　　（　）
2. 商誉既属于不可单独辨认无形资产，又属于无限期无形资产。　　（　）
3. 无形资产出租和无形资产出售的收入均列为其他业务收入。　　　（　）
4. 转让无形资产的使用权，同时应结转无形资产的账面价值。　　　（　）
5. 凡是没有实物形态的资产都属于无形资产。　　　　　　　　　　（　）
6. 商誉能使企业获得经济利益，但企业自创的商誉在会计上不予确认。（　）
7. 无形资产作为企业的一项特殊资产，并不要求企业对其拥有控制权。（　）
8. 投资者投入的无形资产，按投资各方确认的价值作为实际成本。　（　）
9. 企业自创的商誉应当按评估确认的价值入账。　　　　　　　　　（　）
10. 企业自创的并依法取得的专利权、商标权等无形资产的成本，应根据依法取得时发生的注册费、聘请律师费以及其他相关支出入账。　　　　　　　　（　）
11. 为提高企业商标的知名度，而投入的大量广告费，应计入商标成本。（　）
12. 《小企业会计准则》规定，已经计入费用的研发支出，在该项无形资产获得成功并依法申请取得专利时，应将原已计入研发支出的费用资本化。　　（　）
13. 《小企业会计准则》规定，无形资产应按在预计使用年限内平均摊销。（　）
14. 商誉是特殊的无形资产，其价值不能单独计量和确认，没有法定的有效期限。
　　　　　　　　　　　　　　　　　　　　　　　　　　　　　　　（　）

二、单项选择题

1. 下列关于无形资产特征的表述不正确的是（   ）。
   A. 无形资产不具有实物形态
   B. 无形资产不属于非货币性资产
   C. 持有主要目的是为企业使用而非出售
   D. 在创造经济利益方面有较大不确定性

2. 转让无形资产使用权所得到的收益，应列入（   ）科目核算。
   A. 主营业务收入   B. 营业外收入   C. 其他业务收入   D. 投资收益

3. 甲公司出售一项商标权，取得不含税价款为500万元，应缴纳的增值税为30万元（适用增值税税率为6%）。该商标权取得时实际成本为350万元，已摊销70万元，已计提减值准备20万元。甲公司出售该项商标权应计入当期损益的金额为（   ）万元。
   A. -100   B. 240   C. 160   D. 155

4. 下列属于不可辨认的无形资产是（   ）。
   A. 商誉   B. 专利权   C. 商标权   D. 土地使用权

5. 自创的无形资产，在研发过程中发生的材料费用应计入（   ）。
   A. 无形资产   B. 管理费用   C. 研发支出   D. 长期待摊费用

6. 企业有偿取得的土地使用权，应计入（   ）。
   A. 无形资产   B. 管理费用
   C. 长期待摊费用   D. 开发成本或在建工程成本

7. 甲企业自行研发一项专利技术，在研发过程中实际发生材料费用20万元，参与研发的人员工资和福利费70万元，其他研发费用10万元。其中资本化支出70万元。另外，2019年6月依法申请注册取得专利权，发生注册费3万元，律师费7万元，则2019年6月该无形资产的入账价值应为（   ）万元。
   A. 110   B. 100   C. 80   D. 10

8. 接受投资者投入的无形资产，应按（   ）入账。
   A. 同类无形资产的价格   B. 可能带来的未来现金流量
   C. 评估确认的价值   D. 投资者无形资产的账面价值

9. 企业出租无形资产取得的收入，应当计入（   ）。
   A. 主营业务收入   B. 其他业务收入
   C. 投资收益   D. 营业外收入

10. 小企业不能可靠估计无形资产使用寿命的，无形资产（   ）为摊销期限分期摊销。
    A. 按不低于5年   B. 按不超过5年
    C. 按不超过10年   D. 按不低于10年

11. 生产车间使用的专利权的摊销，应计入（   ）。
    A. 制造费用   B. 财务费用   C. 营业费用   D. 管理费用

三、多项选择题

1. 下列属于长期待摊费用的有（　　）。
   A. 筹建期间的开办费　　　　　　B. 已提足折旧的固定资产改建支出
   C. 经营租入固定资产的改建支出　　D. 车间设备的修理支出

2. 下列各项中，会引起无形资产账面价值发生增减变动的有（　　）。
   A. 依法取得自创专利权发生的注册费支出
   B. 转让无形资产的使用权
   C. 摊销无形资产成本
   D. 转让无形资产所有权

3. 无形资产确认的条件有（　　）。
   A. 符合无形资产的定义　　　　　B. 产生的经济利益很可能流入企业
   C. 成本能够可靠计量　　　　　　D. 无形资产应按其成本入账

4. 企业无形资产取得的途径有（　　）。
   A. 外购　　　　B. 自创　　　　C. 接受投资　　　　D. 盘盈

5. 商誉的主要特点是（　　）。
   A. 与作为整体的企业有关，不能单独存在
   B. 形成商誉的个别因素，应分别计价
   C. 企业在兼并或购买另一个企业时，才能确认商誉的价值
   D. 企业自创商誉不能单独入账

6. 下列属于可辨认无形资产的有（　　）。
   A. 专利权　　　　B. 商标权　　　　C. 商誉　　　　D. 专有技术

四、业务题

1. 某企业购买一项专利权，支付款项 100 000 元（不含增值税），有效期限 10 年。购入 4 年后，将其使用权出租给另一个企业，当年收到租金收入 5 000 元（不含增值税），所有款项均通过银行存款支付，增值税税率 6%。

   要求：编制相关会计分录。

2. 某企业 2019 年 1 月 1 日购入一项专利权，价值 200 000 元，以银行存款支付。该专利权法律有效期 10 年，已使用 1 年，估计受益年限为 5 年。2020 年 1 月出售该专利权，取得不含增值税价款 100 000 元，存入银行，增值税税率 6%。

   要求：编制该专利权购入、摊销及出售的会计分录。

3. 某企业有关无形资产的经济业务如下：

   (1) 从技术市场购入一项专利权，买价为 300 000 元，注册费、律师费等 12 000 元，增值税共计 18 600 元，价款均以存款支付，该项专利权购入后立即投入使用。

   (2) 接受甲公司以某项商标权向本企业投资，评估价值 150 000 元。该项商标权已投入使用（假设不考虑增值税）。

   (3) 企业自行研制某项专利取得成功，并已申请取得专利权，本月发生研究试验费 90 000 元，其中，领用库存材料实际成本为 50 000 元，应付人员工资为 30 000 元，

其他费用10 000元；另支付申请专利的专利权登记费20 000元，律师费用40 000元，增值税2 400元，其中资本化支出120 000元。以上款项均以银行存款支付。该项专利申请成功并已投入使用。

（4）企业出租商标权取得收入40 000元（不含增值税）存入银行，以存款支付出租无形资产的相关费用10 000元，增值税税率6%（不考虑其他税费）。

要求：编制相关会计分录。

4. 甲公司2019年2月经营租入厂房并对租入厂房进行改建，领用原材料的实际成本为30 000元，应负担的工资费用13 680元，以银行存款支付其他费用5 220元，增值税550元。工程改造完工交付使用。厂房的租赁期限为5年，采用平均年限法进行摊销。

要求：编制相关会计分录。

第 7 章

负　债

知识目标

- 熟悉应付账款、应付票据的核算内容及账务处理。
- 掌握应交税费的账务处理。
- 熟悉其他流动负债的账务处理。
- 掌握流动负债与非流动负债的账务处理。

技能目标

- 能判断负债的范围。
- 能对比负债各个科目账务处理的异同点。

素质目标

- 培养学生熟识企业负债业务的素质。
- 培养学生对负债进一步认知的素质。
- 培养学生提升专业技能的素质。

本章知识结构

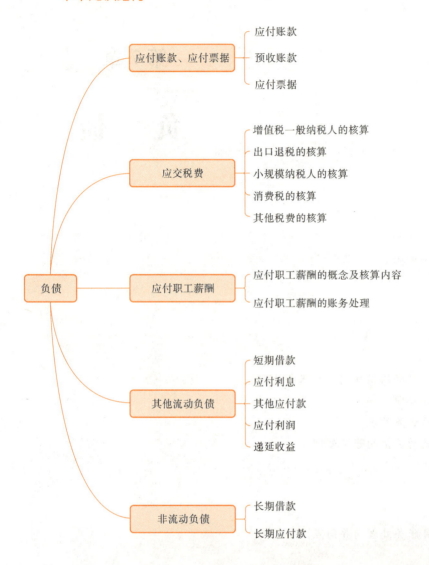

负债，是指小企业过去的交易或者事项形成的，预期会导致经济利益流出小企业的现时义务。小企业的负债按照其流动性，可分为流动负债和非流动负债。

小企业的流动负债，是指预计在1年内或者超过1年的一个正常营业周期内清偿的债务，包括短期借款、应付及预收款项、应付职工薪酬、应交税费、应付利息等。小企业各项流动负债应当按照其实际发生额入账。小企业确实无法偿付的应付款项，应当计入营业外收入。

小企业的非流动负债，是指流动负债以外的负债，包括长期借款、长期应付款等。非流动负债应当按照其实际发生额入账。长期借款应当按照借款本金和借款合同利率在应付利息日计提利息费用，计入相关资产成本或财务费用。

7.1 应付账款、应付票据

7.1.1 应付账款

1. 应付账款的含义

应付账款是小企业因购买材料、商品和接受劳务等日常生产经营活动应支付的款项。小企业应设置"应付账款"科目进行核算。"应付账款"科目应按照对方单位（或个人）进行明细核算。

2. 应付账款的主要账务处理

小企业购入材料、商品等未验收入库，货款尚未支付，应当根据有关凭证（发票账单、随货同行发票上记载的实际价款或暂估价值），借记"在途物资"科目，按照可抵扣的增值税进项税额，借记"应交税费——应交增值税（进项税额）"科目，按照应付的价款，贷记本科目。

接受供应单位提供劳务而发生的应付未付款项，应当根据供应单位的发票账单，借记"生产成本""管理费用"等科目，贷记"应付账款"科目。偿付应付账款，借记"应付账款"科目，贷记"银行存款"等科目。小企业确实无法偿付的应付账款，借记"应付账款"科目，贷记"营业外收入"科目。"应付账款"科目期末贷方余额，反映小企业尚未支付的应付账款。

由于交易而产生的应付账款，应付账款一般按应付金额入账，而不考虑现值因素。如果购入的资产在形成一笔应付账款时带有现金折扣，应付账款入账金额应按发票上记载的应付金额的总值（即不扣除折扣）记账，即采用总价法记账。在正常情况下，企业偿付到期债务时，应按发票上记载的总金额，借记"原材料""库存商品"等有关科目，贷记"应付账款"科目；付款时获得库存现金折扣，冲减"财务费用"。

【例7-1】某工业企业为一般纳税人企业，2019年6月6日从甲工厂购进A材料一批，取得的增值税专用发票上注明的价款为10 000元，增值税1 300元。购货合同规定运费由甲工厂承担，规定现金折扣条件为"2/10，N/30"（以到货时间开始计算）。材料于2019年6月10日到达并验收入库，款项尚未支付。会计处理如下：

如企业采用实际成本核算。

(1) 材料到达并验收入库时，编制会计分录如下：

借：原材料——A材料　　　　　　　　　　　　　　　　10 000
　　应交税费——应交增值税（进项税额）　　　　　　　 1 300
　　贷：应付账款——甲工厂　　　　　　　　　　　　　　　　11 300

(2) 假设6月12日付款，现金折扣为：11 300×2% = 226（元），编制会计分录如下：

借：应付账款——甲工厂　　　　　　　　　　　　　　　11 300

  贷：银行存款   11 074
    财务费用   226

（3）假设该企业于 6 月 21 日付款，超过了现金折扣信用期，编制会计分录如下：
  借：应付账款——甲工厂   11 300
    贷：银行存款   11 300

如果该企业采用计划成本核算，A 材料的计划成本为 9 800 元，则（1）的会计处理为：

购入时，编制会计分录如下：
  借：材料采购——A 材料   10 000
    应交税费——应交增值税（进项税额）   1 300
    贷：应付账款——甲工厂   11 300

验收入库时，编制会计分录如下：
  借：原材料——A 材料   9 800
    材料成本差异——材料   200
    贷：材料采购——A 材料   10 000

其余的会计处理与实际成本核算相同。

7.1.2 预收账款

  预收账款是指小企业按照合同规定预收的款项，包括预收的购货款、工程款等。预收账款情况不多的，也可以不设置"预收账款"科目，将预收的款项直接记入"应收账款"科目的贷方。预收账款应按照对方单位（或个人）进行明细核算。

  预收账款的主要账务处理如下：

  小企业向购货单位预收的款项，借记"银行存款"等科目，贷记"预收账款"科目。销售收入实现时，按照实现的收入金额，借记"预收账款"科目，贷记"主营业务收入"科目。涉及增值税销项税额的，还应进行相应的账务处理。"预收账款"科目期末如为贷方余额，反映小企业预收的款项；期末如为借方余额，反映小企业尚未转销的款项。

【例 7-2】甲公司为增值税一般纳税人企业。2019 年 6 月 3 日，甲公司与乙公司签订供货合同，向其出售产品一批，不含税售价为 100 000 元，增值税为 13 000 元。购货合同约定，乙公司在购货合同签订后的一周内，应当向甲公司预付货款 60 000 元，剩余货款在交货后付清。2019 年 6 月 9 日，甲公司收到乙公司交来的预付货款 60 000 元并存入银行，6 月 19 日，甲公司将货物发到乙公司并开出增值税专用发票，乙公司验收后付清了剩余货款。甲公司有关的会计处理如下：

（1）6 月 9 日收到乙公司交来的预付货款 60 000 元，编制会计分录如下：
  借：银行存款   60 000
    贷：预收账款——乙公司   60 000

（2）6 月 19 日按合同规定，向乙公司发出货物，编制会计分录如下：
  借：预收账款——乙公司   113 000
    贷：主营业务收入   100 000

应交税费——应交增值税（销项税额）	13 000

(3) 收到乙公司剩余货款时，编制会计分录如下：
借：银行存款　　　　　　　　　　　　　　　　　　　　53 000
　　贷：预收账款——乙公司　　　　　　　　　　　　　　　53 000

假设甲公司预收账款业务不多，不设置"预收账款"科目，预收款项通过"应收账款"科目核算。甲公司的有关会计处理如下：

(1) 6月9日收到乙公司交来的预付货款60 000元，编制会计分录如下：
借：银行存款　　　　　　　　　　　　　　　　　　　　60 000
　　贷：应收账款——乙公司　　　　　　　　　　　　　　　60 000

(2) 6月19日按合同规定，向乙公司发出货物，编制会计分录如下：
借：应收账款——乙公司　　　　　　　　　　　　　　　113 000
　　贷：主营业务收入　　　　　　　　　　　　　　　　　100 000
　　　　应交税费——应交增值税（销项税额）　　　　　　 13 000

(3) 收到乙公司剩余货款时，编制会计分录如下：
借：银行存款　　　　　　　　　　　　　　　　　　　　53 000
　　贷：应收账款——乙公司　　　　　　　　　　　　　　　53 000

7.1.3　应付票据

应付票据是企业购买原材料、商品和接受劳务供应等而开出、承兑的商业汇票。商业汇票按承兑人的不同可分为商业承兑汇票和银行承兑汇票两种；在采用商业承兑汇票的方式下，承兑人应为付款人，承兑人对这项债务在一定时期内支付的承诺，作为企业的一项负债；当承兑人无力支付票款时，"应付票据"转为"应付账款"。在采用银行承兑汇票的方式下，商业汇票应由在承兑银行开立存款账户的存款人签发，由银行承兑；当企业无力支付票款时，由银行垫付。应付票据按是否带息分为带息应付票据和不带息应付票据两种。

小企业应当设置应付票据备查簿，详细登记商业汇票的种类、号数和出票日期、到期日、票面金额、交易合同号和收款人姓名或单位名称以及付款日期和金额等资料，商业汇票到期结清票款后，在备查簿中应予注销。

1. 正常应付票据的账务处理

小企业应设置"应付票据"科目进行核算。企业开出承兑商业汇票或以承兑商业汇票抵付应付账款时，借记"原材料""材料采购""库存商品""周转材料""应付账款""应交税费——应交增值税（进项税额）"等科目，贷记"应付票据"科目。支付银行承兑汇票的手续费，借记"财务费用"科目，贷记"银行存款"科目。收到银行支付到期票据的付款通知，借记"应付票据"科目，贷记"银行存款"科目。如为带息应付票据，支付的票据利息还应借记"财务费用"科目。"应付票据"期末贷方余额，反映小企业开出、承兑的尚未到期的商业汇票的票面金额。

【例7-3】甲企业于2019年6月30日开出面值为226 000元、期限为6个月的商业票据一张，向乙企业购买原材料。货款为200 000元，增值税为26 000元。该票据为带息票据，年利率为9%。支付商业汇票手续费117元。票据到期日为12月31日。甲企业材料采用实际成本核算。

(1) 开具商业汇票支付手续费时，编制会计分录如下：

借：财务费用——银行手续 117
　　贷：银行存款 117

(2) 支付商业汇票，取得增值税专用发票时，编制会计分录如下：

借：在途物资 200 000
　　应交税费——应交增值税（进项税额） 26 000
　　贷：应付票据——乙企业 226 000

(3) 原材料到达验收入库时，编制会计分录如下：

借：原材料 200 000
　　贷：在途物资 200 000

(4) 到期支付票据本息时，编制会计分录如下：

票据利息 = 226 000 × 9% × 6 ÷ 12 = 10 170（元）

借：应付票据——乙企业 226 000
　　财务费用——利息费用 10 170
　　贷：银行存款 236 170

若该票据为不带息票据，编制会计分录如下：

借：应付票据——乙企业 226 000
　　贷：银行存款 226 000

2. 到期无力支付的应付票据处理

(1) 不带息应付票据的处理。

企业开出并承兑的商业承兑汇票如果不能如期支付票款，如为不带息商业承兑汇票，则按票据的账面余额，借记"应付票据"科目，贷记"应付账款"科目；如为不带息的银行承兑汇票，则按照银行承兑汇票的票面金额，借记"应付票据"科目，贷记"短期借款"科目。若企业重新签发新票据以清偿原应付票据，则从"应付账款"科目转入"应付票据"科目。

【例7-4】承【例7-3】，假设该票据为不带息商业承兑汇票，票据到期时甲企业无力支付票款，则应编制会计分录如下：

借：应付票据——乙企业 226 000
　　贷：应付账款——乙企业 226 000

【例7-5】承【例7-3】，假设该票据为不带息银行承兑汇票，票据到期时甲企业无力支付票款，则应编制会计分录如下：

借：应付票据——乙企业 226 000
　　贷：短期借款 226 000

(2) 带息应付票据的处理。

①到期无力支付的票据属于商业承兑汇票,应在票据到期时,将商业承兑汇票的票面金额转入"应付账款"科目,借记"应付票据"科目,应付利息日应计利息,借记"财务费用"科目,将实际应支付的应付票据票面金额及利息贷记"应付账款"科目。若企业重新签发新票据以清偿原应付票据,则从"应付账款"科目转入"应付票据"科目。

【例7-6】承【例7-3】,假设该票据为带息商业承兑汇票,票据到期时甲企业无力支付票款,则应编制会计分录如下:

借:应付票据——乙企业　　　　　　　　　　　　226 000
　　财务费用——利息费用　　　　　　　　　　　　10 170
　　贷:应付账款——乙企业　　　　　　　　　　　　236 170

②如商业汇票属于银行承兑汇票,甲企业无力支付票款时,其开户银行将垫付该笔款项,并作为甲企业的逾期贷款处理。企业按应付票据的账面金额,借记"应付票据"科目,应付利息日应计利息,借记"财务费用"科目,将实际应支付的应付票据票面金额及利息贷记"短期借款"科目。若企业重新签发新票据以清偿原应付票据,则从"应付账款"科目转入"应付票据"科目。

【例7-7】承【例7-3】,假设该票据为带息银行承兑汇票,票据到期时甲企业无力支付票款,则应编制会计分录如下:

借:应付票据——乙企业　　　　　　　　　　　　226 000
　　财务费用——利息费用　　　　　　　　　　　　10 170
　　贷:短期借款　　　　　　　　　　　　　　　　236 170

7.2　应交税费

企业在一定时期内取得的营业收入和实现的利润,要按照规定向国家交纳各种税金。小企业按照税法等规定计算应交纳的各种税费,包括增值税、消费税、城市维护建设税、企业所得税、资源税、土地增值税、城镇土地使用税、房产税、车船税和教育费附加、矿产资源补偿费、排污费等。小企业代扣代交的个人所得税等,也通过本科目核算。

7.2.1　增值税一般纳税人的核算

增值税是对我国境内销售货物或者提供加工、修理修配劳务,以及进口货物的单位和个人,就其增值额征收的一种税。

增值税一般纳税人应当在"应交税费"科目下设置"应交增值税""未交增值税""预交增值税""待抵扣进项税额""待认证进项税额""待转销项税额""增值税留抵税额""简易计税""转让金融商品应交增值税""代扣代交增值税"等明细科目。

(1) 增值税一般纳税人应在"应交增值税"明细账内设置"进项税额""销项税额抵减""已交税金""转出未交增值税""减免税款""出口抵减内销产品应纳税

额""销项税额""出口退税""进项税额转出""转出多交增值税"等专栏。其中包括：

①"进项税额"专栏，记录一般纳税人购进货物，加工、修理修配劳务，服务，无形资产或不动产而支付或负担的准予从当期销项税额中抵扣的增值税额；

②"销项税额抵减"专栏，记录一般纳税人按照现行增值税制度规定因扣减销售额而减少的销项税额；

③"已交税金"专栏，记录一般纳税人当月已交纳的应交增值税额；

④"转出未交增值税"和"转出多交增值税"专栏，分别记录一般纳税人月度终了转出当月应交未交或多交的增值税额；

⑤"减免税款"专栏，记录一般纳税人按现行增值税制度规定准予减免的增值税额；

⑥"出口抵减内销产品应纳税额"专栏，记录实行"免、抵、退"办法的一般纳税人按规定计算的出口货物的进项税抵减内销产品的应纳税额；

⑦"销项税额"专栏，记录一般纳税人销售货物，加工、修理修配劳务，服务，无形资产或不动产应收取的增值税额；

⑧"出口退税"专栏，记录一般纳税人出口货物，加工、修理修配劳务，服务，无形资产按规定退回的增值税额；

⑨"进项税额转出"专栏，记录一般纳税人购进货物，加工、修理修配劳务，服务，无形资产或不动产等发生非正常损失以及其他原因而不应从销项税额中抵扣、按规定转出的进项税额。

(2)"未交增值税"明细科目，核算一般纳税人月度终了从"应交增值税"或"预交增值税"明细科目转入当月应交未交、多交或预交的增值税额，以及当月交纳以前期间未交的增值税额。

(3)"预交增值税"明细科目，核算一般纳税人转让不动产、提供不动产经营租赁服务、提供建筑服务、采用预收款方式销售自行开发的房地产项目等，以及其他按现行增值税制度规定应预交的增值税额。

(4)"待抵扣进项税额"明细科目，核算一般纳税人已取得增值税扣税凭证并经税务机关认证，按照现行增值税制度规定准予以后期间从销项税额中抵扣的进项税额，包括一般纳税人自2016年5月1日后取得并按固定资产核算的不动产或者2016年5月1日后取得的不动产在建工程，按现行增值税制度规定准予以后期间从销项税额中抵扣的进项税额；实行纳税辅导期管理的一般纳税人取得的尚未交叉稽核比对的增值税扣税凭证上注明或计算的进项税额。

(5)"待认证进项税额"明细科目，核算一般纳税人由于未经税务机关认证而不得从当期销项税额中抵扣的进项税额，包括一般纳税人已取得增值税扣税凭证、按照现行增值税制度规定准予从销项税额中抵扣，但尚未经税务机关认证的进项税额；一般纳税人已申请稽核但尚未取得稽核相符结果的海关缴款书进项税额。

(6)"待转销项税额"明细科目，核算一般纳税人销售货物，加工、修理修配劳务，服务，无形资产或不动产，已确认相关收入（或利得）但尚未发生增值税纳税义务而需于以后期间确认为销项税额的增值税额。

（7）"增值税留抵税额"明细科目，核算兼有销售服务、无形资产或者不动产的原增值税一般纳税人，截至纳入营改增试点之日前的增值税期末留抵税额按照现行增值税制度规定不得从销售服务、无形资产或不动产的销项税额中抵扣的增值税留抵税额。

（8）"简易计税"明细科目，核算一般纳税人采用简易计税方法发生的增值税计提、扣减、预交、交纳等业务。

（9）"转让金融商品应交增值税"明细科目，核算增值税纳税人转让金融商品发生的增值税额。

（10）"代扣代交增值税"明细科目，核算纳税人购进在境内未设经营机构的境外单位或个人在境内的应税行为代扣代交的增值税。

1. 国内采购的物资的核算

小企业采购物资等，按照应计入采购成本的金额，借记"材料采购""在途物资""原材料""库存商品""生产成本""无形资产""固定资产""管理费用"等科目，按照税法规定可抵扣的增值税进项税额，借记"应交税费——应交增值税（进项税额）"，按照应付或实际支付的金额，贷记"应付账款""银行存款"等科目。购入物资发生退货的，编制相反的会计分录。

购进免税农业产品，按照购入农业产品的买价和税法规定的税率计算的增值税进项税额，借记"应交税费——应交增值税（进项税额）"，按照买价减去按照税法规定计算的增值税进项税额后的金额，借记"材料采购"或"在途物资"等科目，按照应付或实际支付的价款，贷记"应付账款""库存现金""银行存款"等科目。

【例7-8】甲企业为一般纳税人，2019年10月5日从乙企业购入一批甲原材料10吨，增值税专用发票上注明的原材料价款300 000元，增值税为39 000元。运费由销货方承担，货款已经支付，材料尚未验收入库。该企业采用实际成本进行日常原材料核算。

支付货款收到增值税专用发票时，编制会计分录如下：

借：在途物资——甲原材料　　　　　　　　　　　　　　　　300 000
　　应交税费——应交增值税（进项税额）　　　　　　　　　 39 000
　　贷：银行存款　　　　　　　　　　　　　　　　　　　　339 000

原材料到达并验收入库，编制会计分录如下：

借：原材料——甲原材料　　　　　　　　　　　　　　　　　300 000
　　贷：在途物资——甲原材料　　　　　　　　　　　　　　300 000

【例7-9】承【例7-8】，假设2019年10月11日，甲企业发现购入的10吨原材料中有5吨质量不合格，要求退货，经与乙企业协商，乙企业同意退货，并转来增值税负数发票，注明的价款为150 000元，增值税19 500元，退货款尚未收到。甲企业应编制会计分录如下：

借：应收账款——乙企业　　　　　　　　　　　　　　　　　169 500
　　贷：原材料——甲原材料　　　　　　　　　　　　　　　150 000
　　　　应交税费——应交增值税（进项税额）　　　　　　　 19 500

2. 接受投资转入的物资的核算

接受投资转入的物资，按专用发票上注明的增值税，借记"应交税费——应交增值税（进项税额）"科目，按投资评估价值，借记"原材料"等科目，按其在注册资本中所占有的份额，贷记"实收资本"科目，按其差额，贷记"资本公积"科目。

【例7-10】甲企业收到乙企业以库存商品的投资，投资协议约定，乙企业投资后甲企业注册资本变更为5 000 000元，乙企业占注册资本总额的10%。乙企业投资转入的库存商品评估价值为621 500元（含增值税价）。甲、乙企业均为一般纳税人，增值税税率为13%。甲企业库存商品采用实际成本计价。

收到乙企业开出的增值税专用发票及库存商品，甲企业应编制会计分录如下：

借：库存商品　　　　　　　　　　　　　　　　　　　　　　　550 000
　　应交税费——应交增值税（进项税额）　　　　　　　　　　 71 500
　　贷：实收资本　　　　　　　　　（5 000 000×10%）　　　 500 000
　　　　资本公积——资本溢价　　　　　　　　　　　　　　　 121 500

注意：按增值税法规定，自产、委托加工及外购的商品对外投资视同销售。

3. 接受应税劳务的核算

接受应税劳务，应按专用发票上注明的增值税，借记"应交税费——应交增值税（进项税额）"科目，按专用发票上记载的应当计入加工、修理修配等物资成本的金额，借记"生产成本""委托加工物资""管理费用"等科目，按应付或实际支付的金额，贷记"应付账款""银行存款"等科目。

【例7-11】甲企业有库存棉布，委托佳佳印染有限公司将棉布染成棉花布，交付印染公司棉布10 000米，成本为80 000元，加工完毕，委托加工物资收回，取得增值税专用发票，注明加工费为8 000元，增值税1 040元，加工费尚未支付。以银行存款支付往返的运费2 000元，运费增值税180元。甲企业应编制会计分录如下：

(1) 交付加工的棉布时：

借：委托加工物资——棉花布　　　　　　　　　　　　　　　　80 000
　　贷：库存商品——棉布　　　　　　　　　　　　　　　　　　80 000

(2) 支付加工费，取得增值税专用发票：

借：委托加工物资——棉花布　　　　　　　　　　　　　　　　 8 000
　　应交税费——应交增值税（进项税额）　　　　　　　　　　 1 040
　　贷：应付账款——佳佳印染有限公司　　　　　　　　　　　　9 040

(3) 支付往返的运费：

借：委托加工物资——棉花布　　　　　　　　　　　　　　　　 2 000
　　应交税费——应交增值税（进项税额）　　　　　　　　　　 180
　　贷：银行存款　　　　　　　　　　　　　　　　　　　　　　2 180

(4) 加工完毕收回货物：

商品总额 = 2 000 + 80 000 + 8 000 = 90 000（元）

借：库存商品——棉花布　　　　　　　　　　　　　　90 000
　　贷：委托加工物资——棉花布　　　　　　　　　　　　90 000
（5）支付加工费：
借：应付账款——佳佳印染有限公司　　　　　　　　 9 040
　　贷：银行存款　　　　　　　　　　　　　　　　　　 9 040

4. 进口物资的核算

进口物资按海关提供的完税凭证上注明的增值税，借记"应交税费——应交增值税（进项税额）"科目，按进口物资应计入采购成本的金额，借记"在途物资""材料采购""库存商品"等科目，按应付或实际支付的金额，贷记"应付账款""银行存款"等科目。

【例 7-12】甲企业进口一批货物，商品的到岸价格折成人民币为 2 000 000 元，上交海关关税 200 000 元，海关代收的增值税为 286 000 元，用银行存款支付，取得海关增值税完税凭证，货物已从海关运回企业，并验收入库。原开具的信用证存款为 600 000 元，通过银行补付货款 1 400 000 元。甲企业应编制会计分录如下：

借：库存商品　　　（2 000 000 + 200 000）　　　 2 200 000
　　应交税费——应交增值税（进项税额）　　　　　　 286 000
　　贷：其他货币资金——信用证存款　　　　　　　　　 600 000
　　　　银行存款　　（1 400 000 + 200 000 + 286 000）　 1 886 000

5. 购进免税农业产品的核算

购进免税农业产品，按购入农业产品的买价和规定的税率计算的进项税额，借记"应交税费——应交增值税（进项税额）"科目，按买价减去按规定税率计算的进项税额后的差额，借记"在途物资""库存商品"等科目，按应付或实际支付的价款，贷记"应付账款""银行存款"等科目。

【例 7-13】甲企业本月用库存现金向农户收购免税农业产品 700 000 元作为原材料，开出专用收购凭证，用银行存款支付收购农业产品的运费 10 000 元，取得运费专用增值税发票 900 元。农业产品已验收入库。

收购免税农业产品应抵扣的进项税额 = 700 000 × 11% = 77 000（元）
运费应抵扣的进项税额 = 10 000 × 9% = 900（元）
甲企业应编制会计分录如下：

借：原材料　　　　（700 000 - 77 000 + 10 000）　　 633 000
　　应交税费——应交增值税（进项税额）（77 000 + 900）　77 900
　　贷：库存现金　　　　　　　　　　　　　　　　　　 700 000
　　　　银行存款　　　　　　　　　　　　　　　　　　　10 900

注意：一般纳税人收购免税农副产品可按收购价的 13% 计算进项税额。

6. 购入物资及接受劳务用于非应税项目的核算

企业购入物资及接受劳务，用于非应税项目购入货物时即能认定其进项税额不能抵扣的，如购进固定资产、购入的货物直接用于免税项目、直接用于非应税项目，或者直接用于集体福利和个人消费的，进行会计处理时，其增值税专用发票上注明的增值税额，计入购入货物及接受劳务的成本。

企业购入货物时不能直接认定其进项税额能否抵扣的，其增值税专用发票上注明的增值税额，按照增值税会计处理方法记入"应交税费——应交增值税（进项税额）"科目；如果这部分购入货物以后用于按规定不得抵扣进项税额项目的，应将原已记入进项税额并抵扣的增值税转入相关项目，借记"在建工程""应付职工薪酬""管理费用"等科目，贷记"应交税费——应交增值税（进项税额转出）"科目。

【例7-14】甲企业为了自行建造一厂房，购置建材的总金额为3 000 000元，取得的专用发票上注明的增值税额为270 000元，支付银行存款2 000 000元，其余的开出3个月到期的商业汇票支付。甲企业应编制会计分录如下：

借：工程物资　　　　　　　　　　　　　　　　　　　　　3 000 000
　　应交税费——应交增值税（进项税额）　　　　　　　　　270 000
　贷：银行存款　　　　　　　　　　　　　　　　　　　　　2 000 000
　　　应付票据　　　　　　　　　　　　　　　　　　　　　1 270 000

【例7-15】甲企业将企业生产用原材料一批用于车间改建工程，该原材料的实际成本为100 000元，同时该月将成本为60 000元的库存A商品分发给职工作为福利。该批库存A商品的计税价格为80 000元。该企业的增值税税率为13%。根据上述经济业务事项，甲企业应编制会计分录如下：

（1）将生产用原材料用于在建工程：

借：在建工程　　　　　　　　　　　　　　　　　　　　　　100 000
　贷：原材料　　　　　　　　　　　　　　　　　　　　　　100 000

（2）将库存A商品用于职工福利：

借：应付职工薪酬　　　　　　　　　　　　　　　　　　　　90 400
　贷：主营业务收入　　　　　　　　　　　　　　　　　　　80 000
　　　应交税费——应交增值税（销项税额）（80 000×13%）　10 400

结转成本时：

借：主营业务成本　　　　　　　　　　　　　　　　　　　　60 000
　贷：库存商品——A商品　　　　　　　　　　　　　　　　60 000

注意：对于增值税法规定为视同销售的，企业所得税法也规定为视同销售的，在会计处理上，为了避免纳税调整，直接通过"主营业务收入""其他业务收入"科目核算，并将成本转入"主营业务成本""其他业务成本"科目。

7. 销售物资或提供应税劳务的核算

销售物资或提供应税劳务，应按实现的营业收入和按规定收取的增值税额，借记"应收账款""应收票据"等科目，贷记"主营业务收入""应交税费——应交增值税（销项税额）"等科目。发生的销售退回，编制相反的会计分录。

【例 7-16】甲企业本月销售商品收入 5 000 000 元，增值税 650 000 元，收到商品汇票金额为 2 000 000 元，收到银行存款 1 650 000 元，其余的暂欠。甲企业应编制会计分录如下：

    借：应收票据   2 000 000
        银行存款   1 650 000
        应收账款   2 000 000
        贷：主营业务收入   5 000 000
            应交税费——应交增值税（销项税额）   650 000

8. 将自产或委托加工的货物用于非应税项目、作为投资、集体福利消费、赠送他人等的核算

按税法规定，企业将自产或委托加工的货物用于非应税项目、作为投资、集体福利消费、赠送他人等应视同销售，计算应交增值税，借记"在建工程""长期股权投资""应付职工薪酬""营业外支出"等科目，贷记"原材料""库存商品""应交税费——应交增值税（销项税额）"等科目。

【例 7-17】甲企业为了扶持某村办企业，对该村办企业捐赠了一批外购的 C 原材料，C 原材料的实际成本为 200 000 元，计税价格也为 200 000 元，增值税为 26 000 元，开出增值税专用发票。甲企业应编制会计分录如下：

（1）捐赠原材料，视同销售：

    借：营业外支出   226 000
        贷：其他业务收入   200 000
            应交税费——应交增值税（销项税额）   26 000

（2）结转材料成本时：

    借：其他业务成本   200 000
        贷：原材料——C 原材料   200 000

9. 应交增值税的交纳及月末结转的核算

一般纳税人上交本月应交增值税时，借记"应交税费——应交增值税（已交税金）"科目，贷记"银行存款"科目。月度终了，将本月应交未交增值税自"应交税费——应交增值税"明细科目转入"应交税费——未交增值税"明细科目，即借记"应交税费——应交增值税（转出未交增值税）"科目，贷记"应交税费——未交增值税"科目；将本月多交的增值税自"应交税费——应交增值税（转出多交增值税）"明细科目转入"应交税费——未交增值税"明细科目，即借记"应交税费——未交增值税"科目，贷记"应交税费——应交增值税（转出多交增值税）"科目。本月上交上期应交未交的增值税，借记"应交税费——未交增值税"科目，贷记"银行存款"科目。

小企业会计准则应交增值税账务处理

【例 7-18】根据甲企业【例 7-8】至【例 7-17】的业务，当月的销项税额共计 897 600 元，进项税额共计 456 120 元，假设上月末未抵扣完的进项税额为 200 000 元，当月交纳当月的增值税 50 000 元，当月交纳上月的未交增值税 186 000 元。根据【例 7-8】至【例 7-17】资料登记的增值税明细账如表 7-1 所示。

表 7-1 应交税费——应交增值税明细账

元

××年		凭证号	摘要	借方				贷方				借或贷	余额
月	日			进项税额	已交税金	转出未交增值税	合计	销项税额	进项税额转出	转出多交增值税	合计		
略	略	略	上月留抵									借	200 000
			例7-8	39 000			39 000				0		
			例7-9	-19 500			-19 500				0		
			例7-10	71 500			71 500				0		
			例7-11	1 040			1 040				0		
			例7-11	180			180				0		
			例7-12	286 000			286 000				0		
			例7-13	77 900			77 900				0		
			例7-14	270 000									
			例7-15					10 400			10 400		
			例7-16					650 000			650 000		
			例7-17					26 000			26 000		
			例7-18		50 000								
			本月合计	456 120	50 000	295 000	456 120	686 400			897 600	平	0

则转入"应交税费——未交增值税"科目的金额 = 686 400 - (456 120 + 50 000) = 180 280(元)。

编制相关会计分录如下:

(1) 本月上交上月未交增值税:

借:应交税费——未交增值税　　　　　　　　　　　　　186 000
　　贷:银行存款　　　　　　　　　　　　　　　　　　186 000

(2) 本月上交本月应交纳的增值税:

借:应交税费——应交增值税(已交税金)　　　　　　　50 000
　　贷:银行存款　　　　　　　　　　　　　　　　　　50 000

(3) 转出本月未交增值税:

借:应交税费——应交增值税(转出未交增值税)　　　　180 280
　　贷:应交税费——未交增值税　　　　　　　　　　　180 280

7.2.2 出口退税的核算

1. 外贸企业出口货物退税核算

对有进出口经营权的外贸企业收购货物直接出口或委托其他外贸企业代理出口货物的,应依据购进出口货物所取得的增值税专用发票上列明的进项金额和该货物适用的退税率计算退税。其公式是:

应退税额 = 购进货物的平均购进金额 × 退税率

外贸企业收购出口的货物，在购进时，应按增值税专用发票上注明的增值税额，借记"应交税费——应交增值税（进项税额）"科目，按增值税专用发票上记载的应计入采购成本的金额，借记"在途物资""材料采购"等科目，按应付或实际支付的金额，贷记"应付账款""银行存款"等科目。货物出口销售后，结转商品销售成本时，借记"主营业务成本"科目，贷记"库存商品"科目；按出口货物购进时取得的增值税专用发票上记载的进项税额或应分摊的进项税额，与按国家规定的退税率计算的应退税额的差额，借记"主营业务成本"科目，贷记"应交税费——应交增值税（进项税额转出）"科目。

外贸企业按规定的退税率计算出应收的出口退税时，借记"其他应收款——出口退税"科目，贷记"应交税费——应交增值税（出口退税）"科目，收到出口退税款时，借记"银行存款"科目，贷记"其他应收款——出口退税"科目。

【例7-19】某外贸出口企业收购出口商品一批，取得的增值税专用发票上注明的商品价款为100 000元，增值税为13 000元。该批商品已经全部办理出口手续，并向税务机关办理该项出口货物进项税额的退税，退税率为9%。出口商品销货款折合人民币114 000元，款已收回。该企业应编制会计分录如下：

（1）收购出口商品：
借：库存商品　　　　　　　　　　　　　　　　　　　　100 000
　　应交税费——应交增值税（进项税额）　　　　　　　 13 000
　　　贷：银行存款　　　　　　　　　　　　　　　　　　　　113 000
（2）收到出口商品销货款：
借：银行存款　　　　　　　　　　　　　　　　　　　　114 000
　　　贷：主营业务收入　　　　　　　　　　　　　　　　　　114 000
（3）按规定计算不予退税部分进项税额 = 100 000 × (13% - 9%) = 4 000（元）
借：主营业务成本　　　　　　　　　　　　　　　　　　 4 000
　　　贷：应交税费——应交增值税（进项税额转出）　　　　　 4 000
计算本期应收的出口退税 13 000 - 4 000 = 9 000（元）
借：其他应收款——出口退税　　　　　　　　　　　　　 9 000
　　　贷：应交税费——应交增值税（出口退税）　　　　　　　 9 000
实际收到出口退税时：
借：银行存款　　　　　　　　　　　　　　　　　　　　 9 000
　　　贷：其他应收款——出口退税　　　　　　　　　　　　　 9 000

2. 生产企业出口货物"免、抵、退"税额的核算

生产企业出口货物"免、抵、退"税额应根据出口货物离岸价、出口货物退税率计算。出口货物离岸价（FOB）以出口发票上的离岸价为准（委托代理出口的，出口发票可以是委托方开具的或受托方开具的），若以其他价格条件成交的，应扣除按会计制度规定允许冲减出口销售收入的运费、保险费、佣金等。若申报数与实际支付数有差额的，在下次申报退税时调整（或年终清算时一并调整）。若出口发票不能如实反映离岸价，企业应按实际离岸价申报"免、抵、退"税（以下叙述中简写为免抵退

税），税务机关有权按照《中华人民共和国税收征收管理法》《中华人民共和国增值税暂行条例》等有关规定予以核定。

（1）当期应纳税额 = 当期内销货物的销项税额 -（当期进项税额 - 当期免抵退税不得免征和抵扣的税额）

（2）免抵退税额的计算：

免抵退税额 = 出口货物离岸价 × 外汇人民币牌价 × 出口货物退税率 - 免抵退税额抵减额

免抵退税额抵减额 = 免税购进原材料价格 × 出口货物退税率

免税购进原材料包括国内购进免税原材料和进料加工免税进口料件，其中进料加工免税进口料件的价格为组成计税价格。

进料加工免税进口料件的组成计税价格 = 货物到岸价格 + 海关实征关税 + 海关实征消费税

（3）当期应退税额和当期免抵税额的计算：

①当期期末留抵税额 ≤ 当期免抵退税额时：

当期应退税额 = 当期期末留抵税额

当期免抵税额 = 当期免抵退税额 - 当期应退税额

②当期期末留抵税额 > 当期免抵退税额时：

当期应退税额 = 当期免抵退税额

当期免抵税额 = 0

当期期末留抵税额为当期《增值税纳税申报表》的期末留抵税额。

（4）免抵退税不得免征和抵扣税额的计算：

免抵退税不得免征和抵扣税额 = 当期出口货物离岸价 × 外汇人民币牌价 ×（出口货物征税税率 - 出口货物退税率）- 免抵退税不得免征和抵扣税额抵减额

免抵退税不得免征和抵扣税额抵减额 = 免税购进原材料价格 ×（出口货物征税税率 - 出口货物退税率）

（5）新发生出口业务的生产企业自发生首笔出口业务之日起12个月内的出口业务，不计算当期应退税额，当期免抵税额等于当期免抵退税额；未抵扣完的进项税额，结转下期继续抵扣，从第13个月开始按免抵退税计算公式计算当期应退税额。

（6）有出口物资的企业，其出口退税的会计处理：

实行"免、抵、退"税办法的生产性企业，按规定计算的当期出口物资不予免征、抵扣和退税的税额，计入出口物资成本，借记"主营业务成本"科目，贷记"应交税费——应交增值税（进项税额转出）"科目。按规定计算的当期应予抵扣的税额，借记"应交税费——应交增值税（出口抵减内销产品应纳税额）"科目，贷记"应交税费——应交增值税（出口退税）"科目。因应抵扣的税额大于应纳税额而未全部抵扣，按规定应予退回的税款，借记"其他应收款——出口退税"科目，贷记"应交税费——应交增值税（出口退税）"科目；收到退回的税款，借记"银行存款"科目，贷记"其他应收款——出口退税"科目。

【例7-20】某实行免抵退税的生产企业2019年某一季度的相关资料如下：

第一个月的资料如下：

第一个月出口商品折合人民币收入 2 000 000 元，内销商品收入 4 000 000 元，销项税额为 520 000 元，当月购进原材料货价为 4 000 000 元，进项税额为 520 000 元，月初未抵扣完的进项税额（留抵税额）为 60 000 元，若征税率为 13%，退税率为 9%，则：

(1) 当月免抵退税不得免征和抵扣税额 = 当期出口货物离岸价 × 外汇人民币牌价 ×（出口货物征税税率 – 出口货物退税率）

= 2 000 000 ×（13% – 9%）= 80 000（元）

(2) 当月应纳税额 = 当月内销货物的销项税额 –（当月进项税额 – 当月不予免征、抵扣和退税的税额）– 上月未抵扣完的进项税额

= 4 000 000 × 13% –（520 000 – 80 000）– 60 000 = 20 000（元）

(3) 免抵退税额 = 出口货物离岸价 × 外汇人民币牌价 × 出口货物退税率

= 2 000 000 × 9% = 180 000（元）

企业当期应纳税额为正数 20 000 元，故应退税额为 0，所以，当期免抵税额 = 260 000 – 0 = 260 000（元）

第一个月填列的应交增值税明细表如表 7 – 2 所示。

表 7 – 2　应交税费——应交增值税明细表

元

借方				贷方					借或贷	余额
进项税额	出口抵减内销产品应纳增值税	转出未交增值税	合计	销项税额	出口退税	进项税额转出	转出多交增值税	合计		
									借	60 000
520 000	180 000	20 000	720 000	520 000	180 000	80 000		780 000	借	0

当月应纳增值税为 20 000 元（在下月初申报），编制会计分录如下：

(1) 购进原材料时：

借：原材料　　　　　　　　　　　　　　　　　　　　4 000 000

　　应交税费——应交增值税（进项税额）　　　　　　 520 000

　　贷：应付账款（应付票据、银行存款）　　　　　　　　4 520 000

(2) 销售时：

借：应收账款（银行存款、应收票据）　　　　　　　　6 520 000

　　贷：主营业务收入——出口　　　　　　　　　　　　2 000 000

　　　　　　　　　　　——内销　　　　　　　　　　　4 000 000

　　　　应交税费——应交增值税（销项税额）　　　　　　520 000

(3) 月末计算不予免抵退税额 80 000 元：

借：主营业务成本——出口　　　　　　　　　　　　　　80 000

　　贷：应交税费——应交增值税（进项税额转出）　　　　　80 000

(4) 当期出口抵减内销产品应纳税额：

借：应交税费——应交增值税（出口抵减内销产品应纳增值税）
　　　　　　　　　　　　　　　　　　　　　　　　180 000
　　贷：应交税费——应交增值税（出口退税）　　　　180 000

(5) 结转本月未交增值税：

借：应交税费——应交增值税（转出未交增值税）　　20 000
　　贷：应交税费——未交增值税　　　　　　　　　　20 000

第二个月的资料如下：

第二个月出口商品收入折合人民币 1 000 000 元，内销商品收入 1 000 000 元，销项税额为 130 000 元，当月购进原材料支付 3 000 000 元，进项税额为 390 000 元。

(1) 第二月上交第一个月增值税时，编制会计分录如下：

借：应交税费——未交增值税　　　　　　　　　　　20 000
　　贷：银行存款　　　　　　　　　　　　　　　　　20 000

① 当月免抵退税不得免征和抵扣税额 = 1 000 000 × (13% − 9%) = 40 000（元）
② 当月应纳税额 = 1 000 000 × 13% − (390 000 − 40 000) = − 220 000（元）
③ 当期免抵退税额 = 出口货物离岸价 × 外汇人民币牌价 × 出口货物退税率
　　　　　　　　 = 1 000 000 × 9% = 90 000（元）
④ 当期期末留抵税额（220 000 元）> 当期免抵退税额（90 000 元）
⑤ 当期应退税额 = 当期免抵退税额（90 000 元）
⑥ 当期免抵税额 = 90 000 − 90 000 = 0

当期期末留抵税额为当期《增值税纳税申报表》的期末留抵税额（130 000 元），留待下期继续抵扣。

第二个月填列的应交增值税明细表如表 7-3 所示。

表 7-3　应交税费——应交增值税明细表

元

借方				贷方					借或贷	余额
进项税额	出口抵减内销产品应纳增值税	转出未交增值税	合计	销项税额	出口退税	进项税额转出	转出多交增值税	合计		
									借	0
390 000	0	0	390 000	130 000	90 000	40 000		260 000	借	130 000

(2) 购进原材料时，编制会计分录如下：

借：原材料　　　　　　　　　　　　　　　　　　3 000 000
　　应交税费——应交增值税（进项税额）　　　　　390 000
　　贷：应付账款（应付票据、银行存款）　　　　　3 390 000

(3) 销售时，编制会计分录如下：

借：应收账款（银行存款、应收票据）　　　　　　2 130 000

        贷：主营业务收入——自营出口　　　　　　　　　 1 000 000
                ——内销　　　　　　　　　　　　　　 1 000 000
            应交税费——应交增值税（销项税额）　　　　　 130 000
（4）月末计算不予免抵退税额40 000元，编制会计分录如下：
    借：主营业务成本——自营出口　　　　　　　　　　　 40 000
        贷：应交税费——应交增值税（进项税额转出）　　　　 40 000
（5）本期可退税额90 000元，编制会计分录如下：
    借：其他应收款——出口退税　　　　　　　　　　　　 90 000
        贷：应交税费——应交增值税（出口退税）　　　　　 90 000
（6）收到退税款时，编制会计分录如下：
    借：银行存款　　　　　　　　　　　　　　　　　　　 90 000
        贷：其他应收款——出口退税　　　　　　　　　　　 90 000

第三个月的资料如下：

第三个月出口商品折合人民币收入3 000 000元，内销商品收入500 000元，销项税额为65 000元，当月购进原材料支付2 000 000元，进项税额为260 000元。上月留抵增值税额130 000元。

（1）当月免抵退税不得免征和抵扣税额 = 3 000 000 × (13% - 9%) = 120 000（元）
（2）当月应纳税额 = 500 000 × 13% - (260 000 - 120 000) - 130 000 = -205 000（元）
（3）当期免抵退税额 = 出口货物离岸价 × 外汇人民币牌价 × 出口货物退税率
        = 3 000 000 × 9% = 270 000（元）
（4）当期期末留抵税额（205 000元）< 当期免抵退税额（270 000元）
（5）当期应退税额 = 当期期末留抵税额（205 000元）
（6）当期免抵税额 = 当期免抵退税额 - 当期应退税额 = 270 000 - 205 000 = 65 000（元）

第三个月填列的应交增值税明细表如表7-4所示。

表7-4　应交税费——应交增值税明细表

元

借方				贷方					借或贷	余额
进项税额	出口抵减内销产品应纳增值税	转出未交增值税	合计	销项税额	出口退税	进项税额转出	转出多交增值税	合计		
									借	130 000
260 000	65 000	0	325 000	65 000	270 000	120 000		455 000	借	0

（1）购进原材料时，编制会计分录如下：
    借：原材料　　　　　　　　　　　　　　　　　　　 2 000 000

```
        应交税费——应交增值税（进项税额）              260 000
            贷：应付账款（应付票据、银行存款）              2 260 000
    (2) 销售时，编制会计分录如下：
        借：应收账款（银行存款、应收票据）              3 565 000
            贷：主营业务收入——自营出口                    3 000 000
                        ——内销                           500 000
                应交税费——应交增值税（销项税额）        65 000
    (3) 月末计算不予免抵退税额 120 000 元，编制会计分录如下：
        借：主营业务成本——自营出口                      120 000
            贷：应交税费——应交增值税（进项税额转出）    120 000
    (4) 当期出口抵减内销产品应纳税额 65 000 元，可退税 205 000 元，编制会计分录如下：
        借：其他应收款——出口退税                        205 000
            应交税费——应交增值税（出口抵减内销产品应纳增值税）  25 000
            贷：应交税费——应交增值税（出口退税）         230 000
    (5) 收到退税款时，编制会计分录如下：
        借：银行存款                                     205 000
            贷：其他应收款——出口退税                    205 000
```

7.2.3 小规模纳税人的核算

小规模纳税人销售货物或应税劳务，按不含税销售额和规定的征收率，计算应纳税额，不得抵扣进项税额。小企业属于小规模纳税人的，其适用的征收率为3%。小规模纳税人只需设置"应交增值税"明细科目，不需要在"应交增值税"明细科目中设置"进项税额"等专栏。购入物资及接受劳务的成本，直接记入"在途物资""材料采购""原材料""库存商品"等科目，不通过"应交税费——应交增值税（进项税额）"科目核算。

小规模纳税人购入物资及接受劳务直接用于非应税项目，或直接用于免税项目以及直接用于集体福利和个人消费的视同销售行为，也不存在进项税额转出问题。

【例7-21】丙企业属于小规模纳税人，本月从甲企业购进 A 原材料 100 吨，款项尚未支付，取得的普通发票注明的价款为 600 000 元。发生运费 10 000 元，用银行存款支付。丙企业应编制会计分录如下：

```
    借：原材料——A 原材料                               610 000
        贷：应付账款——甲企业                           600 000
            银行存款                                     10 000
```

【例7-22】某工业企业属于小规模纳税人，本月销售商品取得收入 103 000 元（含税）。计算本月应纳增值税，编制会计分录如下：

本月应纳增值税 = 103 000 ÷ (1 + 3%) × 3% = 3 000（元）

(1) 销售商品时：
借：银行存款（库存现金、应收账款、应收票据、预付账款等） 103 000
　　贷：主营业务收入 100 000
　　　　应交税费——应交增值税 3 000
(2) 上交增值税时：
借：应交税费——应交增值税 3 000
　　贷：银行存款 3 000

【例 7-23】某企业属于小规模纳税人，本月将生产用原材料用于车间厂房改建工程，实际成本为 60 000 元。企业应编制会计分录如下：
借：在建工程 60 000
　　贷：原材料 60 000

7.2.4　消费税的核算

企业按规定应交的消费税，应设置"应交消费税"明细科目核算。"应交消费税"科目的借方发生额，反映企业实际交纳的消费税和待扣的消费税；贷方发生额，反映按规定应交纳的消费税；期末贷方余额，反映尚未交纳的消费税；期末借方余额，反映多交或待扣的消费税。消费税的主要账务处理如下：

(1) 销售需要交纳消费税的物资应交的消费税，借记"税金及附加"等科目，贷记"应交税费——应交消费税"科目。

(2) 以生产的产品用于在建工程、非生产机构等，按照税法规定应交纳的消费税，借记"在建工程""管理费用"等科目，贷记"应交税费——应交消费税"科目。

(3) 随同商品出售但单独计价的包装物，按照税法规定应交纳的消费税，借记"税金及附加"科目，贷记"应交税费——应交消费税"科目。出租、出借包装物逾期未收回没收的押金应交的消费税，借记"税金及附加"科目，贷记"应交税费——应交消费税"科目。

(4) 需要交纳消费税的委托加工物资，由受托方代收代缴税款（除受托加工或翻新改制金银首饰按照税法规定由受托方交纳消费税外）。小企业（受托方）按照应交税款金额，借记"应收账款""银行存款"等科目，贷记"应交税费——应交消费税"科目。委托加工物资收回后，直接用于销售的，小企业（委托方）应将代收代缴的消费税计入委托加工物资的成本，借记"库存商品"等科目，贷记"应付账款""银行存款"等科目；委托加工物资收回后用于连续生产，按照税法规定准予抵扣的，按照代收代缴的消费税，借记"应交税费——应交消费税"科目，贷记"应付账款""银行存款"等科目。

(5) 有金银首饰零售业务的以及采用以旧换新方式销售金银首饰的小企业，在营业收入实现时，按照应交的消费税，借记"税金及附加"科目，贷记"应交税费——应交消费税"科目。有金银首饰零售业务的小企业因受托代销金银首饰，按照税法规定应交纳的消费税，借记"税金及附加"科目，贷记"应交税费——应交消费税"科目；以其他方式代销金银首饰的，其交纳的消费税，借记"税金及附加"科目，贷记"应交税费——应交消费税"科目。

有金银首饰批发、零售业务的小企业,将金银首饰用于馈赠、赞助、广告、职工福利、奖励等方面的,应于物资移送时,按照应交的消费税,借记"营业外支出""销售费用""应付职工薪酬"等科目,贷记"应交税费——应交消费税"科目。

随同金银首饰出售但单独计价的包装物,按照税法规定应交纳的消费税,借记"税金及附加"科目,贷记"应交税费——应交消费税"科目。

小企业因受托加工或翻新改制金银首饰,按照税法规定应交纳的消费税,在向委托方交货时,借记"税金及附加"科目,贷记"应交税费——应交消费税"科目。

需要交纳消费税的进口物资,其交纳的消费税应计入该项物资的成本,借记"材料采购"或"在途物资""库存商品""固定资产"等科目,贷记"银行存款"等科目。

(6) 小企业(生产性)直接出口或通过外贸企业出口的物资,按照税法规定直接予以免征消费税的,可不计算应交消费税。

(7) 交纳的消费税,借记"应交税费——应交消费税"科目,贷记"银行存款"科目。

【例7-24】甲酒厂委托ABC酒厂加工特种酒(属于其他酒类),向ABC酒厂提供粮食等原材料共计成本为60 000元,ABC酒厂对该批酒收取加工费5 000元,辅料费5 000元。其他酒消费税税率为10%,增值税税率为13%。该特种酒没有同类产品的价格。甲酒厂收回该特种酒后,将继续加工药酒,甲酒厂应编制会计分录如下:

(1) 发出原材料时:

借:委托加工物资　　　　　　　　　　　　　　　　　　　60 000
　　贷:原材料——粮食　　　　　　　　　　　　　　　　　60 000

(2) 支付加工费:

加工费应纳增值税为(5 000 + 5 000)×13% = 1 300(元)

借:委托加工物资　　　　　　　　　　　　　　　　　　　10 000
　　应交税费——应交增值税(进项税额)　　　　　　　　　 1 300
　　贷:银行存款　　　　　　　　　　　　　　　　　　　 11 300

(3) 根据税法规定,委托加工的应税消费品,在委托方提货时,由受托方代收代缴消费税。有同类产品销售价格的,按同类产品价格计算消费税,没有同类产品价格的,组成计税价格计算征税。

ABC酒厂代收代缴的消费税 = (60 000 + 5 000 + 5 000)÷(1 - 10%)×10% = 7 777.8(元)

借:应交税费——应交消费税　　　　　　　　　　　　　　 7 777.8
　　贷:银行存款　　　　　　　　　　　　　　　　　　　 7 777.8

(4) 收回委托加工物资入库:

借:原材料——特种酒　　　　　　　　　　　　　　　　　 70 000
　　贷:委托加工物资　　　　　　　　　　　　　　　　　 70 000

注意:由于连续加工的药酒也是应纳消费税产品,委托加工收回产品被代收代缴的消费税可以抵扣ABC酒厂计算交纳的消费税。所以甲酒厂被代收代缴的消费税记入"应交税费——应交消费税"科目的借方。

【例7-25】某木制品生产企业，销售木制一次性筷子收入50 000元，计算应交纳的消费税（木制一次性筷子的消费税税率为5%），并编制会计分录如下：

(1) 计提税金时：

借：税金及附加　　　　　　　　　　　　　　　　　　2 500
　　贷：应交税费——应交消费税　　　　　　　　　　　　2 500

(2) 上缴税金时：

借：应交税费——应交消费税　　　　　　　　　　　　2 500
　　贷：银行存款　　　　　　　　　　　　　　　　　　　2 500

7.2.5　其他税费的核算

1. 资源税

资源税是国家对在我国境内开采矿产品或者生产盐的单位和个人征收的税种。企业按规定应交的资源税，在"应交税费——应交资源税"科目核算。资源税的主要账务处理如下：

(1) 小企业销售商品按照税法规定应交纳的资源税，借记"税金及附加"科目，贷记"应交税费——应交资源税"科目。

(2) 自产自用的物资应交纳的资源税，借记"生产成本"科目，贷记"应交税费——应交资源税"科目。

(3) 收购未税矿产品，按照实际支付的价款，借记"材料采购""在途物资"等科目，贷记"银行存款"等科目，按照税法规定代扣代缴的资源税，借记"材料采购"或"在途物资"等科目，贷记"应交税费——应交资源税"科目。

(4) 外购液体盐加工固体盐：在购入液体盐时，按照税法规定允许抵扣的资源税，借记"应交税费——应交资源税"科目，按照购买价款减去允许抵扣的资源税后的金额，借记"材料采购""在途物资""原材料"等科目，按照应支付的购买价款，贷记"银行存款""应付账款"等科目；加工成固体盐后，在销售时，按照销售固体盐应交纳的资源税，借记"税金及附加"科目，贷记"应交税费——应交资源税"科目；将销售固体盐应交资源税抵扣购入液体盐已交资源税后的差额上交时，借记"应交税费——应交资源税"科目，贷记"银行存款"科目。

(5) 交纳的资源税，借记"应交税费——应交资源税"科目，贷记"银行存款"科目。

【例7-26】某煤矿本月对外销售原煤1 000 000吨，该煤矿所采原煤的资源税单位税额为0.8元/吨，应纳资源税800 000元。则编制会计分录如下：

借：税金及附加　　　　　　　　　　　　　　　　　800 000
　　贷：应交税费——应交资源税　　　　　　　　　　　800 000

【例7-27】某盐场本月将原盐1 250吨加工成精盐1 000吨，税法规定企业自用原盐单位税额为25元/吨，计算应纳资源税为31 250元，则编制会计分录如下：

借：生产成本　　　　　　　　　　　　　　　　　　　31 250
　　贷：应交税费——应交资源税　　　　　　　　　　　　31 250

2. 土地增值税

企业转让国有土地使用权、地上建筑物及其附着物并取得收入的单位和个人，均应交纳土地增值税。土地增值税的主要账务处理如下：

(1) 小企业转让土地使用权应交纳的土地增值税，土地使用权与地上建筑物及其附着物一并在"固定资产"科目核算的，借记"固定资产清理"科目，贷记"应交税费——应交土地增值税"科目。土地使用权在"无形资产"科目核算的，按照实际收到的金额，借记"银行存款"科目，按照应交纳的土地增值税，贷记"应交税费——应交土地增值税"科目，按照已计提的累计摊销，借记"累计摊销"科目，按照其成本，贷记"无形资产"科目，按照其差额，贷记"营业外收入——非流动资产处置净收益"科目或借记"营业外支出——非流动资产处置净损失"科目。

(2) 小企业（房地产开发经营）销售房地产应交纳的土地增值税，借记"税金及附加"科目，贷记"应交税费——应交土地增值税"科目。

(3) 交纳的土地增值税，借记"应交税费——应交土地增值税"科目，贷记"银行存款"科目。

【例 7-28】某企业转让一幢旧厂房，当时造价 200 万元，无偿取得土地使用权。若现在建造同样的房子需要 650 万元，该房子七成新，按 500 万元出售，支付有关税费 25 万元。计算该企业应纳土地增值税为 6 万元。土地增值税的账务处理如下：

(1) 转让房地产时，编制会计分录如下：

借：固定资产清理　　　　　　　　　　　　　　　　　　　　60 000
　　贷：应交税费——应交土地增值税　　　　　　　　　　　60 000

(2) 实际交纳土地增值税时，编制会计分录如下：

借：应交税费——应交土地增值税　　　　　　　　　　　　60 000
　　贷：银行存款　　　　　　　　　　　　　　　　　　　　60 000

3. 城市维护建设税和教育费附加

小企业按照税法规定应交的城市维护建设税、教育费附加，借记"税金及附加"科目，贷记"应交税费（应交城市维护建设税、应交教育费附加）"科目。

交纳的城市维护建设税和教育费附加，借记"应交税费（应交城市维护建设税、应交教育费附加）"科目，贷记"银行存款"科目。

【例 7-29】某小企业当月应交增值税为 5 000 元，应交消费税为 600 元。当地的城市维护建设税税率为 7%，教育费附加税率为 3%。计算城市维护建设税和教育费附加，并做相关会计处理。

(1) 计提城市维护建设税和教育费附加时，编制会计分录如下：

城市维护建设税 = (5 000 + 600) × 7% = 392（元）

教育费附加 = (5 000 + 600) × 3% = 168（元）

借：税金及附加　　　　　　　　　　　　　　　　　　　　　560

  贷：应交税费——应交城市维护建设税 392
      ——应交教育费附加 168
（2）交纳时，编制会计分录如下：
借：应交税费——应交城市维护建设税 392
     ——应交教育费附加 168
  贷：银行存款 560

4. 城镇土地使用税、房产税、车船税、矿产资源补偿费、排污费

  小企业按照规定应交纳的城镇土地使用税、房产税、车船税、矿产资源补偿费、排污费，借记"税金及附加"科目，贷记"应交税费（应交城镇土地使用税、应交房产税、应交车船税、应交矿产资源补偿费、应交排污费）"科目。

  交纳的城镇土地使用税、房产税、车船税、矿产资源补偿费、排污费，借记本科目（应交城镇土地使用税、应交房产税、应交车船税、应交矿产资源补偿费、应交排污费）科目，贷记"银行存款"科目。

【例 7-30】 某小企业自有经营用房产本期应纳的房产税为 3 200 元，土地使用税为 1 000 元，自有车辆应纳的车船税为 1 600 元。编制会计分录如下：
（1）计提时：
借：税金及附加 5 800
  贷：应交税费——应交房产税 3 200
     ——应交城镇土地使用税 1 000
     ——应交车船税 1 600
（2）交纳时：
借：应交税费——应交房产税 3 200
    ——应交城镇土地使用税 1 000
    ——应交车船税 1 600
  贷：银行存款 5 800

5. 个人所得税

  企业按规定计算应代扣代缴的职工个人所得税，借记"应付职工薪酬"科目，贷记"应交税费——应交个人所得税"科目。交纳的个人所得税，借记"应交税费——应交个人所得税"科目，贷记"银行存款"科目。

【例 7-31】 某小企业有职工共计 26 人，当月应付职工工资总额为 78 000 元，应代扣代缴个人所得税共计 1 200 元。编制会计分录如下：
（1）计提并发放工资时：
借：应付职工薪酬——职工工资 78 000
  贷：应交税费——应交个人所得税 1 200
    银行存款 76 800
（2）交纳时：
借：应交税费——应交个人所得税 1 200
  贷：银行存款 1 200

6. 企业所得税

企业的生产、经营所得和其他所得，依照有关所得税暂行条例及其细则的规定，需要交纳所得税。

小企业按照税法规定应交的企业所得税，借记"所得税费用"科目，贷记"应交税费——应交企业所得税"科目。

交纳的企业所得税，借记"应交税费——应交企业所得税"科目，贷记"银行存款"科目。

【例 7-32】某小企业 2019 年度利润总额为 60 万元，其中国债利息收入为 10 万元。假定该企业无其他纳税调整项目，适用的所得税税率为 25%。该企业的会计处理如下：

应交企业所得税 =（600 000 - 100 000）× 25% = 125 000（元）

(1) 计提时，编制会计分录如下：

借：所得税费用　　　　　　　　　　　　　　　　125 000
　　贷：应交税费——应交企业所得税　　　　　　　　　125 000

(2) 交纳时，编制会计分录如下：

借：应交税费——应交企业所得税　　　　　　　　125 000
　　贷：银行存款　　　　　　　　　　　　　　　　　125 000

7.3 应付职工薪酬

7.3.1 应付职工薪酬的概念及核算内容

小企业会计常见税种的纳税期限汇总

应付职工薪酬，是指小企业为获得职工提供的服务而应付给职工的各种形式的报酬以及其他相关支出。小企业职工薪酬的核算内容如下：

(1) 职工工资、奖金、津贴和补贴。
(2) 职工福利费。
(3) 医疗保险费、养老保险费、失业保险费、工伤保险费和生育保险费等社会保险费。
(4) 住房公积金。
(5) 工会经费和职工教育经费。
(6) 非货币性福利。
(7) 因解除与职工的劳动关系给予的补偿。
(8) 其他与获得职工提供的服务相关的支出等。

小企业应当在职工为其提供服务的会计期间，将应付的职工薪酬确认为负债，并根据职工提供服务的受益对象，分下列情况进行会计处理：应由生产产品、提供劳务负担的职工薪酬，计入产品成本或劳务成本；应由在建工程、无形资产开发项目负担的职工薪酬,计入固定资产成本或无形资产成本;其他职工薪酬(含因解除与职工的劳动关系给予的补偿),计入当期损益。

7.3.2 应付职工薪酬的账务处理

小企业应设置"应付职工薪酬"科目,核算根据有关规定应付给职工的各种薪酬。外商投资小企业按照规定从净利润中提取的职工奖励及福利基金,也通过"应付职工薪酬"科目核算。"应付职工薪酬"科目应按照"职工工资""奖金、津贴和补贴""职工福利费""社会保险费""住房公积金""工会经费""职工教育经费""非货币性福利""辞退福利"等科目进行明细核算。"应付职工薪酬"科目期末贷方余额,反映小企业应付未付的职工薪酬。

1. 应付职工薪酬月末分配的账务处理

(1)生产部门(提供劳务)人员的职工薪酬,借记"生产成本""制造费用"等科目,贷记"应付职工薪酬"科目。

(2)应由在建工程、无形资产开发项目负担的职工薪酬,借记"在建工程""研发支出"等科目,贷记"应付职工薪酬"科目。

(3)管理部门人员的职工薪酬和因解除与职工的劳动关系给予的补偿,借记"管理费用"科目,贷记"应付职工薪酬"科目。

(4)销售人员的职工薪酬,借记"销售费用"科目,贷记"应付职工薪酬"科目。

【例7-33】某企业2019年6月30日根据工资分配汇总表分配本月工资300 000元,其中生产工人工资为200 000元,管理部门人员工资为40 000元,销售部门人员工资为50 000元,科研部门人员工资为10 000元,并计提本月的职工福利费、职工教育经费、工会经费("三项费用"),计提比例分别为14%、2.5%、2%。计提"三项费用"如表7-5所示。计提"五险一金"如表7-6所示。

表7-5 计提"三项费用"

元

费用项目	应付职工薪酬总额	职工福利费(14%)	职工教育经费(2.5%)	工会经费(2%)	"三费"合计
生产成本	200 000	28 000	5 000	4 000	37 000
管理费用	40 000	5 600	1 000	800	7 400
销售费用	50 000	7 000	1 250	1 000	9 250
研发支出	10 000	1 400	250	200	1 850
合 计	300 000	42 000	7 500	6 000	55 500

注:应付职工薪酬总额包括职工工资、奖金、津贴和补贴等应纳个人所得税项目

表7-6 计提"五险一金"

元

费用项目	养老保险		医疗保险		失业保险		工伤保险	生育保险	合计		
	单位	个人	单位	个人	单位	个人	单位	单位	单位	个人	单位及个人
	14%	8%	10%	2%	2%	1%	0.50%	0.80%			
生产成本	25 200	14 400	18 000	3 600	3 600	1 800	900	1 440	49 140	19 800	68 940
管理费用	5 320	3 040	3 800	760	760	380	190	304	10 374	4 180	14 554
销售费用	7 700	4 400	5 500	1 100	1 100	550	275	440	15 015	6 050	21 065
研发支出	1 260	720	900	180	180	90	45	72	2 457	990	3 447
合计	39 480	22 560	28 200	5 640	5 640	2 820	1 410	2 256	76 986	31 020	108 006
	62 040		33 840		8 460		1 410	2 256	108 006		

费用项目	住房公积金		
	单位	个人	单位及个人
	12%	12%	
生产成本	21 600	21 600	43 200
管理费用	4 560	4 560	9 120
销售费用	6 600	6 600	13 200
研发支出	1 080	1 080	2 160
合计	33 840	33 840	67 680
	67 680		

(1) 分配工资,编制会计分录如下:

借:生产成本——基本生产成本(直接人工)　　　　200 000
　　管理费用——职工工资　　　　　　　　　　　　40 000
　　销售费用——职工工资　　　　　　　　　　　　50 000
　　研发支出——职工工资　　　　　　　　　　　　10 000
　　贷:应付职工薪酬——职工工资　　　　　　　　　　300 000

(2) 计提"三项费用",编制会计分录如下:

借:生产成本——基本生产成本(直接人工)　　　　37 000
　　管理费用——职工福利费　　　　　　　　　　　7 400
　　销售费用——职工福利费　　　　　　　　　　　9 250
　　研发支出——职工福利费　　　　　　　　　　　1 850
　　贷:应付职工薪酬——职工福利费　　　　　　　　　42 000
　　　　　　　　　　——职工教育经费　　　　　　　　7 500
　　　　　　　　　　——工会经费　　　　　　　　　　6 000

(3) 计提社会保险费(单位负担部分),编制会计分录如下:

借:生产成本——基本生产成本(直接人工)　　　　49 140
　　管理费用——社会保险费　　　　　　　　　　　10 374
　　销售费用——社会保险费　　　　　　　　　　　15 015

　　　　研发支出——社会保险费　　　　　　　　　　　2 457
　　　　　贷：应付职工薪酬——社会保险费　　　　　　　76 986
　　(4) 计提住房公积金（单位负担部分），编制会计分录如下：
　　　借：生产成本——基本生产成本（直接人工）　　　　21 600
　　　　　管理费用——住房公积金　　　　　　　　　　　4 560
　　　　　销售费用——住房公积金　　　　　　　　　　　6 600
　　　　　研发支出——住房公积金　　　　　　　　　　　1 080
　　　　　贷：应付职工薪酬——住房公积金　　　　　　　33 840

【例 7-34】某企业与三名合同未到期的职工解除劳动关系，按劳动法的相关规定，应支付给三名职工的补偿费用 30 000 元，用现金支付。
　　(1) 计提时，编制会计分录如下：
　　　借：管理费用——职工工资　　　　　　　　　　　30 000
　　　　　贷：应付职工薪酬——辞退福利　　　　　　　　30 000
　　(2) 支付时，编制会计分录如下：
　　　借：应付职工薪酬——辞退福利　　　　　　　　　30 000
　　　　　贷：库存现金　　　　　　　　　　　　　　　　30 000

2. 发放职工薪酬的账务处理

　　(1) 向职工支付工资、奖金、津贴、福利费等，从应付职工薪酬中扣还的各种款项（代垫的家属药费、个人所得税等）等，借记"应付职工薪酬"科目，贷记"库存现金""银行存款""其他应收款""应交税费——应交个人所得税"等科目。
　　(2) 支付工会经费和职工教育经费用于工会活动和职工培训，借记"应付职工薪酬"科目，贷记"银行存款"等科目。
　　(3) 按照国家有关规定缴纳的社会保险费和住房公积金，借记"应付职工薪酬"科目，贷记"银行存款"科目。
　　(4) 以其自产产品发放给职工的，按照其销售价格，借记"应付职工薪酬"科目，贷记"主营业务收入"科目；同时，还应结转产成品的成本。涉及增值税销项税额的，还应进行相应的账务处理。
　　(5) 支付的因解除与职工的劳动关系给予职工的补偿，借记"应付职工薪酬"科目，贷记"库存现金""银行存款"等科目。

【例 7-35】承【例 7-33】该企业 2019 年 7 月 10 日发放 6 月份工资（由银行代发），并缴纳职工社会保险费和住房公积金。根据如表 7-7 所示工资结算汇总表，编制会计分录如下：

表 7-7　工资结算汇总表

元

费用项目	应付职工薪酬总额	扣除项目					实发职工薪酬
		养老保险	医疗保险	失业保险	住房公积金	代扣个税	
生产成本	200 000	14 400	3 600	1 800	21 600	6 400	152 200

续表

费用项目	应付职工薪酬总额	扣除项目					实发职工薪酬
		养老保险	医疗保险	失业保险	住房公积金	代扣个税	
管理费用	40 000	3 040	760	380	4 560	3 500	27 760
销售费用	50 000	4 400	1 100	550	6 600	7 500	29 850
研发支出	10 000	720	180	90	1 080	1 200	6 730
合　计	300 000	22 560	5 640	2 820	33 840	18 600	216 540

(1) 支付社会保险费、住房公积金，编制会计分录如下：

　　借：应付职工薪酬——社会保险费　　　　　　　　　　76 986
　　　　　　　　　　　——住房公积金　　　　　　　　　33 840
　　　　其他应收款——社会保险费（个人负担部分）　　　31 020
　　　　　　　　　——住房公积金（个人负担部分）　　　33 840
　　　　贷：银行存款　　　　　　　　　　　　　　　　　175 686

(2) 支付职工薪酬，编制会计分录如下：

　　借：应付职工薪酬——职工工资　　　　　　　　　　300 000
　　　　贷：其他应收款——社会保险费（个人负担部分）　31 020
　　　　　　　　　　　——住房公积金（个人负担部分）　33 840
　　　　　　应交税费——应交个人所得税　　　　　　　　18 600
　　　　　　银行存款　　　　　　　　　　　　　　　　216 540

(3) 上交代扣的个人所得税时，编制会计分录如下：

　　借：应交税费——应交个人所得税　　　　　　　　　18 600
　　　　贷：银行存款　　　　　　　　　　　　　　　　18 600

7.4　其他流动负债

企业的流动负债除了应付账款、应付票据、应交税费、预收账款、应付职工薪酬外，还包括短期借款、应付利息、其他应付款、应付利润、递延收益等。

7.4.1　短期借款

短期借款是小企业向银行或其他金融机构等借入的期限在1年内的各种借款。企业应设置"短期借款"科目核算。"短期借款"科目应按照借款种类、贷款人和币种进行明细核算。"短期借款"科目期末贷方余额，反映小企业尚未偿还的短期借款本金。短期借款的主要账务处理如下：

(1) 小企业借入的各种短期借款，借记"银行存款"科目，贷记"短期借款"科目；偿还借款，编制相反的会计分录。

银行承兑汇票到期，小企业无力支付票款的，按照银行承兑汇票的票面金额，借记"应付票据"科目，贷记"短期借款"科目。

持有未到期的商业汇票向银行贴现，应当按照实际收到的金额（即减去贴现息后的净额），借记"银行存款"科目，按照贴现息，借记"财务费用"科目，按照商业汇票的票面金额，贷记"应收票据"科目（在银行无追索权的情况下）或"短期借款"科目（在银行有追索权的情况下）。

(2) 在应付利息日，应当按照短期借款合同利率计算确定的利息费用，借记"财务费用"科目，贷记"应付利息"等科目。

【例7-36】某企业2019年1月1日取得银行借款20 000元，期限半年，年利率5%。利息直接支付，不预提，当年7月1日将借款还本付息。

(1) 借入时，编制会计分录如下：

借：银行存款　　　　　　　　　　　　　　　　　20 000
　　贷：短期借款　　　　　　　　　　　　　　　　　20 000

(2) 还本付息，编制会计分录如下：

利息 = 20 000 × 5% × 6 ÷ 12 = 500（元）

借：短期借款　　　　　　　　　　　　　　　　　20 000
　　财务费用　　　　　　　　　　　　　　　　　　　500
　　贷：银行存款　　　　　　　　　　　　　　　　　20 500

【例7-37】某企业2019年2月1日取得银行借款100 000元，期限9个月，年利率6%，该借款到期后归还，利息分月预提按季支付。

(1) 借入时，编制会计分录如下：

借：银行存款　　　　　　　　　　　　　　　　　100 000
　　贷：短期借款　　　　　　　　　　　　　　　　　100 000

(2) 每月月末计提当月借款利息，编制会计分录如下：

100 000 × 6% ÷ 12 = 500（元）

借：财务费用　　　　　　　　　　　　　　　　　　500
　　贷：应付利息　　　　　　　　　　　　　　　　　　500

(3) 每季度支付利息时，编制会计分录如下：

借：应付利息　　　　　　　　　　　　　　　　　1 500
　　贷：银行存款　　　　　　　　　　　　　　　　　1 500

(第二、第三季度的会计处理同上)

(4) 11月1日借款到期归还本金时，编制会计分录如下：

借：短期借款　　　　　　　　　　　　　　　　　100 000
　　贷：银行存款　　　　　　　　　　　　　　　　　100 000

7.4.2　应付利息

应付利息是指小企业按照合同约定应支付的利息费用，包括吸收存款、分期付息到期还本的长期借款、企业债券等应付利息。小企业应设置"应付利息"科目核算。"应付利息"科目应按照贷款人等进行明细核算。"应付利息"科目期末贷方余额，反映小企业应付未付的利息费用。应付利息的主要账务处理如下：

(1) 在应付利息日，小企业应当按照合同利率计算确定的利息费用，借记"财务费用""在建工程"等科目，贷记"应付利息"科目。

(2) 实际支付的利息,借记"应付利息"科目,贷记"银行存款"等科目。

【例 7-38】 甲公司借入 3 年期到期还本每年付息的长期借款 1 000 000 元,合同约定年利率为 7.05%。

甲公司编制会计分录如下:

每月应支付的利息 = 1 000 000 × 7.05% ÷ 12 = 5 875(元)

(1) 每月计提利息费用时,编制会计分录如下:

借:财务费用——利息费用	5 875
贷:应付利息	5 875

(2) 每年实际支付利息时,编制会计分录如下:

借:应付利息	70 500
贷:银行存款	70 500

(3) 到期还本时,编制会计分录如下:

借:长期借款	1 000 000
贷:银行存款	1 000 000

7.4.3 其他应付款

其他应付款是指小企业除应付账款、预收账款、应付职工薪酬、应交税费、应付利息、应付利润等以外的其他各项应付、暂收的款项,如应付租入固定资产和包装物的租金、存入保证金等。"其他应付款"科目应按照其他应付款的项目和对方单位(或个人)进行明细核算。"其他应付款"科目期末贷方余额,反映小企业应付未付的其他应付款项。其他应付款的主要账务处理如下:

(1) 小企业发生的其他各种应付、暂收款项,借记"管理费用"等科目,贷记"其他应付款"科目。

(2) 支付的其他各种应付、暂收款项,借记"其他应付款"科目,贷记"银行存款"等科目。小企业无法支付的其他应付款,借记"其他应付款"科目,贷记"营业外收入"科目。

【例 7-39】 甲企业出租给乙企业包装物一批,该批包装物的实际成本为 20 000 元,押金为 5 000 元,收到客户交来的现金。包装物采用一次转销法。

(1) 出租包装物时,编制会计分录如下:

借:管理费用——包装物摊销	20 000
贷:周转材料——包装物	20 000

(2) 收取押金时,编制会计分录如下:

借:库存现金	5 000
贷:其他应付款——存入保证金(乙企业)	5 000

(3) 假设乙企业交还包装物,甲企业收取租金 200 元,增值税 34 元,其余的以现金退还,编制会计分录如下:

借:其他应付款——存入保证金(乙企业)	5 000
贷:营业外收入	200
应交税费——应交增值税(销项税额)	34
库存现金	4 766

注意：收回的包装物在备查簿上登记。

7.4.4 应付利润

应付利润是小企业董事会或类似机构决议并经批准向投资者分配的利润。企业分配给投资者的现金股利或利润，在实际未支付给投资者之前，形成的是一笔负债。企业应设置"应付利润"科目核算。

小企业根据规定或协议确定的应分配给投资者的利润，借记"利润分配"科目，贷记"应付利润"科目。向投资者实际支付利润，借记"应付利润"科目，贷记"库存现金""银行存款"科目。"应付利润"科目期末贷方余额，反映小企业应付未付的利润。

【例7-40】甲有限责任公司年初未分配利润为0，本年实现净利润2 000 000元，本年提取法定盈余公积200 000元，宣告发放现金股利800 000元。

假定不考虑其他因素，甲有限责任公司的会计处理如下：

（1）结转本年利润，编制会计分录如下：

借：本年利润　　　　　　　　　　　　　　　　　　　2 000 000
　　贷：利润分配——未分配利润　　　　　　　　　　　　　2 000 000

（2）提取法定盈余公积、宣告发放现金股利，编制会计分录如下：

借：利润分配——提取法定盈余公积　　　　　　　　　　200 000
　　　　　　——应付利润　　　　　　　　　　　　　　800 000
　　贷：盈余公积——法定盈余公积　　　　　　　　　　　　200 000
　　　　应付利润　　　　　　　　　　　　　　　　　　　　800 000

同时，编制会计分录如下：

借：利润分配——未分配利润　　　　　　　　　　　　　1 000 000
　　贷：利润分配——提取法定盈余公积　　　　　　　　　　200 000
　　　　　　　　——应付利润　　　　　　　　　　　　　800 000

7.4.5 递延收益

递延收益是指小企业已经收到、应在以后期间计入损益的政府补助。企业应设置"递延收益"科目核算，"递延收益"科目应按照相关项目进行明细核算。"递延收益"科目期末贷方余额，反映小企业已经收到但应在以后期间计入损益的政府补助。递延收益的主要账务处理如下：

（1）小企业收到与资产相关的政府补助，借记"银行存款"等科目，贷记"递延收益"科目。在相关资产的使用寿命内平均分配递延收益，借记"递延收益"科目，贷记"营业外收入"科目。

（2）收到的其他政府补助，用于补偿本企业以后期间的相关费用或亏损的，应当按照收到的金额，借记"银行存款"等科目，贷记"递延收益"科目。在发生相关费用或亏损的未来期间，应当按照应补偿的金额，借记"递延收益"科目，贷记"营业外收入"科目。用于补偿本企业已发生的相关费用或亏损的，应当按照收到的金额，借记"银行存款"等科目，贷记"营业外收入"科目。

【例 7-41】为了鼓励企业的新产品研发创新，市政府经过专家评审给创新企业一定的财政补助。某企业 2019 年 3 月 1 日收到市政府 4 000 000 元财政补助，其中 1 000 000 元用于补偿新产品开发过程中的相关费用，3 000 000 元用来支持未来两年内的新产品创新。该企业将财政支持的 3 000 000 元，自有资金 2 085 000 元用来购买科研设备 1 套（按市政府规定 3 年内不得转让设备）。科研设备 2019 年 3 月 29 日购入，安装调试完毕投入使用（该设备的安装调试由设备供应商负责），设备实际成本 4 500 000 元，增值税 585 000 元。该设备使用寿命 5 年，按直线法计提折旧，假设无残值。假设 4 年后该设备转让，收到价款 791 000 元。该设备已累计计提折旧 3 600 000 元，分摊递延收益 2 400 000 元。

(1) 2019 年 3 月收到财政拨款，编制会计分录如下：

借：银行存款 4 000 000
　　贷：递延收益——政府补助 3 000 000
　　　　营业外收入——政府补助 1 000 000

(2) 2019 年 3 月 29 日购入该设备，编制会计分录如下：

借：固定资产 4 500 000
　　应交税费——应交增值税（进项税额） 585 000
　　贷：银行存款 5 085 000

(3) 自 2019 年 4 月起，每月计提设备折旧，分摊递延收益，编制会计分录如下：

每月计提设备折旧 = 4 500 000 ÷ (5 × 12) = 75 000（元）
每月分摊递延收益 = 3 000 000 ÷ (5 × 12) = 50 000（元）

借：研发支出 75 000
　　贷：累计折旧 75 000

借：递延收益——政府补助 50 000
　　贷：营业外收入——政府补助 50 000

(4) 4 年后转让该设备，同时转销该递延收益余额：

转让设备应纳的增值税 = 791 000 ÷ (1 + 13%) × 13% = 91 000（元）

转入清理时，编制会计分录如下：

借：固定资产清理 900 000
　　累计折旧 3 600 000
　　贷：固定资产 4 500 000

取得清理收入时，编制会计分录如下：

借：银行存款 791 000
　　贷：固定资产清理 700 000
　　　　应交税费——应交增值税（销项税额） 91 000

结转固定资产清理，编制会计分录如下：

借：营业外支出——非流动资产处置净损失 200 000
　　贷：固定资产清理 200 000

结转递延收益余额，编制会计分录如下：

借：递延收益——政府补助 600 000
　　贷：营业外收入——政府补助 600 000

7.5 非流动负债

小企业的非流动负债,是指流动负债以外的负债,包括长期借款、长期应付款等。非流动负债应当按照其实际发生额入账。

7.5.1 长期借款

1. 长期借款的种类

长期借款可以按不同的标准进行分类。按借款的用途分为生产经营借款、基本建设借款和技术改造借款等;按还本付息方式,分为到期一次还本付息的长期借款、分期付息到期还本的长期借款、分期付息分期还本的长期借款等;按借入的币种,可分为人民币借款、外币借款等;按有无担保抵押可分为抵押借款、担保借款、信用借款、项目融资等。长期借款主要通过银行或其他金融机构解决企业长期资金的需要。

2. 长期借款借款费用的处理

长期借款应当按照借款本金和借款合同利率在应付利息日计提利息费用,计入相关资产成本或财务费用。

(1) 借款费用的具体处理。

①为购建固定资产而发生的长期借款费用大的,在固定资产达到预定可使用状态之前所发生的,计入所购固定资产的价值,予以资本化。

②为购建固定资产而发生的长期借款费用大的,在固定资产达到预定可使用状态以后发生的,应于发生时计入当期财务费用,予以费用化。

③属于流动负债性质的借款费用大的,或虽是长期借款性质但不是用于购建固定资产的借款费用大的,直接计入财务费用。

④为投资而发生的借款费用大的,直接计入财务费用。

(2) 借款费用资本化中断的处理。

①如果某项固定资产的购建发生非正常中断,并且中断时间连续超过3个月(含3个月),应当暂停借款费用的资本化,其中断期间所发生的借款费用,不计入所购建的固定资产成本,将其直接计入当期财务费用,直至购建重新开始,再将其后至固定资产达到预定可使用状态前所发生的借款费用,计入所购建固定资产的成本。

②如果中断是使购建的固定资产达到预定可使用状态所必要的程序,则中断期间所发生的借款费用仍应计入该项固定资产的成本。

③当所购建的固定资产达到预定可使用状态时,应当停止借款费用的资本化;以后发生的借款费用应于发生当期直接计入财务费用。

(3) 达到预定可使用状态的标志。

所谓达到预定可使用状态,是指固定资产已达到购买方或建造方预定的可使用状态。当存在下列情况之一时,可认为所购建的固定资产已达到预定可使用状态。

①固定资产的实体建造(包括安装)工作已全部完成或者实质上已经完成。

②继续发生在所购建固定资产上的支出金额很少或者几乎不再发生。

③所购建的固定资产与设计要求或合同要求相符或基本相符,即使有极个别地方与设计或合同要求不相符,也不影响其正常使用。

3. 长期借款的账务处理

长期借款是指小企业向银行或其他金融机构借入的期限在1年以上的各项借款本金。"长期借款"科目应按照借款种类、贷款人和币种进行明细核算。"长期借款"科目期末贷方余额,反映小企业尚未偿还的长期借款本金。长期借款的主要账务处理如下:

(1) 小企业借入长期借款,借记"银行存款"科目,贷记"长期借款"科目。

(2) 在应付利息日,应当按照借款本金和借款合同利率计提利息费用,借记"财务费用""在建工程"等科目,贷记"应付利息"科目。

(3) 偿还长期借款本金,借记"长期借款"科目,贷记"银行存款"科目。

【例7-42】甲企业2019年1月1日从银行取得生产经营借款600 000元,期限3年,年利率8%,每年年底归还借款利息,到期一次还本。款项已存入银行。

(1) 取得借款时,编制会计分录如下:

借:银行存款　　　　　　　　　　　　　　　　600 000
　　贷:长期借款　　　　　　　　　　　　　　　　600 000

(2) 第1年年末计息,编制会计分录如下:

借:财务费用——利息费　　　　　　　　　　　　48 000
　　贷:应付利息　　　　　　　　　　　　　　　　48 000

偿还借款利息,编制会计分录如下:

借:应付利息　　　　　　　　　　　　　　　　　48 000
　　贷:银行存款　　　　　　　　　　　　　　　　48 000

(3) 第2年处理同上。

(4) 第3年偿还借款本金和最后一期利息,编制会计分录如下:

借:财务费用——利息费用　　　　　　　　　　　48 000
　　贷:应付利息　　　　　　　　　　　　　　　　48 000

借:长期借款　　　　　　　　　　　　　　　　　600 000
　　应付利息　　　　　　　　　　　　　　　　　　48 000
　　贷:银行存款　　　　　　　　　　　　　　　　648 000

【例7-43】甲企业于2017年3月1日向中国建设银行借入200万元,用于建造一个辅助生产车间,借款期限为3年,单利计算,年利率为6%,款项已存入银行,到期还本付息。

(1) 取得借款时,编制会计分录如下:

借:银行存款　　　　　　　　　　　　　　　　2 000 000
　　贷:长期借款——基建借款　　　　　　　　　　2 000 000

(2) 支付辅助生产车间工程款时,编制会计分录如下:

借:在建工程 2 000 000
　　贷:银行存款 2 000 000

(3) 2017 年 4 月开始,每月计提利息,编制会计分录如下:

2 000 000×6%÷12＝10 000(元)

借:在建工程 10 000
　　贷:应付利息 10 000

假设:2019 年 9 月工程完工交付使用,2019 年 10 月至 2020 年 2 月每月计提利息应计入财务费用,编制会计分录如下:

借:财务费用——利息费用 10 000
　　贷:应付利息 10 000

2020 年 2 月 28 日,借款到期,归还本金及利息,本金 200 万元,利息为:

2 000 000×6%×3＝360 000(元)

编制会计分录如下:

借:长期借款——基建借款 2 000 000
　　应付利息 360 000
　　贷:银行存款 2 360 000

7.5.2　长期应付款

长期应付款是指小企业除长期借款以外的其他各种长期应付款项,包括应付融资租入固定资产的租赁费、以分期付款方式购入固定资产发生的应付款项等。"长期应付款"科目应按照长期应付款的种类和债权人进行明细核算。"长期应付款"科目期末贷方余额,反映小企业应付未付的长期应付款项。长期应付款的主要账务处理如下:

(1) 小企业融资租入固定资产,在租赁期开始日,按照租赁合同约定的付款总额和在签订租赁合同过程中发生的相关税费等,借记"固定资产""在建工程"科目,贷记"长期应付款"科目等。

(2) 以分期付款方式购入固定资产,应当按照实际支付的购买价款和相关税费(不包括按照税法规定可抵扣的增值税进项税额),借记"固定资产""在建工程"科目,按照税法规定可抵扣的增值税进项税额,借记"应交税费——应交增值税(进项税额)"科目,贷记"长期应付款"科目。

租赁期满,如合同规定将设备所有权转归承租企业,应当进行转账,将固定资产从"融资租赁固定资产"明细科目转入有关明细科目。

企业长期应付款所发生的借款费用(包括利息、汇兑损益等)比照长期借款借款费用处理的规定办理。

【例 7-44】某企业 2019 年 6 月融资租赁一台生产使用设备,租期 5 年,租赁合同约定 5 年的付款总额为 1 000 000 元(不含增值税),租金分 5 年,于每年年末等额支付,该项设备不需安装即可投入使用。设备预计净残值 16 000 元,采用直线法计提折旧。租赁期满后设备归承租方所有。

(1) 租赁开始日，编制会计分录如下：
借：固定资产——融资租赁固定资产　　　　　　　　　　1 000 000
　　贷：长期应付款——应付融资租赁固定资产租赁费　　　　　　1 000 000
(2) 每年支付租金时，编制会计分录如下：
借：长期应付款——应付融资租赁固定资产租赁费　　　　200 000
　　贷：银行存款　　　　　　　　　　　　　　　　　　　　　　200 000
(3) 每月计提折旧额 = (1 000 000 - 16 000) ÷ (5 × 12) = 16 400（元）
编制会计分录如下：
借：制造费用　　　　　　　　　　　　　　　　　　　　16 400
　　贷：累计折旧　　　　　　　　　　　　　　　　　　　　　　16 400
(4) 租赁期满后，该项融资租赁固定资产转为承租方所有，编制会计分录如下：
借：固定资产——生产用固定资产　　　　　　　　　　　1 000 000
　　贷：固定资产——融资租赁固定资产　　　　　　　　　　　　1 000 000

【例7-45】甲企业2019年3月采用分期付款方式购入一套自动化生产设备，该生产设备不含税价为500 000元，增值税65 000元。按合同规定，该设备首付款200 000元，其余款365 000元按月支付，每月付款10 139元，3年内付清。该设备由供应商负责安装、调试，3年保修。

(1) 购入设备时，编制会计分录如下：
借：固定资产——自动化设备　　　　　　　　　　　　　500 000
　　应交税费——应交增值税（进项税额）　　　　　　　 65 000
　　贷：长期应付款——分期付款购入固定资产应付款　　　　　　365 000
　　　　银行存款　　　　　　　　　　　　　　　　　　　　　　200 000
(2) 每月支付设备款时，编制会计分录如下：
借：长期应付款——分期付款购入固定资产应付款　　　　10 139
　　贷：银行存款　　　　　　　　　　　　　　　　　　　　　　10 139
(3) 最后一期应支付款，编制会计分录如下：
365 000 - 10 139 × (36 - 1) = 10 135（元）
借：长期应付款——分期付款购入固定资产应付款　　　　10 135
　　贷：银行存款　　　　　　　　　　　　　　　　　　　　　　10 135

思考练习题

一、判断题

1. 企业购入按规定不予抵扣增值税的货物，其增值税款应计入所购货物的成本。
（　　）
2. 企业销售不动产时计算应交的增值税，应通过"税金及附加"科目核算。
（　　）
3. 从理论上讲，增值税是与企业损益无关的税金。（　　）
4. 为购建固定资产而发生的借款费用，均应通过"在建工程"核算。（　　）

5. 企业将自产的产品无偿捐赠给他人，应视同销售计算缴纳增值税。（   ）
6. 企业开出的票据，无论是否带息，均应按票据面值记入"应付票据"科目。
（   ）
7. 商业承兑汇票到期时，若付款人无力付款，银行有责任向收款人支付款项。
（   ）
8. 长期借款利息在预提或实际支付时均不通过"长期借款"科目核算。（   ）
9. 承兑的商业承兑票据到期无力支付时，应当将应付票据转为应付账款。（   ）
10. 企业应代扣代缴的职工个人所得税，借记有关科目，贷记"其他应付款"科目。（   ）
11. 企业以其自己生产的产品对外投资不需缴纳增值税。（   ）
12. 实行"免抵退"办法有进出口经营权的生产性企业，收到出口退税款时，借记"银行存款"科目，贷记"应交税费"科目。（   ）
13. 按照税法的规定，视同销售业务需要计算缴纳增值税时，会计核算中也应作销售处理，并按成本转账。（   ）
14. 一般纳税人购进货物支付的增值税税款，均不构成所购货物的成本。（   ）
15. 小规模纳税人企业只要取得增值税专用发票，就可以抵扣应交增值税款。
（   ）
16. 本月缴纳上月应交增值税，借记"应交税费——应交增值税（已交税金）"科目，贷记"银行存款"科目。（   ）
17. 委托加工应税消费品如果收回后用于连续生产应税消费品的，应将被代收代缴的消费税记入"应交税费"科目的借方。（   ）
18. 长期借款与短期借款的利息均通过"应付利息"科目核算。（   ）
19. 由于融资租赁固定资产承租人不具有所有权，因此不需要对其计提折旧。
（   ）

二、单项选择题

1. 短期借款的利息支出应记入（   ）科目的借方。
　　A. 管理费用　　　　B. 财务费用　　　　C. 销售费用　　　　D. 短期借款
2. 下列项目中，不属于流动负债的是（   ）。
　　A. 其他应付款　　　B. 预付账款　　　　C. 应付利润　　　　D. 应付票据
3. 甲企业因购货开出 3 个月期限的商业承兑汇票一张，该票据的票面价值为 200 000元，票面利率为10%。该票据到期时，甲企业应支付的价款为（   ）元。
　　A. 200 000　　　　B. 220 000　　　　C. 207 500　　　　D. 205 000
4. 企业应付账款确实无法支付，经确认后转作（   ）。
　　A. 营业外收入　　　B. 递延收益　　　　C. 其他业务收入　　D. 资本公积
5. 企业开出并承兑的商业承兑汇票到期时，如无力支付票款，应进行的账务处理是（   ）。
　　A. 转作短期借款　　　　　　　　　　　B. 转作应付账款
　　C. 不进行账务处理　　　　　　　　　　D. 转作其他应付款
6. 某一般纳税人企业月初尚未抵扣增值税20万元。本月发生进项税额30万元，销项税额70万元，进项税额转出4万元，缴纳本月增值税12万元，则月末结转的应交未交的增值税为（　　）万元。

　　A. 20　　　　　　B. 12　　　　　　C. 8　　　　　　D. 4

7. 企业购进货物用于非应税项目时，该货物负担的进项税额应计入（　　）。

　　A. "应交税费——应交增值税"科目借方　　B. 货物的采购成本

　　C. 营业外支出　　　　　　　　　　　　　D. 管理费用

8. 某企业为增值税一般纳税人企业，适用的增值税率为13%，购进原材料一批，发票中价税合计为226 000元，运输过程中的保险费1 000元（不含增值税），入库前的挑选整理费用500元（不含增值税）。该批原材料的采购成本为（　　）元。

　　A. 226 500　　　　B. 227 000　　　　C. 234 500　　　　D. 201 500

9. 下列各项中，不通过"税金及附加"科目核算的是（　　）。

　　A. 增值税　　　　　　　　　　　　　　B. 消费税

　　C. 资源税　　　　　　　　　　　　　　D. 城市维护建设税

10. 一般纳税人企业收购农副产品，实际支付价款为2万元，购进存货的成本是（　　）元。

　　A. 20 000　　　　B. 17 800　　　　C. 22 000　　　　D. 16 600

11. 一般纳税人企业对外捐赠物资应缴纳的增值税应借记（　　）科目。

　　A. 管理费用　　　　　　　　　　　　　B. 营业外支出

　　C. 其他业务成本　　　　　　　　　　　D. 应交税费

12. 委托加工应纳消费税产品收回后直接对外销售的，其由受托方代收代缴的消费税，应计入（　　）。

　　A. 管理费用核算

　　B. "应交税费——应交消费税"科目的借方

　　C. 委托加工产品的成本

　　D. 主营业务成本

13. 企业对于无须偿还的应付账款，应转入（　　）。

　　A. 管理费用　　B. 营业外收入　　C. 资本公积　　D. 银行存款

三、多项选择题

1. 企业按规定应缴纳的城市维护建设税，不应计入（　　）。

　　A. 主营业务收入　　　　　　　　　　　B. 主营业务成本

　　C. 税金及附加　　　　　　　　　　　　D. 其他业务成本

2. 下列负债通过"其他应付款"科目核算的是（　　）。

　　A. 应付租入包装物的租金　　　　　　　B. 存入保证金

　　C. 应付职工奖金　　　　　　　　　　　D. 应付违约金

3. 下列项目中属于非流动负债的是（　　）。

　　A. 长期应付款　　B. 应付利润　　C. 应付股利　　D. 长期借款

4. 长期借款利息按其发生情况，可以记入（　　）科目。

　　A. 财务费用　　　　　　　　　　　　　B. 研发支出

　　C. 在建工程　　　　　　　　　　　　　D. 其他应付款

5. 我国"应付票据"核算内容主要包括（　　）。
   A. 银行本票　　　　　　　　　　B. 银行汇票
   C. 商业承兑汇票　　　　　　　　D. 银行承兑汇票
6. 企业设置的"应交税费——应交增值税"多栏式明细账涉及的栏目有（　　）。
   A. 进项税额　　　　　　　　　　B. 转出多交增值税
   C. 未交增值税　　　　　　　　　D. 已交税金
7. 一般纳税人企业，委托外单位加工一批原材料（属于应税消费品，且为非金银首饰）。该批原材料加工收回后用于连续生产应税消费品。该企业发生的下列各项支出中，会增加收回委托加工原材料实际成本的有（　　）。
   A. 支付的加工费　　　　　　　　B. 支付的增值税
   C. 承担的运输费　　　　　　　　D. 支付的消费税
8. 下列增值税（均有合法的专用发票）应计入所购货物成本的有（　　）。
   A. 小规模纳税人购入生产用原材料所支付的增值税
   B. 一般纳税人购入非生产用机器设备支付的增值税
   C. 购入非生产性工程物资支付的增值税
   D. 一般纳税人购进的以后用于对外投资的存货所支付的增值税
9. 一般纳税人企业，下列经济业务事项所涉及的增值税，应作为进项税额转出处理的是（　　）。
   A. 非生产性建筑工程领用原材料　B. 原材料发生非正常损失
   C. 福利部门领用原材料　　　　　D. 以原材料对外投资
10. 企业发生的应通过"应交税费"科目核算的税款有（　　）。
    A. 增值税　　　　　　　　　　　B. 消费税
    C. 资源税　　　　　　　　　　　D. 城市维护建设税
11. 下列项目中，属于应交税费核算范围的有（　　）。
    A. 应交住房公积金　　　　　　　B. 城市维护建设税
    C. 教育费附加　　　　　　　　　D. 矿产资源补偿费
12. 在《小企业会计准则》下，不能资本化的借款费用有（　　）。
    A. 生产经营期间不属于为购建固定资产的专门借款所发生的借款费用
    B. 为投资而发生的借款费用
    C. 固定资产达到预定可使用状态之前发生的借款费用
    D. 固定资产达到预定可使用状态之后发生的借款费用
13. 企业为购建固定资产而发生的长期借款利息费用，可能记入（　　）科目。
    A. 在建工程　　　　　　　　　　B. 财务费用
    C. 长期借款　　　　　　　　　　D. 长期待摊费用
14. 下列各项中，通过"长期应付款"科目核算的有（　　）。
    A. 应付分期付款购入固定资产应付款
    B. 应付融资租入固定资产租赁费
    C. 从银行取得的长期借款
    D. 超过一年以上未还的其他应付款

四、业务题

1. 甲企业 2019 年 1 月 1 日从银行借入 3 个月的借款 500 000 元，年利率 7.05%，用于补充流动资金的需要，利息实行按月计算，按季支付的方法。

要求：编制借入时、月末计息时和到期还本付息时的会计分录。

2. 乙企业 2019 年 1 月 1 日取得为期 3 年的银行借款 100 000 元，借款年利率为 6%，用于购建固定资产，利息按年支付，到期一次还本。工程于 2020 年 12 月 31 日提前完工。

要求：请编制银行借款借入时、年末付息时和到期还本的会计分录。

3. 企业从外购入原材料一批，买价 10 000 元，增值税进项税额 1 300 元，原材料货款未付，原材料已验收入库。后因供货方已清算关闭，企业款项无法付出，经批准予以核销。

要求：请编制有关会计分录。

4. 丙企业为一般纳税人，2019 年 1 月初的未抵扣增值税进项税额为 5 000 元，2019 年 1 月发生如下经济业务，请编制有关会计分录。

（1）根据销货合同预收甲企业购买商品款 30 000 元存入银行。

（2）购入原材料一批，价款 1 000 000 元，增值税额 130 000 元，价税合计 1 130 000 元。原材料已入库，货款尚未支付。

（3）购入免税农产品一批，实际支付价款 450 000 元，开出收购凭证（可按收购价计提 10% 的增值税进项税额），货款已付，农产品已验收入库。

（4）从小规模企业购入原材料一批，价款 530 000 元，取得增值税普通发票一张，企业开出商业承兑汇票支付，原材料已入库。

（5）收回上月自营出口退回的增值税 250 000 元存入银行。

（6）领用原材料用于生产性建筑工程建设，原材料实际成本为 5 000 000 元，进项税额为 650 000 元。

（7）以银行存款购入设备一台，价款 1 400 000 元，增值税款 182 000 元，设备已投入使用。

（8）企业一张银行承兑汇票 40 000 元期限已到，因企业账上无款支付，银行代付，并将其转作企业逾期贷款。

（9）企业转让专利权，转让所得价款 132 500 元（含增值税，税率 6%），存入银行，该专利权账面金额为 75 000 元，专利权已累计摊销 25 000 元，应交增值税 7 500 元。

（10）销售产品一批，价款为 5 000 000 元，增值税额 650 000 元，货款尚未收到。

（11）销售产品给小规模纳税人企业，共收价税款 113 000 元，其中 13 000 元为增值税额。款项已存入银行。

（12）销售 2015 年购入的旧设备一台，原始价值为 300 000 元，已计提折旧 50 000 元，转让收入 113 000 元，已存入银行。

（13）用银行存款缴纳本月应纳增值税 98 000 元。

(14) 将本月应交增值税账户余额转入未交增值税。

（注意：丙企业材料以实际成本核算，上述所有款项均以银行存款收付。）

5. 某企业于 2019 年 6 月 30 日购入甲公司原材料一批，买价为 30 000 元，增值税额 3 900 元，付款条件为"2/20，N/30"。原材料已收到并验收入库，假定企业分别于 7 月 20 日和 8 月 8 日支付货款。

要求：分别编制有关原材料购入、支付货款时的会计分录。

6. 甲企业为一般纳税人，适用的增值税税率为 13%，原材料采用实际成本核算。2019 年 3 月，甲企业发生如下经济业务：

（1）购入原材料一批，增值税专用发票上注明的价款为 80 000 元，增值税额为 10 400 元。该批原材料已验收入库，货款已由银行存款支付。

（2）销售商品一批，增值税专用发票上注明的价款为 200 000 元，增值税额为 26 000 元，提货单和增值税专用发票已交购货方，收到购货方开出并承兑的商业承兑汇票。

（3）非生产性建筑工程领用生产用原材料一批，实际成本 10 000 元，应由该批原材料负担的增值税额为 1 700 元。

（4）因管理不善等原因，盘亏原材料损失 4 000 元，应由该原材料负担的增值税额为 680 元。

（5）用银行存款 30 000 元，缴纳增值税，其中包括上月未交增值税 5 000 元。

（6）月末将本月应交未交或多交增值税转入未交增值税明细科目。

要求：编制上述业务的会计分录（"应交税费"科目要求写出明细科目）。

7. 甲公司于 2019 年 12 月 16 日向乙公司融资租赁一台设备，租赁期为 5 年，租赁起始日 2019 年 12 月 31 日。租赁合同注明的租赁总额为 200 万元，预计净残值率为 5%。另外发生安装费、调试费等 2 万元，由甲公司以银行存款支付。合同约定，由甲公司以等额支付的方式，每年支付融资租赁费，5 年后该设备归甲公司所有（假设没有可抵扣的增值税）。甲公司采用平均年限法计提折旧。

要求：编制租赁设备、支付租金、计提折旧会计分录。

8. 丁公司 2019 年 1 月 1 日采用分期付款方式从甲公司购入设备一台，设备不含税价格为 900 000 元，增值税额为 117 000 元。按签订的购货合同规定，首付款为 100 000 元，设备由甲公司负责安装、调试，剩余款项每月支付 26 500 元，在 3 年内付清。

要求：编制设备购入、分期支付设备款的会计分录。

9. 甲企业 2019 年 3 月 15 日收到市政府 300 万元财政补助，其中 100 万元用于补偿新产品开发过程中的相关费用，200 万元用于支持未来 3 年内的新产品创新。该企业将财政支持的 200 万元，自有资金 195.5 万元用于购买科研设备 1 套（按市政府规定 3 年内不得转让设备）。科研设备 2019 年 4 月 1 日购入安装调试完毕投入使用（该设备的安装调试由设备供应商负责），设备实际成本 350 万元，增值税 45.5 万元。该设备使用寿命 5 年，用直线法计提折旧，假设无残值。假设 4 年后该设备转让，收到价款 11.3 万元。该设备已累计计提折旧 280 万元,分摊递延收益 160 万元。

要求:编制财政补助收入、分摊以及计提折旧和最后清理的会计分录。

10. 某企业 2019 年 9 月 30 日根据工资分配汇总表分配本月工资 100 000 元,其中生产工人工资为 70 000 元,管理部门人员工资为 10 000 元,销售部门人员工资为 20 000 元,计提本月的职工福利费、职工教育经费、工会经费的比例分别为 14%、2.5%、2%。

要求:编制工资分配、计提"三项费用"的会计分录。

第 8 章

收入、费用及利润

知识目标
- 熟悉收入的分类及收入的确认。
- 掌握商品销售、劳务收入的核算。
- 掌握投资收益及营业外收入及成本的核算。
- 掌握生产费用及期间费用的核算。
- 掌握利润及其分配的核算。

技能目标
- 能完成公司销售收入确认业务。
- 能完成公司成本费用核算业务。
- 能完成年末利润分配业务。

素质目标
- 培养学生独立进行账务处理的素质。
- 培养学生依法确认收入、依法缴税的素质。

本章知识结构

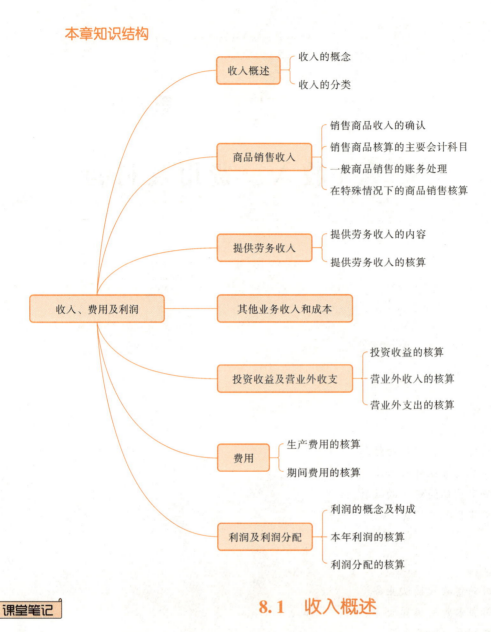

> 课堂笔记

8.1 收入概述

8.1.1 收入的概念

收入是指小企业在日常生产经营活动中形成的、会导致所有者权益增加、与所有者投入资本无关的经济利益的总流入，包括销售商品收入和提供劳务收入。收入不包括为第三方或者客户代收的款项。

8.1.2 收入的分类

按照小企业从事的日常活动在小企业的重要性，将收入分为主营业务收入和其他业务收入。主营业务收入，是指小企业为完成其经营目标从事的经常性活动实现的收入。如从事工业生产的小企业，主营业务收入就是指销售产品、自制半成品所取得的产品销售收入及提供工业性劳务所取得的收入。对商品流通小企业而言，主营业务收入则是商品销售收入，包括自购自销商品销售收入、进出口业务的销售收入、接受其他单位委托代销商品的收入等。其他业务收入，是指小企业为完成其经营目标从事的经常性活动相关的活动实现的收入。如小工业企业销售原材料、转让技术、出租固定资产等的收入。

8.2 商品销售收入

8.2.1 销售商品收入的确认

销售商品收入，是指小企业销售商品（或产成品、材料）取得的收入。小企业应当在发出商品且收到货款或取得收款权利时，确认销售商品收入。

（1）销售商品采用托收承付方式的，在办妥托收手续时确认收入。

（2）销售商品采取预收款方式的，在发出商品时确认收入。

（3）销售商品采用分期收款方式的，在合同约定的收款日期确认收入。

（4）销售商品需要安装和检验的，在购买方接受商品以及安装和检验完毕时确认收入。安装程序比较简单的，可在发出商品时确认收入。

（5）销售商品采用支付手续费方式委托代销的，在收到代销清单时确认收入。

（6）销售商品以旧换新的，销售的商品作为商品销售处理，回收的商品作为购进商品处理。

（7）采取产品分成方式取得的收入，在分得产品之日按照产品的市场价格或评估价值确定销售商品收入金额。

8.2.2 销售商品收入的主要会计科目

1. 主营业务收入

"主营业务收入"科目核算小企业确认的销售商品或提供劳务等主营业务的收入。"主营业务收入"科目应按照主营业务的种类进行明细核算。月末，可将"主营业务收入"科目的余额转入"本年利润"科目，结转后"主营业务收入"科目应无余额。

2. 其他业务收入

"其他业务收入"科目核算小企业确认的除主营业务活动以外的其他日常生产经营活动实现的收入，包括出租固定资产、出租无形资产、销售材料等实现的收入。"其他业务收入"科目应按照其他业务收入种类进行明细核算。月末，可将"其他业务收入"科目余额转入"本年利润"科目，结转后"其他业务收入"科目应无余额。

3. 主营业务成本

"主营业务成本"科目核算小企业确认销售商品或提供劳务等主营业务收入应结转的成本。"主营业务成本"科目应按照主营业务的种类进行明细核算。月末，可将

"主营业务成本"科目的余额转入"本年利润"科目,结转后"主营业务成本"科目应无余额。

4. 其他业务成本

"其他业务成本"科目核算小企业确认的除主营业务活动以外的其他日常生产经营活动所发生的支出,包括销售材料的成本、出租固定资产的折旧费、出租无形资产的摊销额等。"其他业务成本"科目应按照其他业务成本的种类进行明细核算。月末,可将"其他业务成本"科目余额转入"本年利润"科目,结转后本科目应无余额。

5. 税金及附加

"税金及附加"科目核算小企业开展日常生产经营活动应负担的消费税、城市维护建设税、资源税、土地增值税、城镇土地使用税、房产税、车船税、印花税和教育费附加、矿产资源补偿费、排污费等相关税费。与最终确认营业外收入或营业外支出相关的税费,在"固定资产清理""无形资产"等科目核算,不在"税金及附加"科目核算。"税金及附加"科目应按照税费种类进行明细核算。月末,可将本科目余额转入"本年利润"科目,结转后"税金及附加"科目应无余额。

8.2.3 一般商品销售的账务处理

小企业销售商品的收入,应当按照实际收到或应收的金额,借记"银行存款""应收账款""应收票据""预收账款"等科目,按照税法规定应交纳的增值税额,贷记"应交税费——应交增值税(销项税额)"科目,按照确认的销售商品收入,贷记"主营业务收入"科目。

月末,小企业可根据本月销售各种商品或提供各种劳务实际成本,计算应结转的主营业务成本,借记"主营业务成本"科目,贷记"库存商品"等科目。

【例8-1】某甲企业本月销售A产品150台,每台售价180元,B产品310台,每台售价88元,合计价款54 280元,增值税销项税额7 056.4元,款项收到并存入银行。A产品单位成本为120元,B产品单位成本为60元。

(1) 取得销售收入时,编制会计分录如下:

借:银行存款　　　　　　　　　　　　　　　　　　　　　61 336.4
　　贷:主营业务收入　　　　　　　　　　　　　　　　　　54 280
　　　　应交税费——应交增值税(销项税额)　　　　　　　7 056.4

(2) 月末结转销售成本时,编制会计分录如下:

借:主营业务成本　　　　　　　　　　　　　　　　　　　36 600
　　贷:库存商品——A产品　　　　　　　　　　　　　　　18 000
　　　　　　　——B产品　　　　　　　　　　　　　　　　18 600

【例8-2】甲公司于2019年5月16日销售给乙公司1台设备,设备已发出,已开出专用发票,设备不含税价为500 000元,增值税为65 000元。按购货合同约定,设备由甲公司安装调试,由乙公司检验合格后付款。5月25日,该设备经乙公司检验合格,收到乙公司交来的银行承兑汇票一张,期限为3个月。

甲公司应于 5 月 25 日确认销售收入，编制会计分录如下：

借：应收票据——乙公司　　　　　　　　　　　　　565 000
　　贷：主营业务收入　　　　　　　　　　　　　　　　500 000
　　　　应交税费——应交增值税（销项税额）　　　　　 65 000

【例 8-3】甲公司 2019 年 5 月 10 日预收乙公司货款 150 000 元，5 月 20 日发给乙公司订购的 A 产品 200 件，单价 950 元。开出增值税专用发票，价款为 190 000 元，增值税为 24 700 元。5 月 25 日收到乙公司 64 700 元支票归还货款差额。

（1）预收货款时，编制会计分录如下：

借：银行存款　　　　　　　　　　　　　　　　　　150 000
　　贷：预收账款——乙公司　　　　　　　　　　　　　150 000

（2）发出产品时，编制会计分录如下：

借：预收账款——乙公司　　　　　　　　　　　　　214 700
　　贷：主营业务收入　　　　　　　　　　　　　　　　190 000
　　　　应交税费——应交增值税（销项税额）　　　　　 24 700

（3）收到乙公司交来的支票时，编制会计分录如下：

借：银行存款　　　　　　　　　　　　　　　　　　 64 700
　　贷：预收账款——乙公司　　　　　　　　　　　　　 64 700

8.2.4　在特殊情况下的商品销售核算

1. 支付手续费的委托代销核算

《小企业会计准则》规定，销售商品采用支付手续费方式委托代销的，在收到代销清单时确认收入。

支付手续费方式，即受托方根据所代销的商品数量向委托方收取手续费，这时对受托方来说实际上是一种劳务收入。这种代销方式，受托方通常应按照委托方规定的价格销售，不得自行改变售价。委托方应在受托方将商品销售后，根据收到的受托方开具的代销清单，确认收入。受托方在商品销售后，按应收取的手续费确认收入。

【例 8-4】2019 年 2 月 1 日，甲企业委托乙企业销售 A 商品 400 件，A 商品的全国统一售价（含税）为 113 元/件，该商品成本 70 元/件，增值税率 13%。甲、乙企业签订的代销协议规定，乙企业应按每件 113 元的价格出售，甲企业按售价（不含税）的 10% 支付给乙企业手续费，每月结算一次。乙企业在当年的 2 月实际销售 A 商品 400 件，取得含税收入 45 200 元（销项税额 5 200 元），并向甲企业开出代销清单。甲企业在收到乙企业交来的代销清单时，向乙企业开具一张相同金额的增值税专用发票。

甲企业的会计分录如下：

（1）收到 A 商品时，作为代管商品处理，并在备查簿进行登记。

（2）实际销售商品时，编制会计分录如下：

借：银行存款　　　　　　　　　　　　　　　　　　 45 200
　　贷：应付账款——甲企业　　　　　　　　　　　　　 40 000

　　　　应交税费——应交增值税（销项税额）　　　　　　　　　5 200
（3）开出代销清单，收到甲企业开来的增值税专用发票时，编制会计分录如下：
　　借：应交税费——应交增值税（进项税额）　　　　　　　　5 200
　　　　贷：应付账款——甲企业　　　　　　　　　　　　　　　　5 200
（4）归还甲企业货款并计算代销手续费，编制会计分录如下：
　　借：应付账款——甲企业　　　　　　　　　　　　　　　　45 200
　　　　贷：银行存款　　　　　　　　　　　　　　　　　　　　41 200
　　　　　　主营业务收入　　　　　　　　　　　　　　　　　　4 000

乙企业的会计分录如下：
（1）发出商品时不需要核算。
（2）收到代销清单，编制会计分录如下：
　　借：应收账款——乙企业　　　　　　　　　　　　　　　　45 200
　　　　贷：主营业务收入　　　　　　　　　　　　　　　　　　40 000
　　　　　　应交税费——应交增值税（销项税额）　　　　　　　5 200
　　借：主营业务成本　　　　　　　　　　　　　　　　　　　28 000
　　　　贷：库存商品——委托代销商品（乙企业）　　　　　　　28 000
　　借：销售费用——代销手续费　　　　　　　　　　　　　　　4 000
　　　　贷：应收账款——乙企业　　　　　　　　　　　　　　　4 000
（3）收到乙企业汇来的代销货物款 41 200 元（45 200 - 4 000），编制会计分录如下：
　　借：银行存款　　　　　　　　　　　　　　　　　　　　　41 200
　　　　贷：应收账款——乙企业　　　　　　　　　　　　　　　41 200

2. 商业折扣与现金折扣的核算

商业折扣是指小企业为促进商品销售而在商品标价上给予的价格扣除。销售商品涉及商业折扣的，应当按照扣除商业折扣后的金额确定销售商品收入金额。实际上商业折扣与应收账款的入账价值无关，因此无须作账务处理。如 A 商品标价为 100 元，打七折（商业折扣为30%），则实际入账的价值为 70 元。

现金折扣是指债权人为鼓励债务人在规定的期限内付款而向债务人提供的债务扣除。销售商品涉及现金折扣的，应当按照扣除现金折扣前的金额确定销售商品收入金额。现金折扣应当在实际发生时，计入财务费用。

小企业给予购货方现金折扣时，借记"财务费用"科目，贷记"应收账款"等科目；享受现金折扣时，借记"应付账款"等科目，贷记"财务费用"科目。

【例 8-5】甲企业在 2019 年 6 月 12 日向乙企业销售一批商品 400 件，增值税发票上注明的售价为 40 000 元，增值税为 5 200 元。企业为了及早收回货款，在合同中规定符合现金折扣的条件为：2/10，1/20，N/30。

甲企业的会计处理如下：
（1）6 月 12 日销售实现时，应按总售价作收入，编制会计分录如下：

借：应收账款——乙企业　　　　　　　　　　　　　　45 200
　　贷：主营业务收入　　　　　　　　　　　　　　　　　40 000
　　　　应交税费——应交增值税（销项税额）　　　　　　5 200

（2）如6月19日乙企业付清货款，则乙企业应享受904元（45 200×2%）的现金折扣，实际收款44 296元（45 200－904），编制会计分录如下：

借：银行存款　　　　　　　　　　　　　　　　　　44 296
　　财务费用　　　　　　　　　　　　　　　　　　　　904
　　贷：应收账款——乙企业　　　　　　　　　　　　　45 200

（3）如6月28日乙企业付清货款，则乙企业应享受452元（45 200×1%）的现金折扣，实际收款44 748元（45 200－452），编制会计分录如下：

借：银行存款　　　　　　　　　　　　　　　　　　44 748
　　财务费用　　　　　　　　　　　　　　　　　　　　452
　　贷：应收账款——乙企业　　　　　　　　　　　　　45 200

（4）如乙企业在7月15日才付款，应按全额收款，编制会计分录如下：

借：银行存款　　　　　　　　　　　　　　　　　　45 200
　　贷：应收账款——乙企业　　　　　　　　　　　　　45 200

假设乙企业从甲企业购入的商品，是作为乙企业的生产原材料，并采用实际成本核算。

乙企业的会计处理如下：

（1）6月12日购入原材料并验收入库时，编制会计分录如下：

借：原材料　　　　　　　　　　　　　　　　　　　40 000
　　应交税费——应交增值税（进项税额）　　　　　　 5 200
　　贷：应付账款——甲企业　　　　　　　　　　　　　45 200

（2）如6月19日支付货款，则乙企业可享受904元（45 200×2%）的现金折扣，实际付款44 296元（45 200－904），编制会计分录如下：

借：应付账款——甲企业　　　　　　　　　　　　　45 200
　　贷：银行存款　　　　　　　　　　　　　　　　　　44 296
　　　　财务费用　　　　　　　　　　　　　　　　　　　904

（3）如6月28日支付货款，则乙企业可享受452元（45 200×1%）的现金折扣，实际付款44 748元（45 200－452），编制会计分录如下：

借：应付账款——甲企业　　　　　　　　　　　　　45 200
　　贷：银行存款　　　　　　　　　　　　　　　　　　44 748
　　　　财务费用　　　　　　　　　　　　　　　　　　　452

（4）如7月15日付款，应按全额付款，编制会计分录如下：

借：应付账款——甲企业　　　　　　　　　　　　　45 200
　　贷：银行存款　　　　　　　　　　　　　　　　　　45 200

3. 销售折让的核算

销售折让是指小企业因售出商品的质量不合格等原因而在售价上给予的减让。小企业已经确认销售商品收入的售出商品发生的销售折让，应当在发生时冲减当期销售商品收入。

销售折让应在实际发生时直接从当期实现的销售收入中抵减。发生销售折让时，如按规定允许扣减当期销项税额的，应同时用红字冲减"应交税费——应交增值税"科目的"销项税额"专栏。

【例8-6】甲企业销售一批商品给乙企业，不含税售价40 000元，增值税5 200元，货到后乙企业发现商品规格与合同不符，经过协商，乙企业不退货，但甲企业给予乙企业销售价格5%的折让。假定此前甲企业已确认该批商品的销售收入。

甲企业的会计处理如下：

(1) 确认销售收入时，编制会计分录如下：

借：应收账款——乙企业　　　　　　　　　　　　　　　　45 200
　　贷：主营业务收入　　　　　　　　　　　　　　　　　　40 000
　　　　应交税费——应交增值税（销项税额）　　　　　　　5 200

(2) 发生销售折让，按折让额开出红字增值税专用发票，编制会计分录如下：

借：主营业务收入　　　　（40 000×5%）　　　　　　　　2 000
　　应交税费——应交增值税（销项税额）　　　　　　　　　260
　　贷：应收账款——乙企业　　　　　　　　　　　　　　　2 260

或处理为：

借：应收账款——乙企业　　　　　　　　　　　　　　　　2 260
　　贷：主营业务收入　　　　　　　　　　　　　　　　　　2 000
　　　　应交税费——应交增值税（销项税额）　　　　　　　260

(3) 收到折扣后的货款时〔45 200-2 260=42 940（元）〕，编制会计分录如下：

借：银行存款　　　　　　　　　　　　　　　　　　　　　42 940
　　贷：应收账款——乙企业　　　　　　　　　　　　　　42 940

假设乙企业从甲企业购入的商品，是作为乙企业的生产原材料，并采用实际成本核算。

乙企业的会计处理如下：

(1) 购入原材料并验收入库时，编制会计分录如下：

借：原材料　　　　　　　　　　　　　　　　　　　　　　40 000
　　应交税费——应交增值税（进项税额）　　　　　　　　5 200
　　贷：应付账款——甲企业　　　　　　　　　　　　　　45 200

(2) 发生销售折让，收到甲企业开具的红字（负数）增值税专用发票，编制会计分录如下：

借：应付账款——甲企业　　　　　　　　　　　　　　　　2 260
　　贷：原材料　　　　　　　　　　　　　　　　　　　　2 000
　　　　应交税费——应交增值税（进项税额）　　　　　　260

或处理为：

```
借：原材料                                    2 000
    应交税费——应交增值税（进项税额）        260
    贷：应付账款——甲企业                            2 260
```

（3）支付折让后的货款时，编制会计分录如下：

```
借：应付账款——甲企业                        42 940
    贷：银行存款                                    42 940
```

4. 销售退回的核算

销售退回是指企业售出的商品，由于质量、品种不符合要求等原因而发生的退货。小企业销售退回具体可按以下情况分别处理：

（1）未确认收入的已发出商品的退回，不进行账务处理。

（2）已确认收入的销售商品退回，应直接冲减退回当月的销售收入、销售成本等。企业发生的销售退回，按应冲减的销售收入，借记"主营业务收入"科目，按允许扣减当期销项税额的增值税额，借记"应交税费——应交增值税（销项税额）"科目，按已付或应付的金额，贷记"应收账款""银行存款""应付账款"等科目。按退回商品的成本，借记"库存商品"科目，贷记"主营业务成本"科目。如果该项销售已发生现金折扣，应在退回当月一并处理。

【例8-7】丙企业2019年5月1日销售商品100件给乙企业，增值税发票上注明售价10 000元，增值税1 300元。现金折扣条件为：2/10，1/20，$N/30$。月末结转商品销售成本为7 000元。5月9日收到乙企业的货款；6月20日因10件商品质量问题，乙企业将所购的10件商品退还丙企业，丙企业以银行存款退回购货款。

丙企业的会计处理如下：

（1）5月1日，确认销售收入时，编制会计分录如下：

```
借：应收账款——乙企业                        11 300
    贷：主营业务收入                                10 000
        应交税费——应交增值税（销项税额）        1 300
```

（2）5月9日，乙企业付清货款，则按应收款的2%享受226元（11 300×2%）的现金折扣，实际收款11 074元（11 300−226），编制会计分录如下：

```
借：银行存款                                  11 074
    财务费用                                     226
    贷：应收账款——乙企业                            11 300
```

（3）5月31日，结转上述商品销售成本7 000元，编制会计分录如下：

```
借：主营业务成本                              7 000
    贷：库存商品                                    7 000
```

（4）6月20日，因商品质量问题，乙企业退回商品10件，丙企业以银行存款退回货款：10件商品的售价=1 000（元）；10件商品的增值税=130（元）。10件商品给予的现金折扣=1 130×2%=22.6（元），编制会计分录如下：

借：主营业务收入 1 000
　　应交税费——应交增值税（销项税额） 130
　　贷：银行存款 1 107.4
　　　　财务费用 22.6
借：库存商品 700
　　贷：主营业务成本 700

5. 分期收款销售的核算

分期收款销售，是指商品已经交付，但货款分期收回的一种销售方式。按税法及《小企业会计准则》的规定，销售商品采用分期收款方式的，在合同约定的收款日期确认收入。在采用分期收款销售方式下，小企业可以参照《企业会计准则》中的相关规定设置"发出商品"科目核算。当商品发出时，借记"发出商品"科目，贷记"库存商品"科目；企业应在合同约定的收款日期确认收入，借记"银行存款""应收账款""应收票据"等科目，贷记"主营业务收入""应交税费——应交增值税（销项税额）"科目；在每期销售收入实现时，应按每期已收或应收的货款金额和商品全部销售成本与全部销售收入的比率，计算出本期应结转的销售成本，借记"主营业务成本"科目，贷记"发出商品"科目。

【例8-8】某企业销售一批商品，全部款项为200 000元，不含增值税，合同约定分三个月收款。交付商品时，第一个月收取货款的50%，第二个月和第三个月分别收取25%的价款，该批商品的成本为140 000元。

(1) 发出商品时，编制会计分录如下：

借：发出商品 140 000
　　贷：库存商品 140 000

(2) 交付商品收取第一个月50%的商品款时，编制会计分录如下：

借：银行存款 113 000
　　贷：主营业务收入 100 000
　　　　应交税费——应交增值税（销售税额） 13 000

(3) 结转第一个月的销售成本，编制会计分录如下：

借：主营业务成本 70 000
　　贷：发出商品 70 000

(4) 第二个月、第三个月每期均收取25%的商品款，即50 000元的货款，编制会计分录如下：

借：银行存款 56 500
　　贷：主营业务收入 50 000
　　　　应交税费——应交增值税（销项税额） 6 500

(5) 第二个月、第三个月结转成本：140 000×25%=35 000（元），编制会计分录如下：

借：主营业务成本 35 000
　　贷：发出商品 35 000

8.3　提供劳务收入

8.3.1　提供劳务收入的内容

小企业提供劳务收入，是指小企业从事建筑安装、修理修配、交通运输、仓储租赁、邮电通信、咨询经纪、文化体育、科学研究、技术服务、教育培训、餐饮住宿、中介代理、卫生保健、社区服务、旅游、娱乐、加工以及其他劳务服务活动取得的收入。

8.3.2　提供劳务收入的核算

企业提供劳务收入，应分下列情况确认和计量：

（1）同一会计年度内开始并完成的劳务，应当在提供劳务交易完成且收到款项或取得收款权利时，确认提供劳务收入。提供劳务收入的金额为从接受劳务方已收或应收的合同或协议价款。

（2）劳务的开始和完成分属不同会计年度的，应当按照完工进度确认提供劳务收入。年度资产负债表日，按照提供劳务收入总额乘以完工进度扣除以前会计年度累计已确认提供劳务收入后的金额，确认本年度的提供劳务收入；同时，按照估计的提供劳务成本总额乘以完工进度扣除以前会计年度累计已确认营业成本后的金额，结转本年度营业成本。在采用完工进度确认的收入和相关的成本应按以下公式计算：

本年确认的收入 = 劳务总收入 × 本年年末止劳务的完成程度 – 以前年度已确认的收入
本年确认的费用 = 劳务总成本 × 本年年末止劳务的完成程度 – 以前年度已确认的费用

小企业提供劳务收入确认时应当注意：

如果小企业与其他企业签订的合同或协议包含销售商品和提供劳务，销售商品部分和提供劳务部分能够区分且能够单独计量的，应当将销售商品的部分作为销售商品处理，将提供劳务的部分作为提供劳务处理。如果销售商品部分和提供劳务部分不能够区分，或虽能区分但不能够单独计量的，应当作为销售商品处理。

【例8-9】甲公司于2019年10月1日接受一项设备的安装任务，安装期5个月，合同总收入500 000元，至年底已预收安装费400 000元，实际发生成本250 000元，估计还会发生150 000元的成本。（假定甲公司按实际发生的成本占估计总成本的比例确定劳务的完工程度）

实际发生的成本占估计总成本的比例 = 250 000 ÷ （250 000 + 150 000）= 62.5%
2019年确认收入 = 500 000 × 62.5% – 0 = 312 500（元）
2019年结转成本 = 400 000 × 62.5% – 0 = 250 000（元）

（1）实际发生成本时，编制会计分录如下：

借：劳务成本　　　　　　　　　　　　　　　　　　250 000
　　贷：银行存款（应付职工薪酬等）　　　　　　　　　　　250 000

（2）预收账款时，编制会计分录如下：

借：银行存款　　　　　　　　　　　　　　　　　　400 000

　　　　贷：应收账款（或预收账款）　　　　　　　　　　　　400 000
　　（3）确认收入时，编制会计分录如下：
　　借：应收账款（或预收账款）　　　　　　　　　　　　　312 500
　　　　贷：主营业务收入　　　　　　　　　　　　　　　　　312 500
　　（4）结转成本时，编制会计分录如下：
　　借：主营业务成本　　　　　　　　　　　　　　　　　　250 000
　　　　贷：劳务成本　　　　　　　　　　　　　　　　　　　250 000

8.4　其他业务收入和成本

【课堂笔记】

　　其他业务收入是指小企业确认的除主营业务活动以外的其他日常生产经营活动实现的收入，包括出租固定资产、出租无形资产、销售材料等实现的收入。其他业务收入的确认原则，比照主营业务收入的规定办理。其他业务成本是指小企业确认的除主营业务活动以外的其他日常生产经营活动所发生的支出。包括销售材料的成本、出租固定资产的折旧费、出租无形资产的摊销额等。"其他业务收入""其他业务成本"科目应按其他业务的种类设置明细账，进行明细核算。期末，应将"其他业务成本"科目的余额转入"本年利润"科目，结转后"其他业务成本"科目应无余额。其他业务收入和成本的主要账务处理如下：

　　（1）企业销售原材料、周转材料，按售价和应收的增值税，借记"银行存款""其他应收款""应收账款"等科目，按实现的销售收入，贷记"其他业务收入"科目，按专用发票上注明的增值税额，贷记"应交税费——应交增值税（销项税额）"科目。月度终了，按出售原材料的实际成本，借记"其他业务成本"科目，贷记"原材料""周转材料"等科目。

　　（2）出租无形资产所取得的租金收入，借记"银行存款"等科目，贷记"其他业务收入"科目；结转出租无形资产的成本时，借记"其他业务成本"科目，贷记"累计摊销"等科目。

　　（3）出租固定资产取得的租金收入，借记"银行存款"等科目，贷记"其他业务收入"科目；结转出租固定资产的成本时，借记"其他业务成本"科目，贷记"累计折旧"等科目。

　　（4）收到出租周转材料的租金收入，借记"库存现金""银行存款"等科目，按实现的收入金额，贷记"其他业务收入"科目，涉及增值税销项税额的，还应进行相应的账务处理；结转周转材料成本时，借记"其他业务成本"科目，贷记"周转材料（摊销）"科目等。

　　【例8-10】甲企业将一批生产用的材料售给乙企业，专用发票列明材料价款10 000元，增值税1 300元，共计11 300元，材料成本为9 000元，另以银行存款代垫运费1 200元（运费发票已转交）。材料已经发出，同时收到乙企业开出并承兑的商业汇票面值为12 500元。甲企业材料采用实际成本核算。甲企业的账务处理如下：

(1) 出售原材料时，编制会计分录如下：

借：应收票据——乙企业　　　　　　　　　　　　　　　　12 500
　　贷：其他业务收入——材料销售　　　　　　　　　　　　10 000
　　　　应交税费——应交增值税（销项税额）　　　　　　　 1 300
　　　　银行存款　　　　　　　　　　　　　　　　　　　　 1 200

(2) 月末结转成本时，编制会计分录如下：

借：其他业务成本　　　　　　　　　　　　　　　　　　　 9 000
　　贷：原材料　　　　　　　　　　　　　　　　　　　　　 9 000

【例 8-11】2019 年 4 月 2 日，华天公司将一间空置仓库出租给甲工厂使用，月租金为 2 180 元（含增值税，税率为 9%）。当月收到甲工厂转来的租金，收存银行。该厂房当月应计提折旧为 1 875 元。华天公司当月的账务处理如下：

(1) 收到租金时，编制会计分录如下：

借：银行存款　　　　　　　　　　　　　　　　　　　　　 2 180
　　贷：其他业务收入　　　　　　　　　　　　　　　　　　 2 000
　　　　应交税费——应交增值税（销项税额）　　　　　　　　 180

(2) 计提仓库折旧时，编制会计分录如下：

借：其他业务成本　　　　　　　　　　　　　　　　　　　 1 875
　　贷：累计折旧　　　　　　　　　　　　　　　　　　　　 1 875

【例 8-12】甲企业 2019 年 6 月份与华天公司签订有偿使用某专利权协议，使用期为 5 年。协议规定，专利使用费按月支付，每月应支付华天公司专利使用费 2 500 元，协议从 2019 年 7 月 1 日起生效，并于 7 月 1 日收到了 7 月份的使用费 2 500 元（不含增值税）。华天公司该专利权的每月摊销额为 1 200 元，增值税税率为 6%，假设不考虑相关的附加税。华天公司的账务处理如下：

(1) 取得收入时，编制会计分录如下：

借：银行存款　　　　　　　　　　　　　　　　　　　　　 2 650
　　贷：其他业务收入　　　　　　　　　　　　　　　　　　 2 500
　　　　应交税费——应交增值税（销项税额）　　　　　　　　 150

(2) 摊销无形资产成本，编制会计分录如下：

借：其他业务成本　　　　　　　　　　　　　　　　　　　 1 200
　　贷：累计摊销　　　　　　　　　　　　　　　　　　　　 1 200

8.5　投资收益及营业外收支

8.5.1　投资收益的核算

投资收益是指小企业确认的投资收益或投资损失。小企业应设置"投资收益"科目核算。"投资收益"科目应按照投资项目进行明细核算。月末，可将"投资收益"科目余额转入"本年利润"科目，本科目结转后应无余额。

投资收益的主要账务处理如下：

（1）对于短期股票投资、短期基金投资和长期股权投资，小企业应当按照被投资单位宣告分派的现金股利或利润中属于本企业的部分，借记"应收股利"科目，贷记"投资收益"科目。

（2）在长期债券投资或短期债券投资持有期间，在债务人应付利息日，按照分期付息、一次还本的长期债券投资或短期债券投资的票面利率计算的利息收入，借记"应收利息"科目，贷记"投资收益"科目；按照一次还本付息的长期债券投资票面利率计算的利息收入，借记"长期债券投资——应计利息"科目，贷记"投资收益"科目。

在债务人应付利息日，按照应分摊的债券溢折价金额，借记或贷记"投资收益"科目，贷记或借记"长期债券投资——溢折价"科目。

（3）出售短期投资、处置长期股权投资和长期债券投资，应当按照实际收到的价款或收回的金额，借记"银行存款""库存现金"科目，按照其账面余额，贷记"短期投资""长期股权投资""长期债券投资"科目，按照尚未领取的现金股利或利润、债券利息收入，贷记"应收股利""应收利息"科目，按照其差额，贷记或借记"投资收益"科目。

【例8-13】某企业2019年4月1日出售一项短期股票投资，该股票于3月26日购入，购入时的成本为50 000元，已宣告发放但尚未领取的股利为1 000元，出售取得的价款为52 000元，编制会计分录如下：

借：银行存款　　　　　　　　　　　　　　　　　　　　　　52 000
　　贷：短期投资——股票投资　　　　　　　　　　　　　　　50 000
　　　　应收股利　　　　　　　　　　　　　　　　　　　　　1 000
　　　　投资收益　　　　　　　　　　　　　　　　　　　　　1 000

【例8-14】甲企业2019年1月购入C公司的股票100 000股，准备长期持有。2019年1月C公司宣告发放现金股利每股0.2元，甲企业1月应确认的投资收益为20 000元。编制会计分录如下：

借：应收股利　　　　　　　　　　　　　　　　　　　　　　20 000
　　贷：投资收益——股票投资　　　　　　　　　　　　　　　20 000

甲企业2019年2月收到现金股利时，编制会计分录如下：

借：银行存款　　　　　　　　　　　　　　　　　　　　　　20 000
　　贷：应收股利　　　　　　　　　　　　　　　　　　　　　20 000

8.5.2 营业外收入的核算

营业外收入是指小企业实现的非流动资产处置净收益、政府补助、捐赠收益、盘盈收益、汇兑收益、出租包装物和商品的租金收入、逾期未退包装物押金收益、确实无法偿付的应付款项、已作坏账损失处理后又收回的应收款项、违约金收益等各项营业外收入。小企业应设置"营业外收入"科目核算上述项目。小企业收到出口产品或商品按照规定退回的增值税款，在"其他应收款"科目核算，不在"营业外收入"科目核算。"营业外收入"科目应按照营业外收入项目进行明细核算。月末，可将

"营业外收入"科目余额转入"本年利润"科目,结转后"营业外收入"科目应无余额。营业外收入的主要账务处理如下:

(1) 小企业确认非流动资产处置净收益,比照"固定资产清理""无形资产"等科目的相关规定进行账务处理。

(2) 确认的政府补助收入,借记"银行存款""递延收益"科目,贷记"营业外收入"科目。

(3) 小企业按照规定实行企业所得税、增值税(不含出口退税)、消费税等先征后返的,应当在实际收到返还的企业所得税、增值税、消费税等时,借记"银行存款"科目,贷记"营业外收入"科目。

(4) 确认的捐赠收益,借记"银行存款""固定资产"等科目,贷记"营业外收入"科目。

(5) 确认的盘盈收益,借记"待处理财产损溢——待处理流动资产损溢、待处理非流动资产损溢"科目,贷记"营业外收入"科目。

盘盈在《小企业会计准则》和《企业会计准则》下的区别:

在《小企业会计准则》下,存货的盘盈应记入"营业外收入"科目,而在《企业会计准则》下,则冲减"管理费用"科目。

固定资产盘盈时,在《小企业会计准则》下,记入"营业外收入"科目,在《企业会计准则》下,作为前期差错处理,通过"以前年度损益调整"核算最终转入年初留存收益。

(6) 确认的汇兑收益,借记有关科目,贷记"营业外收入"科目。

(7) 确认的出租包装物和商品的租金收入、逾期未退包装物押金收益、确实无法偿付的应付款项、违约金收益等,借记"其他应收款""应付账款""其他应付款"等科目,贷记"营业外收入"科目。

(8) 确认的已作坏账损失处理后又收回的应收款项,借记"银行存款"等科目,贷记"营业外收入"科目。

【例8-15】某企业年终结账前盘点,盘盈设备一台,评估价值为10 000元,有5成新。

(1) 批准前,编制会计分录如下:

借:固定资产　　　　　　　　　　　　　　　　　　　　　5 000
　　贷:待处理财产损溢——待处理非流动资产损溢　　　　　5 000

(2) 批准后,编制会计分录如下:

借:待处理财产损溢——待处理非流动资产损溢　　　　　　5 000
　　贷:营业外收入——盘盈收益　　　　　　　　　　　　　5 000

【例8-16】某企业转让一处房产,该房产的原价为200 000元(营改增试点日之前购入),已计提折旧为10 000元,转让收入为300 000元,按征收率3%减按2%征税,不考虑其他的税费。

(1) 固定资产转入清理时,编制会计分录如下:

借:固定资产清理　　　　　　　　　　　　　　　　　　　190 000
　　累计折旧　　　　　　　　　　　　　　　　　　　　　　10 000

　　　　贷：固定资产　　　　　　　　　　　　　　　　　　　　　200 000
　　（2）取得转让收入时，编制会计分录如下：
　　借：银行存款　　　　　　　　　　　　　　　　　　　　　　　300 000
　　　　贷：固定资产清理　　　　　　　　　　　　　　　　　　　　300 000
　　（3）清理完毕，结转损益：
　　借：固定资产清理　　　　　　　　　　　　　　　　　　　　　110 000
　　　　贷：营业外收入——非流动资产处置净收益　　　　　　　　110 000

【例8-17】某小企业一笔挂账多年的其他应付款500元，确实无法支付，经批准后处理，编制会计分录如下：
　　借：其他应付款　　　　　　　　　　　　　　　　　　　　　　　500
　　　　贷：营业外收入——无法偿付收入　　　　　　　　　　　　　　500

【例8-18】因C公司合同违约，经法院判决，A公司取得违约金收入20 000元，并存入银行。A公司应编制会计分录如下：
　　借：银行存款　　　　　　　　　　　　　　　　　　　　　　　20 000
　　　　贷：营业外收入——违约金收益　　　　　　　　　　　　　20 000

8.5.3　营业外支出的核算

营业外支出是指小企业发生的存货的盘亏、毁损、报废损失，非流动资产处置净损失，坏账损失，无法收回的长期债券投资损失，无法收回的长期股权投资损失，自然灾害等不可抗力因素造成的损失，税收滞纳金，罚金，罚款，被没收财物的损失，捐赠支出，赞助支出等各项营业外支出。企业应设置"营业外支出"科目核算。"营业外支出"科目应按照支出项目进行明细核算。月末，可将"营业外支出"科目余额转入"本年利润"科目，结转后本科目应无余额。

营业外支出的主要账务处理如下：

（1）小企业确认存货的盘亏、毁损、报废损失，非流动资产处置净损失，自然灾害等不可抗力因素造成的损失，借记"营业外支出""生产性生物资产累计折旧""累计摊销"等科目，贷记"待处理财产损溢——待处理流动资产损溢、待处理非流动资产损溢""固定资产清理""生产性生物资产""无形资产"等科目。

（2）根据《小企业会计准则》规定确认实际发生的坏账损失、长期债券投资损失，应当按照可收回的金额，借记"银行存款"等科目，按照应收账款、预付账款、其他应收款、长期债券投资的账面余额，贷记"应收账款""预付账款""其他应收款""长期债券投资"等科目，按照其差额，借记"营业外支出"科目。

（3）根据《小企业会计准则》规定确认实际发生的长期股权投资损失，按照可收回的金额，借记"银行存款"等科目，按照长期股权投资的账面余额，贷记"长期股权投资"科目，按照其差额，借记"营业外支出"科目。

（4）支付的税收滞纳金、罚金、罚款，借记"营业外支出"科目，贷记"银行存款"等科目。

（5）确认被没收财物的损失、捐赠支出、赞助支出，借记"营业外支出"科目，贷记"银行存款"等科目。

【例8-19】某企业盘亏甲设备一台，账面原价为5 000元，已计提折旧3 000元。

（1）批准前，编制会计分录如下：

借：待处理财产损溢——待处理非流动资产损溢　　　2 000
　　累计折旧　　　　　　　　　　　　　　　　　　3 000
　　　贷：固定资产　　　　　　　　　　　　　　　　　　　5 000

（2）批准后，编制会计分录如下：

借：营业外支出——盘亏损失　　　　　　　　　　　2 000
　　　贷：待处理财产损溢——待处理非流动资产损溢　　　　2 000

【例8-20】承【例8-16】，若转让该项房产的收入为120 000元（税率9%，含增值税10 800元）。

（1）固定资产转入清理时，编制会计分录如下：

借：固定资产清理　　　　　　　　　　　　　　　190 000
　　累计折旧　　　　　　　　　　　　　　　　　　10 000
　　　贷：固定资产　　　　　　　　　　　　　　　　　　200 000

（2）取得转让收入，编制会计分录如下：

借：银行存款　　　　　　　　　　　　　　　　　120 000
　　　贷：固定资产清理　　　　　　　　　　　　　　　　120 000

（3）计算应纳税金：120 000×9%＝10 800（元），编制会计分录如下：

借：固定资产清理　　　　　　　　　　　　　　　　10 800
　　　贷：应交税费——未交增值税　　　　　　　　　　　　10 800

（4）清现完毕，结转损益：

借：营业外支出——非流动资产处置净损失　　　　　80 800
　　　贷：固定资产清理　　　　　　　　　　　　　　　　　80 800

【例8-21】某体育服装公司，赞助某高校开展体育比赛活动。共赞助服装500套，不含税售价为100 000元，增值税13 000元，该批服装成本为40 000元。另外赞助货币资金20 000元。某体育服装公司的会计处理如下：

（1）赞助时，编制会计分录如下：

借：营业外支出——赞助支出　　　　　　　　　　133 000
　　　贷：主营业务收入　　　　　　　　　　　　　　　　100 000
　　　　　应交税费——应交增值税（销项税额）　　　　　13 000
　　　　　银行存款　　　　　　　　　　　　　　　　　　20 000

（2）结转成本时，编制会计分录如下：

借：主营业务成本　　　　　　　　　　　　　　　　40 000
　　　贷：库存商品　　　　　　　　　　　　　　　　　　　40 000

【例8-22】承【例8-18】，C公司应编制会计分录如下：

借：营业外支出——罚金、罚款损失　　　　　　　　20 000
　　　贷：银行存款　　　　　　　　　　　　　　　　　　　20 000

8.6 费 用

费用是指小企业在日常生产经营活动中发生的会导致所有者权益减少的与向所有者分配利润无关的经济利益的总流出。小企业的费用包括营业成本、税金及附加、销售费用、管理费用、财务费用等。

以工业企业为例，费用在形成之前需要进行归集和分配的，通常称为生产费用，包括生产成本和制造费用。按经济用途分类，可将费用分为直接计入产品成本的生产费用和计入当期损益的期间费用两类。

8.6.1 生产费用的核算

《小企业会计准则》规定，小企业应当根据生产特点和成本管理的要求，选择适合于本企业的成本核算对象、成本项目和成本计算方法。小企业发生的各项生产费用，应当按照成本核算对象和成本项目分别归集。属于材料费、人工费等直接费用的，直接计入基本生产成本和辅助生产成本。属于辅助生产车间为生产产品提供的动力等直接费用，可以先作为辅助生产成本进行归集，然后按照合理的方法分配计入基本生产成本；也可以直接计入所生产产品发生的生产成本。其他间接费用应当作为制造费用进行归集，月度终了，再按一定的分配标准，分配计入有关产品的成本。

1. 产品成本项目

为具体反映计入产品成本的生产费用的各种用途，提供产品成本构成情况的资料，应将生产费用划分为不同的产品成本项目。工业企业一般应设置以下四个成本项目：

（1）直接材料。直接材料是指企业在生产产品和提供劳务过程中所消耗的直接用于产品生产，构成产品实体的材料、外购半成品和其他材料。

（2）直接人工。直接人工是指企业在生产产品和提供劳务过程中，直接参加产品生产的工人工资，包括企业直接从事产品生产人员的工资、奖金、津贴和补贴。

（3）其他直接费用。其他直接费用是指企业发生的除直接材料、直接人工费用以外的，与生产产品或提供劳务有直接关系的费用，如职工福利费、社会保险费、住房公积金等。

（4）制造费用。制造费用是指工业企业的生产车间在组织生产和管理生产过程中，发生的各项间接费用，包括职工薪酬、折旧费、修理费、办公费、水电费、机物料消耗、劳动保护费及其他制造费用。

企业可根据生产特点和管理要求对上述成本项目做适当调整。对于管理上需要单独反映、控制和考核的费用，以及产品成本中比重较大的费用，可专设成本项目；比重较小的可以简化核算，不必专设成本项目。

2. 生产费用核算的科目

一般情况下，小企业的生产费用核算应设置"生产成本"和"制造费用"两个总账科目进行核算。企业也可以将"生产成本"和"制造费用"合并为"生产费用"

科目,并设置明细科目核算。

(1)"生产成本"科目是用于核算小企业进行工业性生产发生的各项生产成本,包括生产各种产品(产成品、自制半成品等)、自制材料、自制工具、自制设备等。"生产成本"科目可按照基本生产成本和辅助生产成本进行明细核算。"生产成本"科目期末借方余额,反映小企业尚未加工完成的在产品成本。

(2)"制造费用"科目核算小企业生产车间(部门)为生产产品和提供劳务而发生的各项间接费用。小企业经过1年期以上的制造才能达到预定可销售状态的产品发生的借款费用,也在"制造费用"科目核算。"制造费用"科目应按照不同的生产车间、部门和费用项目进行明细核算。除季节性的生产性小企业外,"制造费用"科目期末应无余额。

3. 生产成本的账务处理

(1)小企业发生的各项直接生产成本,借记"生产成本(基本生产成本、辅助生产成本)"科目,贷记"原材料""库存现金""银行存款""应付职工薪酬"等科目。各生产车间应负担的制造费用,借记"生产成本(基本生产成本、辅助生产成本)"科目,贷记"制造费用"科目。

(2)辅助生产车间为基本生产车间、管理部门和其他部门提供的劳务和产品,可在月末按照一定的分配标准分配给各受益对象,借记"生产成本(基本生产成本)""销售费用""管理费用""其他业务成本""在建工程"等科目,贷记"生产成本(辅助生产成本)"科目;也可在提供相关劳务和产品时,借记"生产成本""销售费用""管理费用""其他业务成本""在建工程"等科目,贷记"原材料""库存现金""银行存款""应付职工薪酬"等科目。

(3)小企业已经生产完成并已验收入库的产成品以及入库的自制半成品,可在月末,借记"库存商品"等科目,贷记"生产成本(基本生产成本)"科目。

【例8-23】华仁公司生产甲、乙两种产品,基本生产车间工人工资80 000元,车间管理人员工资12 000元,辅助生产车间工人工资28 000元,销售部门人员工资30 000元,行政部管理人员工资16 000元,职工工资总额为166 000元。生产工人工资按生产工时进行分配,甲产品6 000工时,乙产品4 000工时。

生产工人的工资分配率 = 80 000 ÷ (6 000 + 4 000) = 8(元/工时)

甲产品应分配工资 = 6 000 × 8 = 48 000(元)

乙产品应分配工资 = 4 000 × 8 = 32 000(元)

编制会计分录如下:

借:生产成本——基本生产成本(甲产品)　　　　　　48 000
　　　　　——基本生产成本(乙产品)　　　　　　32 000
　　　　　——辅助生产成本　　　　　　　　　　28 000
　　制造费用　　　　　　　　　　　　　　　　　12 000
　　销售费用　　　　　　　　　　　　　　　　　30 000
　　管理费用　　　　　　　　　　　　　　　　　16 000
　　贷:应付职工薪酬——职工工资　　　　　　　　　　166 000

【例8-24】承【例8-23】，按14%计提职工福利费，编制会计分录如下：
借：生产成本——基本生产成本（甲产品）　　　　　　　6 720
　　　　　　——基本生产成本（乙产品）　　　　　　　4 480
　　　　　　——辅助生产成本　　　　　　　　　　　　3 920
　　制造费用　　　　　　　　　　　　　　　　　　　　1 680
　　销售费用　　　　　　　　　　　　　　　　　　　　4 200
　　管理费用　　　　　　　　　　　　　　　　　　　　2 240
　　贷：应付职工薪酬——职工福利费　　　　　　　　　　　23 240

【例8-25】明华工业公司本月耗电43 750千瓦·时，每千瓦·时0.8元，已通知银行支付电费，其中：基本生产车间A、B两种产品共同耗用30 000千瓦·时，无法直接按产品确认，车间照明用电1 500千瓦·时，运输车间用电7 200千瓦·时，行政部门用电1 250千瓦·时，职工宿舍用电3 800千瓦·时，应从工资中扣除，电力费用按产品生产工时分配。A产品工时13 700小时，B产品工时10 800小时。要求：分配费用并编制会计分录。

A、B产品耗用电费分配率 =（30 000×0.8）/（13 700＋10 800）
　　　　　　　　　　　 = 24 000/24 500 = 0.979 6（元/小时）
A产品 = 13 700×0.979 6 = 13 420.52（元）
B产品 = 10 800×0.979 6 = 10 579.48（元）
制造费用 = 1 500×0.8 = 1 200（元）
辅助生产成本 = 7 200×0.8 = 5 760（元）
管理费用 = 1 250×0.8 = 1 000（元）
其他应收款 = 3 800×0.8 = 3 040（元）

编制会计分录如下：
借：生产成本——基本生产成本（A产品）　　　　　　　13 420.52
　　　　　　——基本生产成本（B产品）　　　　　　　10 579.48
　　　　　　——辅助生产成本　　　　　　　　　　　　5 760
　　制造费用　　　　　　　　　　　　　　　　　　　　1 200
　　管理费用　　　　　　　　　　　　　　　　　　　　1 000
　　其他应收款　　　　　　　　　　　　　　　　　　　3 040
　　贷：银行存款　　　　　　　　　　　　　　　　　　　　35 000

4. 制造费用的账务处理

（1）制造费用的主要账务处理如下：

①生产车间发生的机物料消耗和固定资产修理费，借记"制造费用"科目，贷记"原材料""银行存款"等科目。

②发生的生产车间管理人员的工资等职工薪酬，借记"制造费用"科目，贷记"应付职工薪酬"科目。

③生产车间计提的固定资产折旧费，借记"制造费用"科目，贷记"累计折旧"科目。

④生产车间支付的办公费、水电费等,借记"制造费用"科目,贷记"银行存款""应付利息"等科目。

⑤发生季节性和修理期间的停工损失,借记"制造费用"科目,贷记"原材料""应付职工薪酬""银行存款"等科目。

⑥小企业经过1年期以上的制造才能达到预定可销售状态的产品在制造完成之前发生的借款利息,在应付利息日根据借款合同利率计算确定的利息费用,借记"制造费用"科目,贷记"应付利息"科目。制造完成之后发生的利息费用,借记"财务费用"科目,贷记"应付利息"科目。

⑦将制造费用分配计入有关的成本核算对象,借记"生产成本——基本生产成本、辅助生产成本"等科目,贷记本科目。

⑧季节性生产小企业制造费用全年实际发生额与分配额的差额,除其中属于为下一年开工生产做准备的可留待下一年分配外,其余部分实际发生额大于分配额的差额,借记"生产成本——基本生产成本"科目,贷记本科目;实际发生额小于分配额的差额,编制相反的会计分录。

(2)制造费用的分配方法如下:

①按生产工人工资;

②按生产工人工时;

③按机器工时;

④按耗用原材料的数量或成本;

⑤按直接成本(原材料、燃料、动力、生产工人工资及应提取的福利费之和);

⑥按产品产量。

具体采用哪种分配方法,由企业自行决定。制造费用的分配方法一经确定,不得随意变更。

【例8-26】华天工业公司(以下简称华天公司)2019年9月1日"生产成本——基本生产成本(甲产品)"明细账余额23 000元,其中直接材料18 000元,直接人工费3 000元,制造费用2 000元;"生产成本——基本生产成本(乙产品)"明细账期初无余额。华天公司2019年9月份发生下列有关生产成本的经济业务,根据以下资料编制会计分录。

(1)9月30日仓库根据发出材料凭证,编制发料凭证汇总表,如表8-1所示。

表8-1 发料凭证汇总表

用途	A材料		B材料		合计/元
	数量/千克	金额/元	数量/千克	金额/元	
生产甲产品领用	48 000	96 000	4 000	64 000	160 000
生产乙产品领用	5 000	10 000	2 000	32 000	42 000
车间一般耗用			200	3 200	3 200
行政部门维修耗用	1 000	2 000			2 000
合　　　计	54 000	108 000	6 200	99 200	207 200

借:生产成本——基本生产成本(甲产品)　　　　160 000

生产成本——基本生产成本（乙产品）	42 000
制造费用	3 200
管理费用	2 000
贷：原材料——A 材料	108 000
——B 材料	99 200

（2）9月30日计提本月固定资产折旧24 000元，其中生产车间固定资产折旧16 000元，企业行政管理部门固定资产折旧8 000元。

借：制造费用	16 000
管理费用	8 000
贷：累计折旧	24 000

（3）9月30日摊销本月份应由车间负担的大修理费2 000元。

借：制造费用	2 000
贷：长期待摊费用——大修理支出	2 000

（4）9月30日结转本月应付职工工资40 000元，其中甲产品生产工人工资22 000元，乙产品生产工人工资10 000元，车间管理人员工资5 000元，企业行政管理人员工资3 000元。

借：生产成本——基本生产成本（甲产品）	22 000
生产成本——基本生产成本（乙产品）	10 000
制造费用	5 000
管理费用	3 000
贷：应付职工薪酬——职工工资	40 000

（5）9月30日按应付职工薪酬的14%提取职工福利费。

借：生产成本——基本生产成本（甲产品）	3 080
生产成本——基本生产成本（乙产品）	1 400
制造费用	700
管理费用	420
贷：应付职工薪酬——职工福利费	5 600

（6）9月30日按甲、乙产品生产工时比例分配结转本月制造费用，其中甲产品生产工时6 000小时，乙产品生产工时4 000小时。

制造费用共计：3 200 + 16 000 + 2 000 + 5 000 + 700 = 26 900（元）

制造费用分配率 = 26 900 ÷（6 000 + 4 000）= 2.69（元/小时）

甲产品应分摊 = 6 000 × 2.69 = 16 140（元）

乙产品应分摊 = 4 000 × 2.69 = 10 760（元）

借：生产成本——基本生产成本（甲产品）	16 140
生产成本——基本生产成本（乙产品）	10 760
贷：制造费用	26 900

（7）根据成本计算表，结转本月完工入库产品制造成本：甲产品800台全部完工；乙产品全部未完工。

借：库存商品——甲产品	224 220

贷：生产成本——基本生产成本（甲产品）　　　　　　224 220

乙产品尚未完工，属于在产品，不需进行会计处理。生产成本明细账如表8-2和表8-3所示。

表8-2　生产成本明细账

产品名称：甲产品　　　　　　　　　　　　　　　　　　　　　　　　　　　　元

2019年		业务号	摘要	成本项目			合计
月	日			直接材料	直接人工	制造费用	
9	1		期初余额	18 000	3 000	2 000	23 000
	30	①	耗用材料	160 000			16 000
	30	④	分配工资		22 000		22 000
	30	⑤	分配福利费		3 080		3 080
	30	⑥	分配制造费用			16 140	16 140
	30		本月生产费用	160 000	25 080	16 140	201 220
			全部生产费用	178 000	28 080	18 140	224 220
	30	⑦	结转完工产品成本	178 000	28 080	18 140	224 220

表8-3　生产成本明细账

产品名称：乙产品　　　　　　　　　　　　　　　　　　　　　　　　　　　　元

2019年		业务号	摘要	成本项目			合计
月	日			直接材料	直接人工	制造费用	
9	1		期初余额	0	0	0	0
	30	①	耗用材料	42 000			42 000
	30	④	分配工资		10 000		10 000
	30	⑤	分配福利费		1 400		1 400
	30	⑥	分配制造费用			10 760	10 760
	30		本月生产费用	42 000	11 400	10 760	64 160
			期末在产品成本	42 000	11 400	10 760	64 160

8.6.2　期间费用的核算

期间费用是指费用应当在发生时按照其发生额计入当期损益的费用，包括销售费用、管理费用和财务费用。

1. 销售费用的核算

（1）销售费用的核算内容。

销售费用是指小企业在销售商品或提供劳务过程中发生的各种费用，包括销售人员的职工薪酬、商品维修费、运输费、装卸费、包装费、保险费、广告费、业务宣传费、展览费等费用。小企业（批发业、零售业）在购买商品过程中发生的费用（包括运输费、装卸费、包装费、保险费、运输途中的合理损耗和入库前的挑选整理费等）也构成销售费用。小企业应设置"销售费用"科目核算，应按照费用项目进行明细核算。月末，可将"销售费用"科目余额转入"本年利润"科目，结转后本科目应无余额。

（2）销售费用的账务处理。

小企业在销售商品或提供劳务过程中发生的销售人员的职工薪酬、商品维修费、运输费、装卸费、包装费、保险费、广告费、业务宣传费、展览费等费用，借记"销售费用"科目，贷记"库存现金""银行存款"等科目。

小企业（批发业、零售业）在购买商品过程中发生的运输费、装卸费、包装费、保险费、运输途中的合理损耗和入库前的挑选整理费等，借记"销售费用"科目，贷记"库存现金""银行存款""应付账款"等科目。

【例 8-27】某企业 2019 年 6 月份发生如下经济事项：

（1）为推销商品，采用免费送货上门的方式销售，承担送货费用。9 月份共发生运输费 2 600 元，取得运输企业专用发票（按 9% 计算进项税额），编制会计分录如下：

借：销售费用——运输费　　　　　　　　　　　　　　　2 600
　　应交税费——应交增值税（进项税额）　　　　　　　　234
　　贷：银行存款　　　　　　　　　　　　　　　　　　　2 834

（2）6 月 1 日支付会展中心的展位费 20 000 元，另支付广告公司本季度的广告费 30 000 元（皆为不含税金额，税率为 6%），用银行存款支付，编制会计分录如下：

借：销售费用——展览费　　　　　　　　　　　　　　　20 000
　　　　　　——广告费　　　　　　　　　　　　　　　30 000
　　应交税费——应交增值税（进项税额）　　　　　　　　3 000
　　贷：银行存款　　　　　　　　　　　　　　　　　　　53 000

（3）6 月 30 日分配专设销售部门人员工资及提取福利，其中工资为 40 000 元，计提福利 5 600 元，编制会计分录如下：

借：销售费用——职工薪酬　　　　　　　　　　　　　　45 600
　　贷：应付职工薪酬——职工工资　　　　　　　　　　　40 000
　　　　　　　　　　——职工福利费　　　　　　　　　　5 600

（4）6 月 30 日计提售后服务部门的固定资产折旧费用 1 000 元，编制会计分录如下：

借：销售费用——折旧费　　　　　　　　　　　　　　　1 000
　　贷：累计折旧　　　　　　　　　　　　　　　　　　　1 000

2. 管理费用

（1）管理费用的核算内容。

管理费用是指小企业为组织和管理生产经营发生的其他费用，包括小企业在筹建期间发生的开办费、行政管理部门发生的费用（包括固定资产折旧费、修理费、办公费、水电费、差旅费、管理人员的职工薪酬等）、业务招待费、研究费用、技术转让费、相关长期待摊费用摊销、财产保险费、聘请中介机构费、咨询费（含顾问费）、诉讼费等费用。小企业（批发业、零售业）管理费用不多的，可不设置"管理费用"科目，"管理费用"科目的核算内容可并入"销售费用"科目核算。"销售费用"科目应按照费用项目进行明细核算。月末，可将"管理费用"科目的余额转入"本年利润"科目，结转后本科目应无余额。

（2）管理费用的账务处理。

①小企业在筹建期间发生的开办费（包括相关人员的职工薪酬、办公费、培训费、差旅费、印刷费、注册登记费以及不计入固定资产成本的借款费用等费用），在实际发生时，借记"管理费用"科目，贷记"银行存款"等科目。

②行政管理部门人员的职工薪酬，借记"管理费用"科目，贷记"应付职工薪酬"科目。

③行政管理部门计提的固定资产折旧费和发生的修理费，借记"管理费用"科目，贷记"累计折旧""银行存款"等科目。

④行政管理部门发生的办公费、水电费、差旅费，借记"管理费用"科目，贷记"银行存款"等科目。

⑤小企业发生的业务招待费、相关长期待摊费用摊销、技术转让费、财产保险费、聘请中介机构费、咨询费（含顾问费）、诉讼费等，借记"管理费用"科目，贷记"银行存款""长期待摊费用"等科目。

⑥小企业自行研发无形资产发生的研发费用，借记"管理费用"科目，贷记"研发支出"科目（研发支出"费用化支出"部分）。

【例8-28】某企业2019年8月共发生的有关管理费用的经济业务及会计处理如下：

（1）本月缴纳购销合同的印花税1 200元，编制会计分录如下：

借：税金及附加　　　　　　　　　　　　　　　　　1 200
　　贷：银行存款　　　　　　　　　　　　　　　　　　　1 200

（2）行政管理部门领用办公用品200元，编制会计分录如下：

借：管理费用——办公费　　　　　　　　　　　　　200
　　贷：周转材料——低值易耗品　　　　　　　　　　　　200

（3）支付办公楼日常修理费600元，增值税54元，以现金支付，编制会计分录如下：

借：管理费用——修理费　　　　　　　　　　　　　600
　　应交税费——应交增值税（进项税额）　　　　　　54
　　贷：库存现金　　　　　　　　　　　　　　　　　　　654

（4）行政管理人员张三出差回来，报销差旅费1 500元，原借款为2 000元，退回现金500元，编制会计分录如下：

借：管理费用——差旅费　　　　　　　　　　　　　1 500
　　库存现金　　　　　　　　　　　　　　　　　　　500
　　贷：其他应收款——张三　　　　　　　　　　　　　　2 000

（5）发生本月业务招待费 6 500 元，以现金支付，编制会计分录如下：

借：管理费用——业务招待费 6 500
　　贷：库存现金 6 500

（6）计提行政管理部门的固定资产折旧 5 000 元，编制会计分录如下：

借：管理费用——折旧 5 000
　　贷：累计折旧 5 000

3. 财务费用

（1）财务费用的核算内容。

财务费用是指小企业为筹集生产经营所需资金发生的筹资费用，包括利息费用（减利息收入）、汇兑损失、银行相关手续费、小企业给予的现金折扣（减享受的现金折扣）等费用。

小企业为购建固定资产、无形资产和经过 1 年期以上的制造才能达到预定可销售状态的存货发生的借款费用，在"在建工程""研发支出""制造费用"等科目核算，不在"财务费用"科目核算。小企业发生的汇兑收益，在"营业外收入"科目核算，不在"财务费用"科目核算。"财务费用"科目应按照费用项目进行明细核算。月末，可将"财务费用"科目余额转入"本年利润"科目，结转后"财务费用"科目应无余额。

（2）财务费用的账务处理。

①小企业发生的利息费用、汇兑损失、银行相关手续费、给予的现金折扣等，借记"财务费用"科目，贷记"应付利息""银行存款"等科目。

②持未到期的商业汇票向银行贴现，应当按照实际收到的金额（即减去贴现息后的净额），借记"银行存款"科目，按照贴现息，借记"财务费用"科目，按照商业汇票的票面金额，贷记"应收票据"科目（在银行无追索权的情况下）或"短期借款"科目（在银行有追索权的情况下）。

③发生的应冲减财务费用的利息收入、享受的现金折扣等，借记"银行存款"等科目，贷记本科目。

【例 8-29】 某企业 2019 年 4 月 1 日向银行借入 1 年期的贷款 100 000 元，年利息为 9%。4 月份计提短期借款的利息 750 元，2019 年 6 月支付季度利息 2 250 元，编制会计分录如下：

4 月计提利息：

借：财务费用——利息费用 750
　　贷：应付利息 750

5 月份计提利息处理同上。

6 月支付利息：

借：应付利息 1 500
　　财务费用——利息费用 750
　　贷：银行存款 2 250

【例 8-30】 某企业 2019 年 3 月 10 日，办理汇兑业务，支付银行结算手续费 20 元，编制会计分录如下：

借：财务费用——银行手续费 20
    贷：银行存款 20

【例8-31】 某企业为购建固定资产于2018年7月1日借入3年期银行贷款3 000 000元，年利率为8%，2019年12月31日，固定资产建造完工办理竣工决算。按月计提借款利息，利息每季度支付一次。

（1）2018年7月1日取得银行贷款存入银行，编制会计分录如下：

借：银行存款 3 000 000
    贷：长期借款 3 000 000

（2）从2018年7月1日至2018年12月31日，每月计提利息：3 000 000×8%÷12 = 20 000（元）（属于发生的与固定资产购建有关的借款费用，在符合开始资本化的条件时至固定资产竣工决算前发生的应记入"在建工程"科目），编制会计分录如下：

借：在建工程——利息费用 20 000
    贷：应付利息 20 000

（3）2018年9月起，每季度支付借款利息60 000元，编制会计分录如下：

借：应付利息 60 000
    贷：银行存款 60 000

至2019年12月31日止的计提利息及处理同上（2）、（3）。

（4）2020年1月，固定资产已办理竣工决算，从2020年1月1日至2021年6月30日，每月计提利息应记入"财务费用"科目（属于发生的与固定资产购建有关的借款费用，在固定资产办理竣工决算后发生的费用），编制会计分录如下：

借：财务费用——利息费用 20 000
    贷：应付利息 20 000

（5）2020年每季度支付利息60 000元，编制会计分录如下：

借：应付利息 60 000
    贷：银行存款 60 000

（6）2021年6月30日还本金时，编制会计分录如下：

借：长期借款 3 000 000
    贷：银行存款 3 000 000

8.7 利润及利润分配

8.7.1 利润的概念及构成

利润是指企业在一定会计期间的经营成果，包括营业利润、利润总额和净利润。营业利润是企业在销售商品、提供劳务等日常活动中所产生的利润。利润的计算公式如下：

利润总额 = 营业利润 + 营业外收入 - 营业外支出

营业利润 = 营业收入 - 营业成本 - 税金及附加 - 销售费用 - 管理费用 - 财务费用 + 投资收益（或减去投资损失）

净利润 = 利润总额 − 所得税费用

注意：营业收入 = 主营业务收入 + 其他业务收入，营业成本 = 主营业务成本 + 其他业务成本

8.7.2 本年利润的核算

小企业应当在利润总额的基础上，按照企业所得税法规定进行纳税调整，计算出当期应纳税所得额，以应纳税所得额与适用所得税税率为基础计算确定当期应纳税额。为核算本年利润，小企业应设置"本年利润"科目核算。

"本年利润"是用来核算企业实现的净利润（或发生的净亏损）的科目，反映企业本年度实现的最终经营成果。结转后"本年利润"科目应无余额。本年利润的主要账务处理如下：

（1）期（月）末结转利润时，小企业可以将"主营业务收入""其他业务收入""营业外收入"科目的余额转入"本年利润"科目，借记"主营业务收入""其他业务收入""营业外收入"科目，贷记"本年利润"科目；将"主营业务成本""其他业务成本""税金及附加""销售费用""管理费用""财务费用""营业外支出""所得税费用"科目的余额转入"本年利润"科目，借记"本年利润"科目，贷记"主营业务成本""其他业务成本""税金及附加""销售费用""管理费用""财务费用""营业外支出""所得税费用"科目。将"投资收益"科目的贷方余额转入"本年利润"科目，借记"投资收益"科目，贷记"本年利润"科目；如为借方余额，编制相反的会计分录。结转后"本年利润"科目的贷方余额为当期实现的净利润；借方余额为当期发生的净亏损。

（2）年度终了，应当将本年收入和支出相抵后结出的本年实现的净利润转入"利润分配"科目，借记"本年利润"科目，贷记"利润分配——未分配利润"科目；如为净亏损，编制相反的会计分录。

【例8-32】某企业2019年损益类科目的年末余额如表8-4所示：

表8-4 某企业2019年损益类科目的年末余额

科目名称	结账前余额
主营业务收入	6 000 000 （贷方）
主营业务成本	4 000 000 （借方）
税金及附加	80 000 （借方）
销售费用	50 000 （借方）
管理费用	100 000 （借方）
财务费用	10 000 （借方）
其他业务收入	80 000 （贷方）
其他业务成本	50 000 （借方）
营业外收入	20 500 （贷方）
投资收益	10 000 （贷方）
营业外支出	500 （借方）

假定企业所得税税率为25%，没有其他的纳税调整事项。请作出年末结转损益的会计处理，并计算出营业利润、利润总额和净利润。期末，将损益科目转入"本年利润"科目。

（1）结算营业利润的结转，编制会计分录如下：

借：主营业务收入	6 000 000
其他业务收入	80 000
贷：本年利润	6 080 000
借：本年利润	4 300 000
贷：主营业务成本	4 000 000
其他业务成本	50 000
税金及附加	80 000
销售费用	50 000
管理费用	100 000
财务费用	10 000
投资收益	10 000

营业利润 = 6 080 000 - 4 300 000 = 1 780 000（元）

（2）结算利润总额的结转，编制会计分录如下：

借：营业外收入	20 500
贷：本年利润	20 500
借：本年利润	500
贷：营业外支出	500

利润总额 = 1 780 000 + 20 500 - 500 = 1 800 000（元）

（3）结算净利润的结转，编制会计分录如下：

所得税费用 = 1 800 000 × 25% = 450 000（元）

净利润 = 1 800 000 - 450 000 = 1 350 000（元）

借：所得税费用	450 000
贷：应交税费——应交所得税	450 000
借：本年利润	450 000
贷：所得税费用	450 000

上交所得税，编制会计分录如下：

借：应交税费——应交所得税	450 000
贷：银行存款	450 000

8.7.3 利润分配的核算

1. 利润分配的程序

小企业以当年净利润弥补以前年度亏损等剩余的税后利润，可用于向投资者进行分配。

小企业（公司制）在分配当年税后利润时，应当按照公司法的规定提取法定公积金和任意公积金。小企业应设置"利润分配"科目核算。"利润分配"科目年末余额,反映小企业的未分配利润(或未弥补亏损)。

企业本年的净利润加上年初未分配利润为可供分配利润。利润分配时企业应根据国家有关规定和投资者的决议对企业净利润进行分配。企业利润分配的内容和程序如下:

(1)提取法定盈余公积。企业至少应按10%提取法定盈余公积,企业提取的法定盈余公积累计额超过其注册资本的50%以上的,可以不再提取。

(2)提取任意盈余公积。任意盈余公积的提取比例可由企业投资人视情况而定。

(3)向投资者分配利润。

(4)如果企业本年度发生亏损,可以用以后年度实现的利润进行弥补,也可以用以前年度提取的盈余公积弥补,企业以前年度亏损未弥补完,不能提取法定盈余公积和法定公益金,在提取法定盈余公积和法定公益金之前不得向投资者分配利润。

2. 利润分配的主要账务处理

(1)小企业根据有关规定分配给投资者的利润,借记"利润分配——应付利润"科目,贷记"应付利润"科目。

(2)用盈余公积弥补亏损,借记"盈余公积"科目,贷记"利润分配——盈余公积补亏"科目。小企业(中外合作经营)根据合同规定在合作期间归还投资者的投资,应按照实际归还投资的金额,借记"实收资本——已归还投资"科目,贷记"银行存款"等科目;同时,借记"利润分配——利润归还投资"科目,贷记"盈余公积——利润归还投资"科目。

(3)年度终了,小企业应当将本年实现的净利润,自"本年利润"科目转入"利润分配"科目,借记"本年利润"科目,贷记"利润分配——未分配利润"科目;为净亏损的,编制相反的会计分录。同时,将"利润分配"科目所属明细科目(应付利润、盈余公积补亏)的余额转入"利润分配——未分配利润"科目明细科目。结转后,"利润分配"科目除"利润分配——未分配利润"明细科目外,其他明细科目应无余额。

【例8-33】某企业2019年年末损益类科目余额如下:主营业务收入550 000元,主营业务成本350 000元,销售费用46 000元,税金及附加7 000元,财务费用18 000元,管理费用83 000元,其他业务收入60 000元,其他业务成本39 000元,投资收益80 000元,营业外收入4 000元,营业外支出47 000元,所得税费用33 000元。经批准按税后利润的10%提取法定盈余公积,按可供分配利润的60%向投资者分配利润(假定该企业以前年度没有未分配利润),编制该企业年末相关会计分录。

(1)年末结转各项收入与收益,编制会计分录如下:

借:主营业务收入　　　　　　　　　　　　　　550 000
　　其他业务收入　　　　　　　　　　　　　　 60 000
　　投资收益　　　　　　　　　　　　　　　　 80 000
　　营业外收入　　　　　　　　　　　　　　　 4 000
　贷:本年利润　　　　　　　　　　　　　　　694 000

(2) 年末结转各项成本、费用或支出，编制会计分录如下：

借：本年利润 623 000
　　贷：主营业务成本 350 000
　　　　税金及附加 7 000
　　　　其他业务成本 39 000
　　　　销售费用 46 000
　　　　管理费用 83 000
　　　　财务费用 18 000
　　　　营业外支出 47 000
　　　　所得税费用 33 000

"本年利润"科目的贷方余额（净利润）为 694 000 – 623 000 = 71 000（元）。

(3) 将"本年利润"账户余额转入"利润分配——未分配利润"账户中，编制会计分录如下：

借：本年利润 71 000
　　贷：利润分配——未分配利润 71 000

(4) 利润分配时，编制会计分录如下：

借：利润分配——提取法定盈余公积 7 100
　　　　　　——应付利润 42 600
　　贷：盈余公积——法定盈余公积 7 100
　　　　应付利润 42 600

(5) 将"利润分配"科目下的有关明细转入"未分配利润"明细科目，编制会计分录如下：

借：利润分配——未分配利润 49 700
　　贷：利润分配——提取法定盈余公积 7 100
　　　　　　　　——应付利润 42 600

"未分配利润"明细科目贷方余额 71 000 – 49 700 = 21 300（元）。

【例 8–34】某企业本年度发生亏损 500 000 元，经股东大会决议，用以前年度计提的盈余公积 500 000 元弥补亏损，编制会计分录如下：

借：盈余公积 500 000
　　贷：利润分配——盈余公积补亏 500 000
借：利润分配——盈余公积补亏 500 000
　　贷：利润分配——未分配利润 500 000

思考练习题

一、判断题

1. 在商品流通企业，购入存货的入账价值包括进货过程中发生的运输费、运输途中的合理损耗和入库前的挑选整理费。（　　）

2. 企业采取分期收款销售方式时，应在收到货款时确认销售收入；如不符合收入

确认的条件,即使合同约定采用分期收款销售方式,也不能按合同约定的收款日期分期确认收入。( )

3. 在收取手续费方式的代销业务中,受托方应按代销商品的实际售价确认收入。( )

4. 企业按规定用盈余公积弥补以前年度亏损时,应按弥补数额,借记"盈余公积"科目,贷记"本年利润"科目。( )

5. 在委托其他单位代销商品时,应当在收到代销单位的代销清单后确认收入的实现。( )

6. 企业确认收入后,又发生销售退回的,不论是当年销售的还是以前年度销售的,均冲减销售当月的销售收入。( )

7. "利润分配"科目的年末余额表示本年实现的尚未分配的"未分配利润"或"未弥补亏损"的数额。( )

8. 职工劳动保险费应作为管理费用核算。( )

9. 企业发生收入往往表现为货币资产的流入,但是并非所有货币资产的流入都是企业的收入。( )

10. 制造费用与管理费用不同,本期发生的管理费用直接影响本期损益,而本期发生的制造费用不一定影响本期的损益。( )

11. 企业专设销售机构销售出商品的成本应计入销售费用。( )

12. 对商品需要安装的销售,只在安装和检验完毕后确认收入。( )

13. 企业的收入可表现为货币资金的流入。( )

14. 小规模纳税人销售商品应收取的增值税额,与销售商品价款一并确认收入。( )

15. 《小企业会计准则》规定,企业发生的现金折扣应冲减主营业务收入。( )

二、单项选择题

1. 下列选项中不属于营业收入的是( )。
   A. 出租固定资产而收取的租金收入　　B. 销售商品取得的收入
   C. 出售多余材料收入　　D. 进行债券投资而收取的利息收入

2. A企业采用分期收款方式销售商品,则A企业应在( )时,确认收入。
   A. 合同订立　　B. 发出商品
   C. 合同约定的收款日期　　D. 全部收到货款

3. 甲企业向乙企业销售A商品1 000件,每件售价280元(不含税)。由于是成批销售,甲企业给予乙企业10%的商业折扣,甲企业规定的现金折扣条件为2/10,N/20。乙企业在8天后付清货款,甲企业确认的销售收入为( )元。
   A. 274 400　　B. 252 000　　C. 280 000　　D. 246 960

4. 采用收取手续费的代销方式时,对于受托方收取的代销手续费,委托方应记入( )科目。
   A. 销售费用　　B. 财务费用
   C. 管理费用　　D. 主营业务成本

5. 某企业自行研究开发出一项技术并已获专利权,在技术的研究开发过程中,共发生了研发支出 146 000 元,其中资本化支出 120 000 元。则资本化支出应转入( )科目。

  A. 财务费用 B. 销售费用 C. 管理费用 D. 无形资产

6. 下列各项中,( )应计入产品成本的费用。

  A. 销售部门人员职工薪酬 B. 车间管理人员职工薪酬
  C. 企业管理人员职工薪酬 D. 在建工程人员的薪酬

7. 下列各项,可采用完工百分比法确认收入的是( )。

  A. 分期收款销售商品
  B. 委托代销商品
  C. 在同一会计年度开始并完成的任务
  D. 跨越一个会计年度才能完成的劳务

8. 企业因自然灾害所造成的生产用材料毁损,经有关部门批准后应将扣除保险公司等的赔偿和残料价值后的净损失记入( )科目。

  A. 管理费用 B. 其他业务成本 C. 营业外支出 D. 生产成本

9. 某企业于 2019 年 9 月接受一项产品安装任务,安装期 6 个月,合同总收入 10 万元,年度预收款项 4 万元,余款在安装完成时收回,当年实际发生成本 3 万元,预计还将发生成本 2 万元。则该企业 2019 年度确认收入为( )万元。

  A. 4 B. 6 C. 10 D. 0

10. 某企业 2019 年 1 月份发生主营业务收入 123 400 元,主营业务成本 84 040 元,税金及附加 2 500 元,其他业务收入 2 000 元,其他业务成本 1 500 元,销售费用 5 560 元,管理费用 2 000 元及财务费用 560 元。则该企业当月的营业利润为( )元。

  A. 37 360 B. 36 860 C. 34 800 D. 29 240

11. 下列项目中,不应计入产品生产成本的费用是( )。

  A. 生产车间机器设备的修理费 B. 企业行政管理部门设备的折旧费
  C. 生产车间厂房的折旧费 D. 生产工人的劳动保护费

12. 专设销售机构的办公费用应记入( )科目。

  A. 管理费用 B. 销售费用
  C. 主营业务成本 D. 其他业务成本

13. 企业收到违约者交付的罚款收入记入( )科目。

  A. 其他应收款 B. 营业外收入
  C. 其他业务收入 D. 冲减营业外支出

14. 下列各项,不影响企业营业利润的项目是( )。

  A. 商品销售收入 B. 劳务收入
  C. 固定资产租金收入 D. 营业外收入

15. 企业对遭受自然灾害的地区捐赠一批物资,所发生的捐赠支出应记入( )科目。

  A. 销售费用 B. 其他业务成本 C. 营业外支出 D. 管理费用

16. 商品流通企业在进货过程中所发生的相关费用应记入( )科目。

  A. 商品成本 B. 管理费用 C. 销售费用 D. 财务费用

17. 企业发生的违约金支出应记入（　　）科目。
    A. 管理费用　　　　　　　　　B. 营业外支出
    C. 财务费用　　　　　　　　　D. 其他业务成本
18. 下列项目中应计入管理费用的是（　　）。
    A. 短期投资损失
    B. 行政管理部门领用存货
    C. 接受捐赠固定资产发生的相关支出
    D. 自然灾害造成的存货损失
19. 企业发生的超标的业务招待费，应记入（　　）科目。
    A. 管理费用　　　B. 销售费用　　　C. 利润分配　　　D. 营业外支出

三、多项选择题

1. 收入是企业在（　　）等日常经营活动中所形成的经济利益的总流入。
    A. 出租固定资产　　B. 提供劳务　　C. 接受投资　　D. 销售商品
2. 在下列各项中，（　　）不属于企业的营业收入。
    A. 本企业出租包装物取得的收入
    B. 转让无形资产所有权取得的转让收入
    C. 出售固定资产所获得的净收入
    D. 出租固定资产所获得的租金收入
3. 下列各项属于企业其他业务收入的是（　　）。
    A. 出租固定资产取得的收入　　　　B. 出售固定资产取得的收入
    C. 转让无形资产所有权取得的收入　D. 材料销售收入
4. 下列各项中，可归集到生产成本项目的有（　　）。
    A. 对固定资产进行改建的支出费用
    B. 销售人员职工薪酬
    C. 车间管理人员职工薪酬
    D. 为生产产品提供燃料和动力而支出的费用
5. 下列各项中属于企业营业外收入的有（　　）。
    A. 罚款收入　　　　　　　　　B. 出口补贴收入
    C. 处置固定资产净收益　　　　D. 包装物出租收入
6. 下列支出中属于营业外支出的有（　　）。
    A. 税款滞纳金支出　　　　　　B. 违反经济合同的罚款支出
    C. 自然灾害造成的存货损失　　D. 出租包装物结转的成本
7. 企业对外提供的下列各项中，应当在本年度全部确认收入或按完工百分比法确认收入的有（　　）。
    A. 本年度开始并完成的装修工程所取得的收入
    B. 年末未完工但劳务的交易结果能可靠估计的装修工程，按完工百分比法计算的收入
    C. 年末未完工但劳务的交易结果不能可靠估计的装修工程，按完工百分比法计算的收入

D. 对跨年度的劳务，年末已完工但已经发生的劳务成本不能全部得到补充的装修工程，按合同规定计算的收入

8. 下列科目中，应于期末将余额结转入"本年利润"科目的有（　　）。
   A. 其他业务收入　　　　　　　B. 税金及附加
   C. 生产成本　　　　　　　　　D. 增值税

9. 企业可以用（　　）弥补本年亏损。
   A. 下一年度的税前利润　　　　B. 下一年度的税后利润
   C. 以前年度提取未使用的盈余公积　D. 递延收益

10. 下列各项收入中，属于工业企业的其他业务收入的有（　　）。
    A. 转让无形资产使用权取得的收入　B. 出租包装物的租金收入
    C. 提供运输劳务所取得的收入　　　D. 销售原材料所取得收入

11. 下列费用中，应当作为管理费用核算的有（　　）。
    A. 生产技术转让费支出　　　　B. 业务招待费
    C. 公司审计费用　　　　　　　D. 公司广告费

12. 下列各项支出在发生时应直接确认为当期费用的有（　　）。
    A. 固定资产安装工人薪酬　　　B. 广告费支出
    C. 专设销售机构职工薪酬　　　D. 管理人员薪酬

13. 企业发生的期间费用主要包括（　　）。
    A. 制造费用　　B. 管理费用　　C. 销售费用　　D. 财务费用

14. 《小企业会计准则》下，下列税费应在"税金及附加"科目核算的有（　　）。
    A. 房产税　　　　　　　　　　B. 车船使用税
    C. 土地增值税　　　　　　　　D. 增值税

15. 构成并影响营业利润的项目有（　　）。
    A. 主营业务成本　　　　　　　B. 税金及附加
    C. 投资收益　　　　　　　　　D. 管理费用和财务费用

四、实务题

1. 某企业2018年12月18日销售A商品一批，售价50 000元，增值税为6 500元，成本26 000元。合同规定的现金折扣条件为2/10，1/20，N/30，买方于12月27日付款。

要求：
（1）编制销售过程和收款过程的会计分录。
（2）如果该批产品于2019年5月10日被退回，货款如数退还，请编制销售退回的会计分录。

2. 甲公司对外提供劳务，合同总收入100万元。劳务跨年度完工，已预收劳务费40万元，至年底已发生劳务成本36万元（均用存款支付）。预计劳务总成本60万元。

要求：编制预收劳务费，确认当年劳务收入、劳务成本的会计分录。

3. 甲公司系增值税一般纳税人，适用13%的增值税税率和25%的企业所得税税率。销价除标明为含税价格外，均为不含税价格。甲公司2019年12月发生下列业务：

(1) 2日向乙企业赊销A产品10件，单价为2 000元，单位销售成本为1 200元，约定付款条件为2/10，N/20。

(2) 8日乙企业收到A产品后，发现有少量的不合格品，经双方协商，甲公司同意折让5%。余款乙公司于12月8日偿还。

(3) 10日，以分期收款销售方式向丁企业销售B产品10件，单价为4 000元，单位销售成本为3 000元。根据分期收款销售合同，该销售总价款分四次平均收取，每三个月收款一次。第一次应收取的价款已于当日如数收存银行。

(4) 15日，向丙企业销售材料一批，价款为20 000元，该材料发出成本为16 000元。当日收取面值为22 600元的银行承兑汇票一张。

(5) 18日，乙企业要求退回本年11月20日购买的10件A产品。产品销售单价为2 000元，单位销售成本为1 200元，其销售收入20 000元已确认入账，价款尚未收取。经查明退货原因系发货错误，同意乙企业退货，并办理了退货手续和开具负数增值税专用发票。甲公司收到退回的货物。

(6) 22日收到I公司本年度使用甲公司专有技术费60万元，增值税税率6%。

(7) 31日转让一项专利权，取得转让收入160万元（不含增值税），该专利权的成本为200万元，已摊销50万元，增值税税率6%，不考虑其他税费。

要求：根据上述经济业务编制会计分录。

4. 甲企业系一般纳税人，2019年3月发生下列业务（除标明现金支付外，其余的均为银行存款收付）：

(1) 支付银行借款利息50 000元。

(2) 行政管理部门发生日常修理费用1 000元。

(3) 支付职工教育经费17 000元。

(4) 支付广告宣传费用8 000元，增值税480元。

(5) 捐赠支出4 000元，以银行存款支付。

(6) 生产车间水电费16 000元，增值税2 080元。

(7) 支付各项税收罚款及滞纳金2 900元。

(8) 支付违反合同罚款1 520元，以银行存款支付。

(9) 购买办公用品100元，增值税13元，以现金支付。

(10) 支付全年的财产保险费3 260元。

(11) 支付诉讼费用640元。

(12) 发生业务招待费14 800元，以现金支付。

(13) 支付销售产品由企业负担的运输费2 000元，取得增值税专用发票，注明增值税款为220元。

(14) 用银行存款支付生产用固定资产修理费用10 000元，增值税1 300元。

(15) 分配职工工资100 000元，其中生产工人工资80 000元，车间管理人员工资14 000元，公司管理人员工资6 000元。并按上述工资总额的14%计提职工福利费。

(16) 计提管理部门使用的无形资产摊销8 000元。

(17) 结转本月发生的管理费用、销售费用、财务费用、营业外支出。

要求：根据上述资料编制有关的会计分录。

5. 根据下列资料，编制某企业有关会计分录。

（1）上月该企业出售设备一台，扣除相关费用后的净收益为 6 000 元，转入营业外收入。

（2）该企业收到外单位因违约而交的违约金 2 000 元存入银行。

（3）该企业欠 A 公司货款 10 000 元，因 A 公司撤销经批准予以转销。

（4）该企业收到增值税返还款 4 000 元。

（5）上月清查中盘亏机器经批准予以转销，其净值为 38 000 元（原值为 60 000 元，已计提折旧 22 000 元）。

（6）捐赠给慈善基金会 3 000 元。

（7）捐赠给某慈善机构机器一台，原价 20 000 元，已计提折旧 4 000 元。

6. 某企业 2019 年实现利润总额 200 万元，按 25% 缴纳所得税（无其他纳税调整项目），按净利额的 10% 提取法定盈余公积，并分配给投资者 20 万元利润。

要求：

（1）计算该企业 2019 年度的净利润。

（2）编制有关净利润形成及利润分配的会计分录。

（3）结转本年利润及利润分配科目的各明细科目。

7. 某企业 2019 年年末各损益类科目如表 8-5 所示。

要求：

（1）分别计算营业利润、利润总额。

（2）将各损益类科目余额进行结转。

表 8-5　损益类科目表

元

科目名称	借方余额	贷方余额
主营业务收入		120 000
主营业务成本	60 000	
税金及附加	5 400	
销售费用	2 600	
管理费用	8 000	
财务费用	2 000	
其他业务收入		7 500
其他业务成本	4 500	
投资收益	1 500	
营业外收入		3 500
营业外支出	1 000	

第 9 章

所有者权益

知识目标
- 了解所有者权益的概念、构成。
- 掌握实收资本增减变动的核算。
- 掌握留存收益的核算。

技能目标
- 能完成公司资本筹资业务。
- 能完成留存收益核算业务。

素质目标
- 培养学生坚持准则、依法计提盈余公积的素质。
- 培养学生收到资本合理入账的素质。

本章知识结构

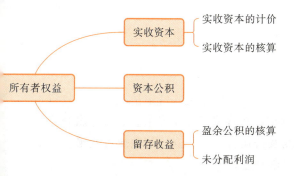

所有者权益是指小企业资产扣除负债后由所有者享有的剩余权益。小企业的所有者权益包括实收资本（或股本）、资本公积、盈余公积和未分配利润。实收资本是所有者直接投入的；资本公积是投资者直接投入的超出实收资本的部分，主要是指资本（或股本）溢价；而盈余公积和未分配利润则是由企业在生产过程中所实现的利润留存在企业形成的，因此，盈余公积和未分配利润又称为留存收益。以上四个项目应在企业编制的资产负债表中分别列示。

9.1 实收资本

我国企业法人登记管理条例明确规定，企业申请开业必须具备符合国家规定并与其生产经营和服务规模相适应的资金数额。企业的实收资本是指投资者按照企业章程或合同、协议的约定，实际投入企业的资本。小企业设置"实收资本"科目核算企业实际收到的投资人投入的资本。投资人可以用现金投资，也可以用现金以外的其他有形资产投资。符合国家规定比例的，可以用无形资产投资。2006年1月1日施行的《中华人民共和国公司法》规定，企业最低注册资本额为人民币3万元。允许公司按照规定的比例在2年内分期缴清出资，投资公司从宽规定可以在5年内缴足；同时规定：公司全体股东的首次出资额不得低于注册资本的20％。全体股东的货币出资金额不得低于有限责任公司注册资本的30％。

9.1.1 实收资本的计价

1. 以货币方式出资的计价

货币出资方式包括投入的人民币和各种外币。按《小企业会计准则》的规定，小企业收到投资者以外币投入的资本，应当采用交易发生日即期汇率折算，不得采用合同约定汇率和交易当期平均汇率折算。

2. 以实物出资方式的计价

以建筑物、厂房、机器设备、原材料及其他物资等投入，计价的依据是评估价值和相关税费。

3. 以无形资产出资方式的计价

如果企业接受投资者的无形资产投资,应按评估价值和相关税费入账。

9.1.2 实收资本的核算

一般情况下,企业的实收资本应相对固定不变,但在某些特定情况下,实收资本也可以发生增减变化。根据《公司法》的规定,有限责任公司股东会会议作出修改公司章程、增加或者减少注册资本的决议,以及公司合并、分立、解散或者变更公司形式的决议,必须经代表2/3以上表决权的股东通过。

1. 实收资本增加的核算

小企业增加实收资本的账务处理如下:

(1) 小企业收到投资者(包括原企业所有者和新投资者)的出资,应在收到投资者投入的资金时,借记"银行存款""其他应收款""固定资产""无形资产""原材料"等科目,贷记"实收资本"等科目。

(2) 将资本公积或盈余公积增加注册资本,应借记"资本公积""盈余公积"科目,贷记"实收资本"科目。资本公积和盈余公积均属所有者权益,转为实收资本时,如为独资企业,直接结转即可;如为有限责任公司,应按原投资者所持股份同比例增加各股东的股权。

【例9-1】某有限责任公司为了扩大生产规模,经股东大会决议增加注册资本600 000元,以货币出资,已存入银行。其中,甲、乙、丙三个自然人投资者各增加出资200 000元。编制会计分录如下:

```
借:银行存款                           600 000
    贷:实收资本——甲投资者              200 000
          ——乙投资者                  200 000
          ——丙投资者                  200 000
```

【例9-2】某有限责任公司收到甲公司投入资本金1 000 000元,款项收妥存入银行。编制会计分录如下:

```
借:银行存款                         1 000 000
    贷:实收资本——甲公司               1 000 000
```

【例9-3】某企业为有限责任公司,注册资本为150万元,该企业已经营了多年,现有投资者A加入该企业,经股东大会决议,将注册资本增加至200万元,投资者A投入70万元,占注册资本的25%。收到投资者转来的投资款70万元。计入投资者A的注册资本额为200×25% = 50(万元),计入资本溢价70 - 50 = 20(万元)。编制会计分录如下:

```
借:银行存款                           700 000
    贷:实收资本——投资者                500 000
        资本公积——资本溢价             200 000
```

【例9-4】有A、B、C三位投资者，共同出资设立ABC有限责任公司，投资者A以房产作为出资，该房产的原价为100万元，已计提折旧20万元，评估确认及相关税费为150万元；投资者B以一专利权出资，该专利权的账面价值为50万元，评估确认及相关税费为50万元；投资者C以原材料出资，评估确认及相关税费为226万元（其中增值税26万元）。编制会计分录如下：

借：固定资产——房屋建筑物　　　　　　　　　　　　1 500 000
　　无形资产——专利权　　　　　　　　　　　　　　　500 000
　　原材料　　　　　　　　　　　　　　　　　　　　2 000 000
　　应交税费——应交增值税（进项税额）　　　　　　　260 000
　　贷：实收资本——投资者A　　　　　　　　　　　　1 500 000
　　　　　　——投资者B　　　　　　　　　　　　　　500 000
　　　　　　——投资者C　　　　　　　　　　　　　2 260 000

【例9-5】某有限责任公司的股东会决议，决定用按相关规定可以转增资本的资本公积70万元、盈余公积50万元转增注册资本。该公司在转增注册资本时应编制会计分录如下：

借：资本公积　　　　　　　　　　　　　　　　　　　700 000
　　盈余公积　　　　　　　　　　　　　　　　　　　500 000
　　贷：实收资本　　　　　　　　　　　　　　　　 1 200 000

2. 实收资本减少的核算

一般情况下企业的实收资本不能随意减少。按有关规定可以减少注册资本的，也必须符合以下条件：

（1）减资应事先通知所有债权人，债权人无异议，方允许减资。
（2）经股东会议同意，并经有关部门批准。
（3）公司减资后的注册资本不得低于法定注册资本的最低限额。

根据有关规定减少注册资本时，借记"实收资本""资本公积"等科目，贷记"库存现金""银行存款"等科目。小企业（中外合作经营）根据合同规定在合作期间归还投资者的投资，应当按照实际归还投资的金额，借记"实收资本——已归还投资"科目，贷记"银行存款"等科目；同时，借记"利润分配——利润归还投资"科目，贷记"盈余公积——利润归还投资"科目。

【例9-6】某企业原有注册资本为200万元，由于资本过剩，经股东大会决议通过，拟减少注册资本100万元，并同意股东王五将股份20万元转让给周六。其中，股东张三减50万元，李四减50万元；以上均通过银行处理。经工商管理部门办理相关手续，编制会计分录如下：

（1）股东张三、李四减少注册资本：

借：实收资本——张三　　　　　　　　　　　　　　　500 000
　　　　　　——李四　　　　　　　　　　　　　　　500 000
　　贷：银行存款　　　　　　　　　　　　　　　　1 000 000

(2) 股东王五将股份转让给周六：

借：实收资本——王五　　　　　　　　　　　　　　　200 000
　　贷：实收资本——周六　　　　　　　　　　　　　　200 000

9.2　资本公积

资本公积是指小企业收到的投资者出资额超过其在注册资本或股本中所占份额的部分。

小企业用资本公积转增资本，应当冲减资本公积。小企业的资本公积不得用于弥补亏损。小企业应设置"资本公积"科目核算，"资本公积"科目期末贷方余额，反映小企业资本公积总额。"资本公积"的主要账务处理如下：

(1) 小企业收到投资者的出资，借记"银行存款""其他应收款""固定资产""无形资产"等科目，按照其在注册资本中所占的份额，贷记"实收资本"科目，按照其差额，贷记"资本公积"科目。

(2) 根据有关规定用资本公积转增资本，借记"资本公积"科目，贷记"实收资本"科目。

(3) 根据有关规定减少注册资本，借记"实收资本""资本公积"等科目，贷记"库存现金""银行存款"等科目。

【例9-7】 某企业原有注册资本为120万元，已经营2年，因为企业盈利情况较好，有一投资者A希望加盟。经股东会决议，同意该投资者加入后占注册资本的20%，并且要求投资者A的出资额为40万元，投资者A以一部汽车（评估确认价及相关税费为15万元）和人民币25万元投入。投资者A加入后的注册资本变更为150万元，享有的注册资本为150×20%＝30（万元）。

该企业应编制会计分录如下：

借：固定资产——××汽车　　　　　　　　　　　　　150 000
　　银行存款　　　　　　　　　　　　　　　　　　　250 000
　　贷：实收资本——投资者A　　　　　　　　　　　　300 000
　　　　资本公积——资本溢价　　　　　　　　　　　　100 000

9.3　留存收益

留存收益是企业累积税后利润形成的资本。企业净利润可按协议、公司章程规定在企业所有者之间进行分配，对于不作分配而留存于企业内的净利润，在会计上称作留存收益。留存收益包括盈余公积和未分配利润。

9.3.1　盈余公积的核算

1. 盈余公积的内容

盈余公积，是指小企业按照法律规定在税后利润中提取的法定盈余公积（即法定公积金）和任意盈余公积（即任意公积金）。小企业用盈余公积弥补亏损或者转增资本，应当冲减盈余公积。小企业的盈余公积还可以用于扩大生产经营。企业当年利润不足以弥补以前年度的亏损或当年发生亏损的企业，当年不得计提盈余公积。

小企业的盈余公积包括以下两个方面：

（1）法定盈余公积，是指企业按照规定的比例从净利润中提取的盈余公积；公司法定盈余公积按净利润的10%提取，法定盈余公积累计额为公司注册资本的50%以上的，可以不再提取。

（2）任意盈余公积，是指企业经股东大会或类似机构批准按照规定的比例从净利润中提取的盈余公积。

2. 盈余公积的用途

（1）弥补亏损。企业应当用当年实现的税前利润弥补以前年度的亏损（按税法规定可延续弥补五年），当年利润不足以弥补的未弥补亏损，在本年度应按照任意盈余公积、法定盈余公积的顺序弥补亏损，但弥补亏损后的法定盈余公积不得低于注册资本的25%。

（2）转增资本。转增资本后的法定盈余公积应不低于注册资本的25%。

3. 盈余公积的核算

公司制小企业应按照公司法规定在税后利润中提取法定公积金和任意公积金。小企业（外商投资）按照法律规定在税后利润中提取储备基金和企业发展基金也在"盈余公积"科目核算。"盈余公积"科目应当分别按"法定盈余公积""任意盈余公积"进行明细核算。小企业（外商投资）还应当分别按"储备基金""企业发展基金"进行明细核算。小企业（中外合作经营）根据合同规定在合作期间归还投资者的投资，应在"盈余公积——利润归还投资"科目进行核算。"盈余公积"科目期末贷方余额，反映小企业（公司制）的法定公积金和任意公积金总额，小企业（外商投资）的储备基金和企业发展基金总额。盈余公积的主要账务处理如下：

（1）小企业（公司制）按照公司法规定提取法定公积金和任意公积金，借记"利润分配——提取法定盈余公积、提取任意盈余公积"科目，贷记"盈余公积——法定盈余公积、任意盈余公积"科目。

小企业（外商投资）按照规定提取储备基金、企业发展基金、职工奖励及福利基金，借记"利润分配——提取储备基金、提取企业发展基金、提取职工奖励及福利基金"科目，贷记"盈余公积——储备基金、企业发展基金""应付职工薪酬"科目。

（2）用盈余公积弥补亏损或者转增资本，借记"盈余公积"科目，贷记"利润分配——盈余公积补亏"或"实收资本"科目。

小企业（中外合作经营）根据合同规定在合作期间归还投资者的投资，应当按照实际归还投资的金额，借记"实收资本——已归还投资"科目，贷记"银行存款"等科目；同时，借记"利润分配——利润归还投资"科目，贷记"盈余公积——利润归还投资"科目。

【例9-8】某企业公司章程规定，法定盈余公积、任意盈余公积分别按净利润的10%和5%计提，该公司2019年税后利润为600 000元。

应编制会计分录如下：

借：利润分配——提取法定盈余公积　　　　　　　　　　60 000
　　　　　　——提取任意盈余公积　　　　　　　　　　30 000
　　贷：盈余公积——法定盈余公积　　　　　　　　　　　　　　60 000
　　　　　　　　——任意盈余公积　　　　　　　　　　　　　　30 000

【例9-9】某企业2019年净利润为1 000 000元，按10%提取法定盈余公积。2019年年末，经股东大会通过，将当年计提的法定盈余公积全部转增资本，并办理了增资手续。编制会计分录如下：

（1）提取法定盈余公积：

借：利润分配——提取法定盈余公积　　　　　　　　　100 000
　　贷：盈余公积——法定盈余公积　　　　　　　　　　　　　100 000

（2）转增资本：

借：盈余公积——法定盈余公积　　　　　　　　　　　100 000
　　贷：实收资本　　　　　　　　　　　　　　　　　　　　　100 000

9.3.2　未分配利润

未分配利润，是指小企业实现的净利润，经过弥补亏损、提取法定公积金和任意公积金、向投资者分配利润后，留存在本企业的、历年结存的利润。

为了反映企业历年积累的未分配利润情况，在"利润分配"科目下，设置"未分配利润"明细科目进行核算。未分配利润是所有者权益的组成部分。未分配利润数额等于期初未分配利润，加上本期实现的税后利润，减去提取的各种盈余公积和分配利润后的余额。小企业应设置"利润分配"科目核算。"利润分配"科目年末余额，反映小企业的未分配利润（或未弥补亏损）。"利润分配——未分配利润"的有关账务处理如下：

（1）用盈余公积弥补亏损，借记"盈余公积"科目，贷记"利润分配——盈余公积补亏"科目。小企业（中外合作经营）根据合同规定在合作期间归还投资者的投资，应按照实际归还投资的金额，借记"实收资本——已归还投资"科目，贷记"银行存款"等科目；同时，借记"利润分配——利润归还投资"科目，贷记"盈余公积——利润归还投资"科目。

（2）年度终了，小企业应当将本年实现的净利润，自"本年利润"科目转入"利润分配——未分配利润"科目，借记"本年利润"科目，贷记"利润分配——未分配利润"；为净亏损的，编制相反的会计分录。同时，将"利润分配——应付利润、盈余公积补亏"科目的余额转入"利润分配——未分配利润"。结转后，除"利润分配——未分配利润"科目外，其他明细科目应无余额。

【例9-10】某企业2019年实现利润总额900 000元，以前年度亏损（5年内亏损）75 000元，计算应纳所得税为25 000元，净利润为800 000元，年终根据公司章程规定的比例,按净利润的 10% 提取法定盈余公积,按 10% 计提任意盈余公积,并向投资者分配利润 400 000 元,年终结转利润。

该企业应编制会计分录如下:

(1) 本年利润(包括净利润)弥补以前年度亏损(包括用所得税前利润和所得税后利润弥补)在"利润分配——未分配利润"科目自动处理,无须专门作会计处理。

(2) 计提所得税时:

借:所得税费用　　　　　　　　　　　　　　　　　　　25 000
　　贷:应交税费——应交所得税　　　　　　　　　　　　　　25 000

(3) 将所得税费用转入本年利润:

借:本年利润　　　　　　　　　　　　　　　　　　　　25 000
　　贷:所得税费用　　　　　　　　　　　　　　　　　　　25 000

(4) 将本年利润的贷方余额转入未分配利润:

900 000 − 75 000 − 25 000 = 800 000(元)

借:本年利润　　　　　　　　　　　　　　　　　　　800 000
　　贷:利润分配——未分配利润　　　　　　　　　　　　　800 000

(5) 根据净利润计提法定盈余公积和任意盈余公积:

借:利润分配——提取法定盈余公积　　　　　　　　　　80 000
　　　　　　——提取任意盈余公积　　　　　　　　　　80 000
　　贷:盈余公积——法定盈余公积　　　　　　　　　　　80 000
　　　　　　——任意盈余公积　　　　　　　　　　　　80 000

(6) 向投资者分配利润:

借:利润分配——应付利润　　　　　　　　　　　　　400 000
　　贷:应付利润　　　　　　　　　　　　　　　　　　400 000

(7) 年终结转利润分配明细账:

借:利润分配——未分配利润　　　　　　　　　　　　560 000
　　贷:利润分配——提取法定盈余公积　　　　　　　　　80 000
　　　　　　——提取任意盈余公积　　　　　　　　　　80 000
　　　　　　——应付利润　　　　　　　　　　　　　400 000

本年未分配利润余额为:

800 000 − 560 000 = 240 000(元)

思考练习题

一、判断题

1. 所有者权益是指企业的投资者对企业净资产的所有权。　　　　　(　)

2. 投资者向企业投入的资本,在企业持续经营期间内,除依法转让外,不得以任何形式抽回。　　　　　　　　　　　　　　　　　　　　　　　(　)

3. 在企业增资扩股时，新加入的投资者所缴纳的出资额应全部作为实收资本。（   ）
4. 企业的实收资本一定等于注册资本。（   ）
5. A 企业接受 B 企业捐赠某固定资产，A 企业应将固定资产的价值计入资本公积。（   ）
6. 企业收到以无形资产方式投入的资本，应按评估价值入账。（   ）
7. 留存收益指企业从本年实现的利润中提取或留存于企业的内部积累，它来源于企业所实现的净利润。（   ）
8. "利润分配——未分配利润"的年末贷方余额，反映企业累积未弥补亏损数。（   ）
9. 未分配利润是指未指定用途的利润。（   ）
10. 在《小企业会计准则》下，以非现金资产投入的资本，应按评估价值入账。（   ）
11. 某企业在增资扩股时，新加入的投资者缴纳的出资额，大于其按约定比例计算的其在注册资本中所占有的份额的部分，应记入"资本公积"账户。（   ）
12. 某企业年初有可在五年弥补的亏损 55 万元，当年应纳税所得额为 50 万元。在《小企业会计准则》下，该企业当年不得提取法定盈余公积。（   ）
13. 用法定盈余公积转增资本或弥补亏损，均不会引起所有者权益总额的变化。（   ）
14. 资本公积和盈余公积都是从企业的净利润中提取的。（   ）
15. 无论是以税前利润还是以税后利润弥补亏损，都不需要专门作会计处理。（   ）

二、单项选择题

1. 甲企业收到某单位作价投入的原材料一批，该批原材料实际成本为 450 000 元，评估价值为 460 000 元，经税务部门认定应交的增值税为 78 200 元，甲企业应记入"实收资本"科目的金额为（   ）元。
   A. 460 000   B. 538 200   C. 450 000   D. 526 500

2. 甲企业接受乙企业的生产用新设备作为投资，该设备的原值为 660 000 元，评估价为 650 000 元，投入后，乙企业占有注册资本的 620 000 元。甲企业接受投资时以下项目正确的是（   ）。
   A. 实收资本为 620 000 元   B. 实收资本为 630 000 元
   C. 实收资本为 10 000 元   D. 资本公积为 10 000 元

3. 在《小企业会计准则》下，企业收到捐赠现金时的会计处理是（   ）。
   A. 记入"其他业务收入"科目   B. 冲减"营业外支出"
   C. 记入"营业外收入"科目   D. 冲减"管理费用"

4. 企业提取的盈余公积不可用于（   ）。
   A. 弥补亏损   B. 转增资本   C. 扩大生产经营   D. 对外捐赠

5. 下列会计事项，会引起企业所有者权益总额发生变化的是（   ）。
   A. 从净利润中提取盈余公积   B. 向投资者分配利润

C. 用任意盈余公积转增资本　　　　D. 向投资者支付利润

6. 某企业2018年未分配利润为－4万元，2019年年末该企业税前利润为54万元，其所得税税率为25%，本年按净利润的10%、5%分别提取法定盈余公积、任意盈余公积，向投资者分配利润10.5万元，若该企业用税前利润弥补亏损，则2019年其未分配利润为（　　）万元。

A. 32　　　　　　B. 29.75　　　　　C. 18.73　　　　　D. 19.5

7. 企业用利润弥补亏损时，应（　　）。

A. 借记"本年利润"，贷记"利润分配——未分配利润"

B. 借记"利润分配——未分配利润"，贷记"本年利润"

C. 借记"利润分配——未分配利润"，贷记"盈余公积"

D. 无须专门作会计处理

三、多项选择题

1. 企业实收资本增加的途径有（　　）。

A. 接受投资者投资　　　　　　　B. 接受现金捐赠

C. 用盈余公积转增资本　　　　　D. 用资本公积转增资本

2. 企业发生亏损时，下列各项中可以用于弥补亏损的是（　　）。

A. 用以后5年的税前利润弥补　　B. 用5年后的税后利润弥补

C. 以盈余公积弥补亏损　　　　　D. 以资本公积弥补亏损

3. 下列关于盈余公积，正确的叙述有（　　）。

A. 盈余公积是指企业按照规定从利润总额中提取的积累资金

B. 法定盈余公积累计额达到注册资本的50%时可不再提取

C. 法定盈余公积按照税后利润10%的比例提取

D. 盈余公积转增资本后，以转增后留存的此项公积金不少于注册资本的25%为限

4. 以下各项中，会使所有者权益发生变化的有（　　）。

A. 当年发生亏损　　　　　　　　B. 用盈余公积补以前年度亏损

C. 分配股东利润　　　　　　　　D. 盈余公积转增资本

5. 下列各项中，属于所有者权益类的有（　　）。

A. 营业外收入　　B. 实收资本　　C. 盈余公积　　　　D. 净利润

6. 下列项目中，应通过"资本公积"科目核算的有（　　）。

A. 资本溢价　　　　　　　　　　B. 接受捐赠非现金资产

C. 财政补助拨款转入　　　　　　D. 资本公积转赠资本

四、业务题

1. 甲公司2018年实现净利润4 800 000元，公司董事会于2019年3月31日提出公司当年利润分配方案，拟对2018年实现的利润进行分配。分配方案如下：提取法定盈余公积480 000元、任意盈余公积240 000元，分配股东利润3 000 000元，2019年4月该方案经公司股东大会批准后实行。

要求：根据上述资料，编制有关的会计分录。

2. 2019年10月，甲企业和乙企业共同出资组建A有限责任公司，甲企业出资现

金200万元，乙企业出资现金100万元和一块土地的使用权，该土地的使用权为当月乙企业支付出让金及相关税费50万元后从政府取得，使用期限为40年，评估价值为60万元。

要求：编制A公司接受投资的会计分录。

3. 2018年A公司的未分配利润的期初余额为0，2019年发生下列经济业务：

（1）收到捐赠200 000元，已存入银行存款账户。

（2）接受某外商捐赠的一台需要安装的新设备一台（非生产用），相关发票账单确认价值为100 000元，A公司另以银行存款支付该设备相关税费10 000元，支付安装调试费20 000元。设备安装完毕。

（3）接受甲公司专用设备一台作为投资，其账面原价为125 000元，已计提折旧50 000元，评估价值85 000元，增值税11 050元，不考虑其他税费。

（4）收到甲公司投入商品一批作为原材料使用，评估价值为70 000元，增值税9 100元，原材料已验收入库。

（5）2018年发生亏损500 000元。

（6）用盈余公积弥补亏损100 000元。

要求：根据上述业务编制会计分录。

第 10 章

财务报表

知识目标
- 了解财务报表的体系、编制要求和构成。
- 熟悉外币财务报表折算方法。
- 掌握资产负债表、利润表、现金流量表的编制方法。
- 熟悉财务报表附注。

技能目标
- 能独立完成财务报表的编制业务。
- 能完成外币财务报表的折算业务。

素质目标
- 培养学生正确分析公司财务状况的素质。
- 培养学生诚实守信、操守为重的素质。

本章知识结构

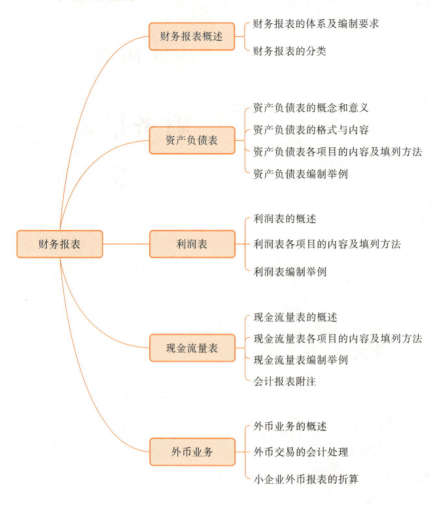

10.1 财务报表概述

10.1.1 财务报表的体系及编制要求

财务报表是指对小企业财务状况、经营成果和现金流量的结构性表述。小企业的财务报表至少应当包括资产负债表、利润表、现金流量表和附注。

1. 企业财务报表体系

根据《小企业会计准则》的规定,企业年度财务报表,除应当包括本制度规定的基本财务报表外,还应提供财务报表附注的内容。基本财务报表是指资产负债表、利润表、现金流量表。企业不得违反规定,随意改变财务报表的编制基础、编制依据、编制原则和方法,不得随意改变本制度规定的财务报表有关数据的会计口径。

根据《小企业会计准则》的规定,小企业的财务报表至少应当包括下列组成部分,如表10-1所示。

表 10 – 1　　财务报表的种类和格式

编号	报表名称	编报期
会小企 01 表	资产负债表	月报、年报
会小企 02 表	利润表	月报、年报
会小企 03 表	现金流量表	月报、年报

2. 财务报表的编制要求

小企业应当根据实际发生的交易和事项，按照本准则的规定进行确认和计量，在此基础上按月或者按季编制财务报表。小企业对会计政策变更、会计估计变更和会计差错更正应当采用未来适用法进行会计处理。会计政策，是指小企业在会计确认、计量和报告中所采用的原则、基础和会计处理方法。会计估计变更，是指由于资产和负债的当前状况及预期经济利益和义务发生了变化，从而对资产或负债的账面价值或者资产的定期消耗金额进行调整。会计差错包括计算错误、应用会计政策错误、应用会计估计错误等。未来适用法，是指将变更后的会计政策和会计估计应用于变更日及以后发生的交易或者事项，或者在会计差错发生或发现的当期更正差错的方法。

10.1.2　财务报表的分类

（1）按财务报表反映的内容，可以分为静态报表和动态报表。静态报表是指综合反映企业某一特定日期资产、负债和所有者权益状况的报表，如资产负债表；动态报表是指综合反映一定期间的经营情况或现金流动情况的报表，如利润表、现金流量表等。

（2）按财务报表编报时间的不同，可以分为月报、季报、半年报和年报。月报和季报是月度和季度终了提供的财务报表，一般包括资产负债表、利润表和现金流量表；小企业一般不要半年报，半年报是指在每个会计年度前 6 个月结束后提供的报表；年报是指年度终了后提供的报表。

（3）按财务报表编制基础，可以分为个别报表、汇总报表和合并报表。个别报表是指由企业在自身会计核算的基础上，对账簿记录进行加工而编制的财务报表，用以反映企业自身的财务状况、经营成果和现金流动情况。汇总报表是指由企业主管部门或上级机关根据所属单位报送的个别财务报表，连同本单位财务报表简单汇总编制的财务报表，它通常按照隶属关系汇总编制，用来反映一个部门或一个地区的经济情况。合并报表是指单位对其他单位的投资占该单位的注册资本 50% 以上或虽然占该单位注册资本总额不足 50%，但具有实质控制权，形成母子公司关系时，编制的包括被投资企业在内的整个企业集团财务状况和经营成果的财务报表。

（4）按财务报表服务对象，可以分为内部财务报表和外部财务报表。内部财务报表是指为了满足企业内部经营管理需要而编制的不对外公开的财务报表，它一般不需要统一的规定的格式，也没有统一的编制要求；外部财务报表是指企业对外提供的财务报表，主要供投资者、债权人、政府部门和社会公众等有关方面使用，规定了统一的格式和编制要求。

10.2 资产负债表

10.2.1 资产负债表的概念和意义

1. 资产负债表的概念

资产负债表是反映小企业某一特定日期（如月末、季末、年末等）财务状况的财务报表。由于它反映的是某一时点的情况，所以又称为静态报表。它是根据"资产＝负债＋所有者权益"这一会计等式，依照一定的分类标准和顺序，将企业在一定日期的全部资产、负债和所有者权益项目进行适当分类、汇总、排列后编制而成的。

2. 资产负债表的作用

资产负债表主要提供有关企业财务状况方面的信息。资产负债表可以提供下列信息：

（1）可以提供某一日期资产的总额及其结构，表明企业拥有或控制的资源及其分布情况，即有多少资源是流动资产、有多少资源是长期投资、有多少资源是固定资产、等等。

（2）可以提供某一日期的负债总额及其结构，表明企业未来需要用多少资产或劳务清偿债务以及清偿时间多长，即流动负债有多少、非流动负债有多少、非流动负债中有多少需要用当期流动资金进行偿还，等等。

（3）可以反映所有者所拥有的权益，据以判断资本保值、增值的情况以及对负债的保障程度。

（4）资产负债表还可以提供进行财务分析的基本资料，如将流动资产与流动负债进行比较，计算出流动比率；将速动资产与流动负债进行比较，计算出速动比率等，可以表明企业的变现能力、偿债能力和资金周转能力，从而有助于财务报表使用者作出经营决策。

10.2.2 资产负债表的格式与内容

1. 资产负债表的格式

小企业资产负债表一般有表首、正表两部分。其中，表首概括地说明报表名称、编制单位、编制日期、报表编号、货币名称、计量单位等。正表是资产负债表的主体，列示了用以说明企业财务状况的各个项目。资产负债表正表的格式一般有两种：报告式资产负债表和账户式资产负债表。报告式资产负债表是上下结构，上半部列示资产，下半部列示负债和所有者权益。具体排列形式又有两种：一是按"资产＝负债＋所有者权益"的原理排列；二是按"资产－负债＝所有者权益"的原理排列。账户式资产负债表分左右两方：左方为资产项目，按资产的流动性大小排列；右方为负债及所有者权益项目，一般按求偿权先后顺序排列。不管采取什么格式，资产各项目的合计等于负债和所有者权益各项目的合计这一等式不变。

2. 资产负债表内容

资产负债表根据资产、负债、所有者权益之间的勾稽关系，按照一定的分类标准和顺序，把企业一定日期的资产、负债和所有者权益各项目予以适当排列。它反映的是企业资产、负债、所有者权益的总体规模和结构。在资产负债表中，企业通常按资产、负债、所有者权益分类分项反映。也就是说，资产按流动性大小进行列示，具体分为流动资产、非流动资产；负债按求偿权先后顺序进行列示，具体分为流动负债、非流动负债等；所有者权益也按求偿权先后顺序进行列示，具体分为实收资本、资本公积、盈余公积、未分配利润等项目分项列示。

3. 小企业资产负债表各项目的数据来源

财务报表的编制，主要是通过对日常会计核算记录的数据加以归集、整理，使之成为有用的财务信息。我国企业资产负债表各项目数据的来源，主要通过以下五种方式取得：

（1）根据总账科目余额直接填列。如"应收票据"项目，根据"应收票据"总账科目的期末余额直接填列；"短期借款"项目，根据"短期借款"总账科目的期末余额直接填列。

（2）根据总账科目余额计算填列。如"货币资金"项目，根据"现金""银行存款""其他货币资金"科目的期末余额合计数计算填列。

（3）根据明细科目余额计算填列。如"应付账款"项目，根据"应付账款""预付账款"科目所属相关明细科目的期末贷方余额计算填列。

（4）根据总账科目和明细科目余额分析计算填列。如"长期借款"项目，根据"长期借款"总账科目期末余额，扣除"长期借款"科目所属明细科目中反映的将于一年内到期的长期借款部分分析计算填列。

（5）根据科目余额减去其备抵项目后的净额填列。如"无形资产"项目，应根据"无形资产"科目的期末余额减去"累计摊销"科目的期末余额后的金额填列。

在我国，资产负债表的"年初数"栏内各项数字，根据上年年末资产负债表"期末数"栏内各项数字填列，"期末数"栏内各项数字根据会计期末各总账科目及所属明细科目的余额填列。如果属于中外合作经营小企业，应根据合同规定在合作期间归还投资者的投资，应在"实收资本（或股本）"项目下增加"减：已归还投资"项目单独列示。

10.2.3 资产负债表各项目的内容及填列方法

（1）"货币资金"项目，反映小企业库存现金、银行存款、其他货币资金的合计数。本项目应根据"库存现金""银行存款"和"其他货币资金"科目的期末余额合计填列。

（2）"短期投资"项目，反映小企业购入的能随时变现并且持有时间不准备超过1年的股票、债券和基金投资的余额。本项目应根据"短期投资"科目的期末余额填列。

（3）"应收票据"项目，反映小企业收到的未到期收款也未向银行贴现的应收票据（银行承兑汇票和商业承兑汇票）。本项目应根据"应收票据"科目的期末余额填列。

（4）"应收账款"项目，反映小企业因销售商品、提供劳务等日常生产经营活动应收取的款项。本项目应根据"应收账款"的期末余额分析填列。如"应收账款"科目期末为贷方余额，应当在"预收账款"项目列示。

（5）"预付账款"项目，反映小企业按照合同规定预付的款项，包括根据合同规定预付的购货款、租金、工程款等。本项目应根据"预付账款"科目的期末借方余额填列；如"预付账款"科目期末为贷方余额，应当在"应付账款"项目列示。

属于超过1年期以上的预付账款的借方余额应当在"其他非流动资产"项目列示。

（6）"应收股利"项目，反映小企业应收取的现金股利或利润。本项目应根据"应收股利"科目的期末余额填列。

（7）"应收利息"项目，反映小企业债券投资应收取的利息。小企业购入一次还本付息债券应收的利息，不包括在本项目内。本项目应根据"应收利息"科目的期末余额填列。

（8）"其他应收款"项目，反映小企业除应收票据、应收账款、预付账款、应收股利、应收利息等以外的其他各种应收及暂付款项，包括各种应收的赔款、应向职工收取的各种垫付款项等。本项目应根据"其他应收款"科目的期末余额填列。

（9）"存货"项目，反映小企业期末在库、在途和在加工中的各项存货的成本，包括各种原材料、在产品、半成品、产成品、商品、周转材料（包装物、低值易耗品等）、消耗性生物资产等。本项目应根据"材料采购""在途物资""原材料""材料成本差异""生产成本""库存商品""商品进销差价""委托加工物资""周转材料""消耗性生物资产"等科目的期末余额分析填列。

（10）"其他流动资产"项目，反映小企业除以上流动资产项目外的其他流动资产（含1年内到期的非流动资产）。本项目应根据有关科目的期末余额分析填列。

（11）"长期债券投资"项目，反映小企业准备长期持有的债券投资的本息。本项目应根据"长期债券投资"科目的期末余额分析填列。

（12）"长期股权投资"项目，反映小企业准备长期持有的权益性投资的成本。本项目应根据"长期股权投资"科目的期末余额填列。

（13）"固定资产原价"和"累计折旧"项目，反映小企业固定资产的原价（成本）及累计折旧。这两个项目应根据"固定资产"科目和"累计折旧"科目的期末余额填列。

（14）"固定资产账面价值"项目，反映小企业固定资产原价扣除累计折旧后的余额。本项目应根据"固定资产"科目的期末余额减去"累计折旧"科目的期末余额后的金额填列。

（15）"在建工程"项目，反映小企业尚未完工或虽已完工，但尚未办理竣工决算的工程成本。本项目应根据"在建工程"科目的期末余额填列。

（16）"工程物资"项目，反映小企业为在建工程准备的各种物资的成本。本项目应根据"工程物资"科目的期末余额填列。

(17)"固定资产清理"项目,反映小企业因出售、报废、毁损、对外投资等原因处置固定资产所转出的固定资产账面价值以及在清理过程中发生的费用等。本项目应根据"固定资产清理"科目的期末借方余额填列;如"固定资产清理"科目期末为贷方余额,以"-"号填列。

(18)"生产性生物资产"项目,反映小企业生产性生物资产的账面价值。本项目应根据"生产性生物资产"科目的期末余额减去"生产性生物资产累计折旧"科目的期末余额后的金额填列。

(19)"无形资产"项目,反映小企业无形资产的账面价值。本项目应根据"无形资产"科目的期末余额减去"累计摊销"科目的期末余额后的金额填列。

(20)"开发支出"项目,反映小企业正在进行的无形资产研究开发项目满足资本化条件的支出。本项目应根据"研发支出"科目的期末余额填列。

(21)"长期待摊费用"项目,反映小企业尚未摊销完毕的已提足折旧的固定资产的改建支出、经营租入固定资产的改建支出、固定资产的大修理支出和其他长期待摊费用。本项目应根据"长期待摊费用"科目的期末余额分析填列。

(22)"其他非流动资产"项目,反映小企业除以上非流动资产以外的其他非流动资产。本项目应根据有关科目的期末余额分析填列。

(23)"短期借款"项目,反映小企业向银行或其他金融机构等借入的期限在1年内的尚未偿还的各种借款本金。本项目应根据"短期借款"科目的期末余额填列。

(24)"应付票据"项目,反映小企业因购买材料、商品和接受劳务等日常生产经营活动开出、承兑的商业汇票(银行承兑汇票和商业承兑汇票)尚未到期的票面金额。本项目应根据"应付票据"科目的期末余额填列。

(25)"应付账款"项目,反映小企业因购买材料、商品和接受劳务等日常生产经营活动尚未支付的款项。本项目应根据"应付账款"科目的期末余额填列。如"应付账款"科目期末为借方余额,应当在"预付账款"项目列示。

(26)"预收账款"项目,反映小企业根据合同规定预收的款项,包括预收的购货款、工程款等。本项目应根据"预收账款"科目的期末贷方余额填列;如"预收账款"科目期末为借方余额,应当在"应收账款"项目列示。

属于超过1年期以上的预收账款的贷方余额应当在"其他非流动负债"项目列示。

(27)"应付职工薪酬"项目,反映小企业应付未付的职工薪酬。本项目应根据"应付职工薪酬"科目期末余额填列。

(28)"应交税费"项目,反映小企业期末未交、多交或尚未抵扣的各种税费。本项目应根据"应交税费"科目的期末贷方余额填列;如"应交税费"科目期末为借方余额,以"-"号填列。

(29)"应付利息"项目,反映小企业尚未支付的利息费用。本项目应根据"应付利息"科目的期末余额填列。

(30)"应付利润"项目,反映小企业尚未向投资者支付的利润。本项目应根据"应付利润"科目的期末余额填列。

（31）"其他应付款"项目，反映小企业除应付账款、预收账款、应付职工薪酬、应交税费、应付利息、应付利润等以外的其他各项应付、暂收的款项，包括应付租入固定资产和包装物的租金、存入保证金等。本项目应根据"其他应付款"科目的期末余额填列。

（32）"其他流动负债"项目，反映小企业除以上流动负债以外的其他流动负债（含1年内到期的非流动负债）。本项目应根据有关科目的期末余额填列。

（33）"长期借款"项目，反映小企业向银行或其他金融机构借入的期限在1年以上的尚未偿还的各项借款本金。本项目应根据"长期借款"科目的期末余额分析填列。

（34）"长期应付款"项目，反映小企业除长期借款以外的其他各种应付未付的长期应付款项，包括应付融资租入固定资产的租赁费、以分期付款方式购入固定资产发生的应付款项等。本项目应根据"长期应付款"科目的期末余额分析填列。

（35）"递延收益"项目，反映小企业收到的应在以后期间计入损益的政府补助。本项目应根据"递延收益"科目的期末余额分析填列。

（36）"其他非流动负债"项目，反映小企业除以上非流动负债项目以外的其他非流动负债。本项目应根据有关科目的期末余额分析填列。

（37）"实收资本（或股本）"项目，反映小企业收到投资者按照合同协议约定或相关规定投入的构成小企业注册资本的部分。本项目应根据"实收资本（或股本）"科目的期末余额分析填列。

（38）"资本公积"项目，反映小企业收到的投资者投入的资本超出其在注册资本中所占份额的部分。本项目应根据"资本公积"科目的期末余额填列。

（39）"盈余公积"项目，反映小企业（公司制）的法定公积金和任意公积金，小企业（外商投资）的储备基金和企业发展基金。本项目应根据"盈余公积"科目的期末余额填列。

（40）"未分配利润"项目，反映小企业尚未分配的历年结存的利润。本项目应根据"利润分配"科目的期余额填列。未弥补的亏损，在本项目内以"-"号填列。

10.2.4 资产负债表编制举例

【例10-1】华仁有限公司为一般纳税人，该企业2019年11月30日有关科目期末余额表如表10-2所示。

表10-2 2019年11月30日有关科目期末余额表

元

科目名称	借方余额	科目名称	贷方余额
库存现金	4 000	短期借款	900 000
银行存款	221 000	应付票据	200 000
短期投资	45 000	应付账款	460 000
应收票据	180 000	其他应付款	36 000
应收账款	806 000	应付职工薪酬	90 000

续表

科目名称	借方余额	科目名称	贷方余额
其他应收款	5 000	应付利润	40 000
原材料	508 000	应交税费	11 000
库存商品	380 000	长期借款	1 000 000
长期股权投资	600 000	实收资本	2 300 000
固定资产原价	2 000 000	资本公积	8 000
累计折旧	−120 000	盈余公积	20 000
在建工程	300 000	未分配利润	54 000
无形资产	110 000		
累计摊销	−10 000		
长期待摊费用	90 000		
合　　计	5 119 000	合　　计	5 119 000

华仁有限公司2019年12月发生下列经济业务，编制相关的会计分录如下：

(1) 用银行存款支付购入原材料货款40 000元，以及支付增值税5 200元，原材料已验收入库。

借：原材料　　　　　　　　　　　　　　　　　　　　　40 000
　　应交税费——应交增值税（进项税额）　　　　　　　 5 200
　　贷：银行存款　　　　　　　　　　　　　　　　　　　　45 200

(2) 用银行存款支付到期的商业承兑汇票100 000元，支付上月的未交增值税10 000元，城市维护建设税700元，教育费附加300元。

借：应付票据——银行承兑汇票　　　　　　　　　　　 100 000
　　贷：银行存款　　　　　　　　　　　　　　　　　　 100 000
借：应交税费——未交增值税　　　　　　　　　　　　　10 000
　　　　　　——城市维护建设税　　　　　　　　　　　　　700
　　　　　　——教育费附加　　　　　　　　　　　　　　　300
　　贷：银行存款　　　　　　　　　　　　　　　　　　　11 000

(3) 销售产品一批，销售价款为300 000元，增值税39 000元，该批产品已发出，收到货款267 000元，其余的款项尚未收到。

借：银行存款　　　　　　　　　　　　　　　　　　　 267 000
　　应收账款　　　　　　　　　　　　　　　　　　　　 72 000
　　贷：主营业务收入　　　　　　　　　　　　　　　　 300 000
　　　　应交税费——应交增值税（销项税额）　　　　　　39 000

(4) 将成本为45 000元的短期股票投资出售，所售价款49 500元已存入银行。

借：银行存款　　　　　　　　　　　　　　　　　　　　49 500
　　贷：短期投资——股票投资　　　　　　　　　　　　　45 000
　　　　投资收益　　　　　　　　　　　　　　　　　　　 4 500

(5) 购入不需安装的车间生产用设备一台,价款为 75 000 元,增值税 9 750 元,支付运费 327 元(税率 9%,其中可抵扣的增值税 27 元)。全部价款均以银行存款支付,设备已交付使用。

借:固定资产 75 300
　　应交税费——应交增值税(进项税额) 9 777
　　贷:银行存款 85 077

(6) 某工程应负担的长期借款利息 45 000 元,长期借款的本金及利息尚未支付。

借:在建工程 45 000
　　贷:应付利息——长期借款利息 45 000

(7) 基本生产车间报废一台设备,原价 60 000 元,已计提折旧 54 000 元,清理费用 150 元,残值收入 240 元,均通过银行收支。该固定资产已清理完毕。

借:固定资产清理 6 000
　　累计折旧 54 000
　　贷:固定资产 60 000
借:固定资产清理 150
　　贷:银行存款 150
借:银行存款 240
　　贷:固定资产清理 240
借:营业外支出——非流动资产处置净损失 5 910
　　贷:固定资产清理 5 910

(8) 用银行存款偿还长期借款 25 000 元。

借:长期借款 25 000
　　贷:银行存款 25 000

(9) 有一张面值为 180 000 元的无息银行承兑汇票到期,票款已存银行。

借:银行存款 180 000
　　贷:应收票据 180 000

(10) 某项长期股权投资,被投资企业宣告发放股息,本企业应收股息为 15 000 元。

借:应收股利 15 000
　　贷:投资收益 15 000

(11) 出售不需用的设备一台(该设备 2017 年购入),收到价款 101 700 元(其中增值税 11 700 元),该设备原价 120 000 元,已计提折旧 45 000 元。

借:固定资产清理 75 000
　　累计折旧 45 000
　　贷:固定资产 120 000
借:银行存款 101 700
　　贷:固定资产清理 90 000
　　　　应交税费——应交增值税(销项税额) 11 700

借：固定资产清理	15 000	
贷：营业外收入——非流动资产处置净收益		15 000

（12）提取应计入本期损益的借款利息共6 550元，其中短期借款利息3 550元，长期借款利息3 000元。

借：财务费用——利息费用	6 550	
贷：应付利息——长期借款利息		3 000
——短期借款利息		3 550

（13）分配应支付的职工工资150 000元，其中生产人员工资82 500元，车间管理人员工资3 000元，行政管理部门人员工资4 500元，在建工程人员工资60 000元。

借：生产成本	82 500	
制造费用	3 000	
管理费用	4 500	
在建工程	60 000	
贷：应付职工薪酬——职工工资		150 000

（14）提取职工福利费21 000元，其中生产工资福利费11 550元，车间管理人员福利费420元，行政管理部门福利费630元，在建工程负担的福利费8 400元。

借：生产成本	11 550	
制造费用	420	
管理费用	630	
在建工程	8 400	
贷：应付职工薪酬——职工福利费		21 000

（15）通过银行支付工资150 000元。

借：应付职工薪酬——职工工资	150 000	
贷：银行存款		150 000

（16）归还短期借款本金75 000元，利息3 750元。

借：应付利息——短期借款利息	3 750	
短期借款	75 000	
贷：银行存款		78 750

（17）车间生产产品领用原材料实际成本220 500元。

借：生产成本	220 500	
贷：原材料		220 500

（18）计提固定资产折旧30 000元，其中计入制造费用24 000元，计入管理费用6 000元。

借：制造费用	24 000	
管理费用	6 000	
贷：累计折旧		30 000

(19) 本月摊销行政管理部门使用的专利权 18 000 元，摊销基本生产车间固定资产大修理费 3 000 元（发生时已列入长期待摊费用）。

 借：管理费用——无形资产摊销   18 000
  贷：无形资产   18 000
 借：制造费用——大修理费   3 000
  贷：长期待摊费用——大修理费支出   3 000

(20) 收到应收账款 153 000 元，存入银行。

 借：银行存款   153 000
  贷：应收账款   153 000

(21) 从银行借入 3 年期借款 120 000 元，借款已存入银行。

 借：银行存款   120 000
  贷：长期借款   120 000

(22) 用银行存款支付当年产品展览费、广告费 21 000 元（不考虑税费）。

 借：销售费用——广告费   21 000
  贷：银行存款   21 000

(23) 采用商业承兑汇票结算方式销售产品一批，价款 75 000 元，增值税为 9 750 元，收到 84 750 元的无息商业承兑汇票一张。

 借：应收票据   84 750
  贷：主营业务收入   75 000
   应交税费——应交增值税（销项税额）   9 750

(24) 将上述承兑汇票到银行办理贴现，贴现利息为 6 000 元。

 借：银行存款   78 750
  财务费用——利息费用   6 000
  贷：应收票据   84 750

(25) 计算并结转制造费用，本期完工产品成本（本期期初、期末无在产品）。

制造费用 = 3 000 + 420 + 24 000 + 3 000 = 30 420（元）。

生产成本 = 82 500 + 11 550 + 220 500 + 30 420 = 344 970（元）

 借：生产成本   30 420
  贷：制造费用   30 420
 借：库存商品   344 970
  贷：生产成本   344 970

(26) 经过可靠分析，乙企业的应收账款 1 695 元无法收回，经批准作为坏账损失处理。

 借：管理费用——坏账损失   1 695
  贷：应收账款   1 695

(27) 计提本期应纳的增值税、城市维护建设税（税率 7%）和教育费附加（税率 3%）。

本期应纳增值税 =（39 000 + 9 750 + 11 700）-（5 200 + 9 777）= 45 473（元）

借：应交税费——转出未交增值税   45 473
    贷：应交税费——未交增值税   45 473
借：税金及附加   45 473
    贷：应交税费——城市维护建设税   3 183.11
             ——教育费附加   1 364.19

（28）结转本期主营业务成本 275 000 元。

借：主营业务成本   275 000
    贷：库存商品   275 000

（29）将各收支科目结转至本年利润。

借：主营业务收入   375 000
    营业外收入   15 000
    投资收益   19 500
    贷：本年利润   409 500
借：本年利润   349 832.3
    贷：主营业务成本   275 000
        税金及附加   4 547.3
        管理费用   29 130
        销售费用   21 000
        财务费用   12 550
        营业外支出   7 605

（30）计算并结转本期应交所得税 14 916.92 元。

借：所得税费用   14 916.92
    贷：应交税费——应交所得税   14 916.92
借：本年利润   14 916.92
    贷：所得税费用   14 916.92

净利润 = 409 500 - 349 832.3 - 14 916.92 = 44 750.78（元）

（31）按净利润的 10% 提取法定盈余公积金。

提取法定盈余公积 = 44 750.78 × 10% = 4 475.08（元）

借：利润分配——提取法定盈余公积   4 475.08
    贷：盈余公积——法定盈余公积   4 475.08

（32）将本年利润及利润分配各明细科目的余额转入"利润分配——未分配利润"明细账。

借：本年利润   4 475.08
    贷：利润分配——未分配利润   4 475.08
借：利润分配——未分配利润   4 475.08
    贷：利润分配——提取法定盈余公积   4 475.08

根据上述资料，编制资产负债表如表10-3所示。

表10-3 资产负债表

会小企01表

编制单位：华仁有限公司　　　　2017年12月31日　　　　　　　　　　　　元

资产	行次	期末余额	年初余额	负债和所有者权益	行次	期末余额	年初余额
流动资产：				流动负债：			
货币资金	1	659 013	225 000	短期借款	31	825 000	900 000
短期投资	2	0	45 000	应付票据	32	100 000	200 000
应收票据	3	0	180 000	应付账款	33	460 000	460 000
应收账款	4	723 305	806 000	预收账款	34		0
预付账款	5	0		应付职工薪酬	35	111 000	90 000
应收股利	6	15 000		应交税费	36	64 937.22	11 000
应收利息	7	0		应付利息	37	47 800	
其他应收款	8	5 000	5 000	应付利润	38	40 000	40 000
存货	9	777 470	888 000	其他应付款	39	36 000	36 000
其中：原材料	10	327 500	508 000	其他流动负债	40		0
在产品	11	0		流动负债合计	41		0
库存商品	12	449 970	380 000	非流动负债：		1 684 737.22	1 737 000
周转材料	13	0		长期借款	42	1 095 000	1 000 000
其他流动资产	14	0		长期应付款	43		
流动资产合计	15	2 179 788	2 149 000	递延收益	44	0	
非流动资产：				其他非流动负债	45	0	
长期债券投资	16			非流动负债合计	46	1 095 000	1 000 000
长期股权投资	17	600 000	600 000	负债合计	47	2 779 737.22	2 737 000
固定资产原价	18	1 895 300	2 000 000				
减：累计折旧	19	51 000	120 000				
固定资产账面价值	20	1 844 300	1 880 000				
在建工程	21	413 400	300 000				
工程物资	22	0					
固定资产清理	23	0					
生产性生物资产	24	0		所有者权益（或股东权益）：			
无形资产	25	82 000	100 000	实收资本（或股本）	48	2 300 000	2 300 000
开发支出	26	0		资本公积	49	8 000	8 000
长期待摊费用	27	87 000	90 000	盈余公积	50	24 475.08	20 000
其他非流动资产	28	0		未分配利润	51	94 275.70	54 000
非流动资产合计	29	3 026 700	2 970 000	所有者权益（或股东权益）合计	52	2 426 750.78	2 382 000
资产总计	30	5 206 488	5 119 000	负债和所有者权益（或股东权益）总计	53	5 206 488	5 119 000

10.3 利润表

10.3.1 利润表的概述

1. 利润表的概念

利润表也称为损益表,是反映小企业在一定会计期间经营成果的报表。由于它是反映某一会计期间经营情况的报表,所以是动态报表。

2. 利润表的意义

(1) 通过利润表可以从总体上了解企业收入、成本和费用、净利润(或亏损)的实现及构成情况。

(2) 通过利润表提供的不同时期的比较数字(本月数、本年累计数、上年数),可以分析企业的获利能力及利润的未来发展趋势,了解投资者投入资本的保值增值情况。

3. 利润表的格式

利润表的格式主要有多步式利润表和单步式利润表两种。我国企业的利润表采用多步式。利润表的格式如表10-4所示。

4. 利润表的资料来源

(1) 利润表反映小企业在一定会计期间内利润(亏损)的实现情况。利润表每个项目又分为"本月金额""本年累计金额"。

(2) 利润表"本月金额"栏反映各项目的本月实际发生额;在编报年度财务报表时,应将"本月金额"栏改为"上年金额"栏,填列上年全年实际发生额。利润表"本年累计金额"栏反映各项目自年初起至报告期末止的累计实际发生额。

10.3.2 利润表各项目的内容及填列方法

(1)"营业收入"项目,反映小企业销售商品和提供劳务所实现的收入总额。本项目应根据"主营业务收入"科目和"其他业务收入"科目的发生额合计填列。

(2)"营业成本"项目,反映小企业所销售商品的成本和所提供劳务的成本。本项目应根据"主营业务成本"科目和"其他业务成本"科目的发生额合计填列。

(3)"税金及附加"项目,反映小企业开展日常生产活动应负担的消费税、城市维护建设税、资源税、土地增值税、城镇土地使用税、房产税、车船税、印花税和教育费附加、矿产资源补偿费、排污费等。本项目应根据"税金及附加"科目的发生额填列。

(4)"销售费用"项目,反映小企业销售商品或提供劳务过程中发生的费用。本项目应根据"销售费用"科目的发生额填列。

(5)"管理费用"项目,反映小企业为组织和管理生产经营发生的其他费用。本项目应根据"管理费用"科目的发生额填列。

(6)"财务费用"项目,反映小企业为筹集生产经营所需资金发生的筹资费用。本项目应根据"财务费用"科目的发生额填列。

(7)"投资收益"项目,反映小企业股权投资取得的现金股利(或利润)、债券投资取得的利息收入和处置股权投资和债券投资取得的处置价款扣除成本或账面余额、相关税费后的净额。本项目应根据"投资收益"科目的发生额填列;如为投资损失,以"-"号填列。

(8)"营业利润"项目,反映小企业当期开展日常生产经营活动实现的利润。本项目应根据营业收入扣除营业成本、税金及附加、销售费用、管理费用和财务费用,加上投资收益后的金额填列。如为亏损,以"-"号填列。

(9)"营业外收入"项目,反映小企业实现的各项营业外收入金额,包括非流动资产处置净收益、政府补助、捐赠收益、盘盈收益、汇兑收益、出租包装物和商品的租金收入、逾期未退包装物押金收益、确实无法偿付的应付款项、已作坏账损失处理后又收回的应收款项、违约金收益等。本项目应根据"营业外收入"科目的发生额填列。

(10)"营业外支出"项目,反映小企业发生的各项营业外支出金额,包括存货的盘亏、毁损、报废损失,非流动资产处置净损失,坏账损失,无法收回的长期债券投资损失,无法收回的长期股权投资损失,自然灾害等不可抗力因素造成的损失,税收滞纳金,罚金,罚款,被没收财物的损失,捐赠支出,赞助支出等。本项目应根据"营业外支出"科目的发生额填列。

(11)"利润总额"项目,反映小企业当期实现的利润总额。本项目应根据营业利润加上营业外收入减去营业外支出后的金额填列。如为亏损总额,以"-"号填列。

(12)"所得税费用"项目,反映小企业根据企业所得税法确定的应从当期利润总额中扣除的所得税费用。本项目应根据"所得税费用"科目的发生额填列。

(13)"净利润"项目,反映小企业当期实现的净利润。本项目应根据利润总额扣除所得税费用后的金额填列。如为净亏损,以"-"号填列。

10.3.3 利润表编制举例

【例10-2】承【例10-1】编制利润表如表10-4所示。

表10-4 利润表

会小企02表

编制单位:华仁有限公司　　　　　2019年12月　　　　　　　　　　元

项目	行次	本年累计金额	本月金额
一、营业收入	1		375 000
减:营业成本	2		275 000
税金及附加	3		4 547.3
其中:消费税	4		

续表

项目	行次	本年累计金额	本月金额
城市维护建设税	6		3 183.11
资源税	7		
土地增值税	8		
城镇土地使用税、房产税、车船税、印花税	9		
教育费附加、矿产资源补偿费、排污费	10		1 364.19
销售费用	11		21 000
其中：商品维修费	12		
广告费和业务宣传费	13		21 000
管理费用	14		29 130
其中：开办费	15		
业务招待费	16		
研究费用	17		
财务费用	18		12 550
其中：利息费用（收入以"－"号填列）	19		12 550
加：投资收益（损失以"－"号填列）	20		19 500
二、营业利润（亏损以"－"号填列）	21		52 272.7
加：营业外收入	22		15 000
其中：政府补助	23		
减：营业外支出	24		7 605
其中：坏账损失	25		1 695
无法收回的长期债券投资损失	26		
无法收回的长期股权投资损失	27		
自然灾害等不可抗力因素造成的损失	28		
税收滞纳金	29		
三、利润总额（亏损总额以"－"号填列）	30		59 667.7
减：所得税费用	31		14 916.92
四、净利润（净亏损以"－"号填列）	32		44 750.78

【例10-3】立兴纺织有限公司2019年12月31日的有关科目期末余额表如表10-5所示。请填制立兴纺织有限公司2019年12月份的利润表及资产负债表。

表10-5　有关科目期末余额表　　　　　　　　　　　　　　　会小企01表

编制单位：立兴纺织有限公司　　　2019年12月31日　　　　　　　　　　　　　元

科目	期末余额		科目	期末余额	
	借方	贷方		借方	贷方
库存现金	5 000		应付账款		7 000 000
银行存款	2 323 900		预收账款		

续表

科目	期末余额 借方	期末余额 贷方	科目	期末余额 借方	期末余额 贷方
其他货币资金	500 000		A 企业		260 000
短期投资	150 000		B 企业	80 000	
应收票据	400 000		应付职工薪酬		1 956 000
应收账款			应交税费		645 000
甲企业	8 000 000		应付利息		5 600
乙企业		1 100 000	应付利润		
预付账款			其他应付款		2 000
丙企业	300 000		长期借款		5 000 000
丁企业		174 000	其中：一年内到期借款		1 000 000
应收股利	50 000		长期应付款		400 000
应收利息	40 000		其中：一年内到期应付款		80 000
其他应收款	85 500		递延收益		600 000
原材料	1 200 000		实收资本		13 000 000
材料成本差异		4 600	资本公积		
生产成本	800 000		盈余公积		2 000 000
库存商品	460 000		未分配利润		-1 009 800
周转材料	60 000		主营业务收入		10 600 000
长期债券投资	500 000		主营业务成本	9 850 000	
长期股权投资	3 000 000		税金及附加	83 500	
固定资产原价	16 500 000		其他业务收入		150 000
累计折旧		2 100 000	其他业务成本	120 000	
在建工程	1 388 500		营业外收入	5 000	20 000
工程物资	126 000		其中：政府补助收入		
无形资产	1 600 000		营业外支出	13 000	
累计摊销		560 000	其中：不可抗力损失	13 000	
长期待摊费用	120 000		管理费用	252 000	
短期借款		3 000 000	其中：业务招待费	25 000	
应付票据		1 000 000	研究费用	50 000	
			财务费用	36 000	
			其中：利息费用	32 000	
			销售费用	524 000	
			其中：广告费	80 000	
			合计	48 567 400	48 567 400

根据表10-5，填列的利润表如表10-6所示，填列的资产负债表如表10-7所示。

表10-6 利润表　　　　　　　　　会小企02表

编制单位：立兴纺织有限公司　　　2019年12月　　　　　　　　　　元

项目	行次	本年累计金额	本月金额
一、营业收入	1	略	10 750 000
减：营业成本	2		9 970 000
税金及附加	3		83 500
其中：消费税	4		
城市维护建设税	5		
资源税	6		
土地增值税	7		
城镇土地使用税、房产税、车船税、印花税	8		
教育费附加、矿产资源补偿费、排污费	9		
销售费用	10		524 000
其中：商品维修费	11		
广告费和业务宣传费	12		80 000
管理费用	13		252 000
其中：开办费	14		
业务招待费	15		25 000
研究费用	16		50 000
财务费用	17		36 000
其中：利息费用（收入以"-"号填列）	18		32 000
加：投资收益（损失以"-"号填列）	19		
二、营业利润（亏损以"-"号填列）	20		-115 500
加：营业外收入	21		20 000
其中：政府补助	22		5 000
减：营业外支出	23		13 000
其中：坏账损失	24		
无法收回的长期债券投资损失	25		
无法收回的长期股权投资损失	26		
自然灾害等不可抗力因素造成的损失	27		13 000
税收滞纳金	28		
三、利润总额（亏损总额以"-"号填列）	29		-108 500
减：所得税费用	30		
四、净利润（净亏损以"-"号填列）	31		-108 500

表 10-7　资产负债表　　　　　　会小企 03 表

编制单位：立兴纺织有限公司　　　2019 年 12 月 31 日　　　　　　　　元

资产	行次	期末余额	年初余额	负债和所有者权益	行次	期末余额	年初余额
流动资产：			略	流动负债：			略
货币资金	1	2 828 900		短期借款	31	3 000 000	
短期投资	2	150 000		应付票据	32	1 000 000	
应收票据	3	400 000		应付账款	33	7 174 000	
应收账款	4	8 080 000		预收账款	34	1 360 000	
预付账款	5	300 000		应付职工薪酬	35	1 956 000	
应收股利	6	50 000		应交税费	36	645 000	
应收利息	7	40 000		应付利息	37	5 600	
其他应收款	8	85 500		应付利润	38		
存货	9	2 515 400		其他应付款	39	2 000	
其中：原材料	10	1 195 400		其他流动负债	40	1 080 000	
在产品	11	800 000		流动负债合计	41	16 222 600	
库存商品	12	460 000		非流动负债：			
周转材料	13	60 000		长期借款	42	4 000 000	
其他流动资产	14			长期应付款	43	320 000	
流动资产合计	15	14 449 800		递延收益	44	600 000	
非流动资产：				其他非流动负债	45		
长期债券投资	16	500 000		非流动负债合计	46	4 920 000	
长期股权投资	17	3 000 000		负债合计	47	21 142 600	
固定资产原价	18	16 500 000					
减：累计折旧	19	2 100 000					
固定资产账面价值	20	14 400 000					
在建工程	21	1 388 500					
工程物资	22	126 000					
固定资产清理	23						
生产性生物资产	24			所有者权益（或股东权益）：			
无形资产	25	1 040 000		实收资本（或股本）	48	13 000 000	
开发支出	26			资本公积	49		
长期待摊费用	27	120 000		盈余公积	50	2 000 000	
其他非流动资产	28			未分配利润	51	-1 118 300	
非流动资产合计	29	20 574 500		所有者权益（或股东权益）合计	52	13 881 700	
资产总计	30	35 024 300		负债和所有者权益（或股东权益）总计	53	35 024 300	

10.4 现金流量表

10.4.1 现金流量表的概述

1. 现金流量表的概念

现金流量表是指反映小企业在一定会计期间现金流入和流出情况的报表。现金流量表应当分别按照经营活动、投资活动和筹资活动列报现金流量。现金流量应当分别按照现金流入和现金流出总额列报。现金流量表所称现金是指小企业的库存现金以及可以随时用于支付的存款和其他货币资金。

2. 现金流量表填列说明

现金流量表反映小企业一定会计期间内有关现金流入和流出的信息。现金流量表中的"本年累计金额"栏反映各项目自年初起至报告期末止的累计实际发生额;"本月金额"栏反映各项目的本月实际发生额;在编报年度财务报表时,应将"本月金额"栏改为"上年金额"栏,填列上年全年实际发生额。现金流量表的格式如表10-8所示。

10.4.2 现金流量表各项目的内容及填列方法

1. 经营活动产生的现金流量

(1)"销售产成品、商品、提供劳务收到的现金"项目,反映小企业本期销售产成品、商品、提供劳务收到的现金。本项目可以根据"库存现金""银行存款"和"主营业务收入"等科目的本期发生额分析填列。

(2)"收到其他与经营活动有关的现金"项目,反映小企业本期收到的其他与经营活动有关的现金。本项目可以根据"库存现金"和"银行存款"等科目的本期发生额分析填列。

(3)"购买原材料、商品、接受劳务支付的现金"项目,反映小企业本期购买原材料、商品、接受劳务支付的现金。本项目可以根据"库存现金""银行存款""其他货币资金""原材料""库存商品"等科目的本期发生额分析填列。

(4)"支付的职工薪酬"项目,反映小企业本期向职工支付的薪酬。本项目可以根据"库存现金""银行存款""应付职工薪酬"科目的本期发生额填列。

(5)"支付的税费"项目,反映小企业本期支付的税费。本项目可以根据"库存现金""银行存款""应交税费"等科目的本期发生额填列。

(6)"支付其他与经营活动有关的现金"项目,反映小企业本期支付的其他与经营活动有关的现金。本项目可以根据"库存现金""银行存款"等科目的本期发生额分析填列。

2. 投资活动产生的现金流量

（1）"收回短期投资、长期债券投资和长期股权投资收到的现金"项目，反映小企业出售、转让或到期收回短期投资、长期股权投资而收到的现金，以及收回长期债券投资本金而收到的现金，不包括长期债券投资收回的利息。本项目可以根据"库存现金""银行存款""短期投资""长期股权投资""长期债券投资"等科目的本期发生额分析填列。

（2）"取得投资收益收到的现金"项目，反映小企业因权益性投资和债权性投资取得的现金股利或利润和利息收入。本项目可以根据"库存现金""银行存款""投资收益"等科目的本期发生额分析填列。

（3）"处置固定资产、无形资产和其他非流动资产收回的现金净额"项目，反映小企业处置固定资产、无形资产和其他非流动资产取得的现金，减去为处置这些资产而支付的有关税费等后的净额。本项目可以根据"库存现金""银行存款""固定资产清理""无形资产""生产性生物资产"等科目的本期发生额分析填列。

（4）"短期投资、长期债券投资和长期股权投资支付的现金"项目，反映小企业进行权益性投资和债权性投资支付的现金，包括企业取得短期股票投资、短期债券投资、短期基金投资、长期债券投资、长期股权投资支付的现金。本项目可以根据"库存现金""银行存款""短期投资""长期债券投资""长期股权投资"等科目的本期发生额分析填列。

（5）"购建固定资产、无形资产和其他非流动资产支付的现金"项目，反映小企业购建固定资产、无形资产和其他非流动资产支付的现金，包括购买机器设备、无形资产、生产性生物资产支付的现金、建造工程支付的现金等现金支出，不包括为购建固定资产、无形资产和其他非流动资产而发生的借款费用资本化部分和支付给在建工程和无形资产开发项目人员的薪酬。为购建固定资产、无形资产和其他非流动资产而发生借款费用资本化部分，在"偿还借款利息支付的现金"项目反映；支付给在建工程和无形资产开发项目人员的薪酬，在"支付的职工薪酬"项目反映。本项目可以根据"库存现金""银行存款""固定资产""在建工程""无形资产""研发支出""生产性生物资产""应付职工薪酬"等科目的本期发生额分析填列。

3. 筹资活动产生的现金流量

（1）"取得借款收到的现金"项目，反映小企业举借各种短期、长期借款收到的现金。本项目可以根据"库存现金""银行存款""短期借款""长期借款"等科目的本期发生额分析填列。

（2）"吸收投资者投资收到的现金"项目，反映小企业收到的投资者作为资本投入的现金。本项目可以根据"库存现金""银行存款""实收资本""资本公积"等科目的本期发生额分析填列。

（3）"偿还借款本金支付的现金"项目，反映小企业以现金偿还各种短期、长期借款的本金。本项目可以根据"库存现金""银行存款""短期借款""长期借款"等科目的本期发生额分析填列。

（4）"偿还借款利息支付的现金"项目，反映小企业以现金偿还各种短期、长期借款的利息。本项目可以根据"库存现金""银行存款""应付利息"等科目的本期发生额分析填列。

（5）"分配利润支付的现金"项目，反映小企业向投资者实际支付的利润。本项目可以根据"库存现金""银行存款""应付利润"等科目的本期发生额分析填列。

表 10 – 8 现金流量表   会小企 03 表

编制单位：　　　　　　　　　　　年　　月　　　　　　　　　　　　　　元

项目	行次	本年累计金额	本月金额
一、经营活动产生的现金流量：			
销售产成品、商品、提供劳务收到的现金	1		
收到其他与经营活动有关的现金	2		
购买原材料、商品、接受劳务支付的现金	3		
支付的职工薪酬	4		
支付的税费	5		
支付其他与经营活动有关的现金	6		
经营活动产生的现金流量净额	7		
二、投资活动产生的现金流量：			
收回短期投资、长期债券投资和长期股权投资收到的现金	8		
取得投资收益收到的现金	9		
处置固定资产、无形资产和其他非流动资产收回的现金净额	10		
短期投资、长期债券投资和长期股权投资支付的现金	11		
购建固定资产、无形资产和其他非流动资产支付的现金	12		
投资活动产生的现金流量净额	13		
三、筹资活动产生的现金流量：			
取得借款收到的现金	14		
吸收投资者投资收到的现金	15		
偿还借款本金支付的现金	16		
偿还借款利息支付的现金	17		
分配利润支付的现金	18		
筹资活动产生的现金流量净额	19		
四、现金净增加额	20		
加：期初现金余额	21		
五、期末现金余额	22		

10.4.3 现金流量表编制举例

【例10-4】 承【例10-1】提供的资料,编制现金流量表如表10-9所示。

表10-9　现金流量表　　　　　　　　　会小企03表

编制单位:华仁有限公司　　2019年12月31日　　　　　　　　元

项目	行次	本年累计金额	本月金额	数据所在【例10-1】中的会计分录编号
一、经营活动产生的现金流量:		略		
销售产成品、商品、提供劳务收到的现金	1		681 750	(3) + (9) + (20) + (24)
收到其他与经营活动有关的现金	2			
购买原材料、商品、接受劳务支付的现金	3		146 800	(1) + (2)
支付的职工薪酬	4		150 000	(15)
支付的税费	5		11 000	(2)
支付其他与经营活动有关的现金	6		21 000	(22)
经营活动产生的现金流量净额	7		351 550	
二、投资活动产生的现金流量:				
收回短期投资、长期债券投资和长期股权投资收到的现金	8		45 000	(4)
取得投资收益收到的现金	9		4 500	(4)
处置固定资产、无形资产和其他非流动资产收回的现金净额	10		101 790	(7) + (11)
短期投资、长期债券投资和长期股权投资支付的现金	11			
购建固定资产、无形资产和其他非流动资产支付的现金	12		85 071	(5)
投资活动产生的现金流量净额	13		66 213	
三、筹资活动产生的现金流量:				
取得借款收到的现金	14		120 000	(21)
吸收投资者投资收到的现金	15			
偿还借款本金支付的现金	16		100 000	(8) + (16)
偿还借款利息支付的现金	17		3 750	(16)
分配利润支付的现金	18			
筹资活动产生的现金流量净额	19		16 250	
四、现金净增加额	20		434 013	
加:期初现金余额	21		225 000	
五、期末现金余额	22		659 013	

10.4.4 会计报表附注

1. 附注的概述

附注是指对在资产负债表、利润表和现金流量表等报表中列示项目的文字描述或明细资料,以及对未能在这些报表中列示项目的说明等。小企业会计报表附注应当包括的内容如下:

(1) 遵循《小企业会计准则》的声明。小企业应当声明编制的财务报表符合《小企业会计准则》的要求,真实、完整地反映了小企业的财务状况、经营成果和现金流量等有关信息。

(2) 短期投资、应收账款、存货、固定资产项目的说明。

①短期投资的披露格式如表10-10所示。

表10-10 短期投资的披露格式

元

项目	期末账面余额	期末市价	期末账面余额与市价的差额
1. 股票			
2. 债券			
3. 基金			
4. 其他			
合计			

②应收账款按账龄结构披露的格式如表10-11所示。

表10-11 应收账款按账龄结构披露的格式

元

账龄结构	期末账面余额	年初账面余额
1年以内(含1年)		
1年至2年(含2年)		
2年至3年(含3年)		
3年以上		
合计		

③存货的披露格式如表10-12所示。

表10-12 存货的披露格式

元

存货种类	期末账面余额	期末市价	期末账面余额与市价的差额
1. 原材料			
2. 在产品			
3. 库存商品			
4. 周转材料			

续表

存货种类	期末账面余额	期末市价	期末账面余额与市价的差额
5. 消耗性生物资产			
……			
合计			

④固定资产的披露格式如表 10-13 所示。

表 10-13 固定资产的披露格式

元

项目	原价	累计折旧	期末账面价值
1. 房屋、建筑物			
2. 机器			
3. 机械			
4. 运输工具			
5. 设备			
6. 器具			
7. 工具			
……			
合计			

(3) 应付职工薪酬、应交税费项目的说明。

①应付职工薪酬的披露格式如表 10-14 所示。

表 10-14 应付职工薪酬的披露格式　　　　会小企01表附表1

编制单位：　　　　　　　　　年　月　日　　　　　　　　　　元

项目	期末账面余额	年初账面余额
1. 职工工资		
2. 奖金、津贴和补贴		
3. 职工福利费		
4. 社会保险费		
5. 住房公积金		
6. 工会经费		
7. 职工教育经费		
8. 非货币性福利		
9. 辞退福利		
10. 其他		
合计		

②应交税费的披露格式如表 10-15 所示。

表 10-15　应交税费的披露格式　　　　　　　　会小企 01 表附表 2

编制单位：　　　　　　　　　　年　月　日　　　　　　　　　　　　　　　元

项目	期末账面余额	年初账面余额
1. 增值税		
2. 消费税		
3. 城市维护建设税		
4. 企业所得税		
5. 资源税		
6. 土地增值税		
7. 城镇土地使用税		
8. 房产税		
9. 车船税		
10. 教育费附加		
11. 矿产资源补偿费		
12. 排污费		
13. 代扣代缴的个人所得税		
……		
合计		

（4）利润分配的说明如表 10-16 所示。

表 10-16　利润分配表　　　　　　　　　　　　会小企 01 表附表 3

编制单位：　　　　　　　　　　年　度　　　　　　　　　　　　　　　　元

项目	行次	本年金额	上年金额
一、净利润	1		
加：年初未分配利润	2		
其他转入	3		
二、可供分配的利润	4		
减：提取法定盈余公积	5		
提取任意盈余公积	6		
提取职工奖励及福利基金*	7		
提取储备基金*	8		
提取企业发展基金*	9		
利润归还投资**	10		
三、可供投资者分配的利润	11		
减：应付利润	12		
四、未分配利润	13		

　　*提取职工奖励及福利基金、提取储备基金、提取企业发展基金这 3 个项目仅适用于小企业（外商投资）按照相关法律规定提取的 3 项基金。

　　**利润归还投资这个项目仅适用于小企业（中外合作经营）根据合同规定在合作期间归还投资者的投资。

（5）用于对外担保的资产名称、账面余额及形成的原因；未决诉讼、未决仲裁以及对外提供担保所涉及的金额。

（6）发生严重亏损的，应当披露持续经营的计划、未来经营的方案。

（7）对已在资产负债表和利润表中列示项目与企业所得税法规定存在差异的纳税调整过程。

（8）其他需要说明的事项。

10.5　外币业务

10.5.1　外币业务的概述

小企业的外币业务由外币交易和外币财务报表折算构成。外币交易，是指小企业以外币计价或者结算的交易。外币报表折算，是指小企业在资产负债表日，按照《小企业会计准则》的规定，对外币货币性项目和外币非货币性项目按照资产负债表日的即期汇率进行折算。

1. 记账本位币

记账本位币，是指小企业经营所处的主要经济环境中的货币。小企业应当选择人民币作为记账本位币。业务收支以人民币以外的货币为主的小企业，可以选定其中一种货币作为记账本位币，但编报的财务报表应当折算为人民币财务报表。小企业记账本位币一经确定，不得随意变更，但小企业经营所处的主要经济环境发生重大变化的除外。小企业因经营所处的主要经济环境发生重大变化，确需变更记账本位币的，应当采用变更当日的即期汇率将所有项目折算为变更后的记账本位币。即期汇率，是指中国人民银行公布的当日人民币外汇牌价的中间价。

2. 外币交易

外币是指小企业记账本位币以外的货币。小企业对于发生的外币交易，应当将外币金额折算为记账本位币金额。外币交易在初始确认时，采用交易发生日的即期汇率将外币金额折算为记账本位币金额；也可以采用交易当期平均汇率折算。

小企业的外币交易包括买入或者卖出以外币计价的商品或者劳务、借入或者借出外币资金和其他以外币计价或者结算的交易。

小企业收到投资者以外币投入的资本，应当采用交易发生日即期汇率折算，不得采用合同约定汇率和交易当期平均汇率折算。

10.5.2　外币交易的会计处理

小企业在资产负债表日，应当按照下列规定对外币货币性项目和外币非货币性项目进行会计处理。

（1）外币货币性项目，采用资产负债表日的即期汇率折算。因资产负债表日即期汇率与初始确认时或者前一资产负债表日即期汇率不同而产生的汇兑差额，记入"当期损益"科目。汇总收益记入"营业外收入"科目,汇总损失记入"财务费用——汇总损益"科目。

货币性项目,是指小企业持有的货币资金和将以固定或可确定的金额收取的资产或者偿付的负债。货币性项目分为货币性资产和货币性负债。货币性资产包括库存现金、银行存款、应收账款、其他应收款等;货币性负债包括短期借款、应付账款、其他应付款、长期借款、长期应付款等。

【例10-5】国内甲企业采用人民币作为记账本位币,2019年1月5日出口乙国企业商品一批,货款共计10 000美元,货款未收,当日汇率为1美元=6.8元人民币。当年1月31日当日汇率为1美元=6.9元人民币。假设出口货物不涉及相关税费,甲企业编制会计分录如下:

①2019年1月5日出口商品办理相关手续时:

借:应收账款——乙国企业　　　　　　　　　　　　　　68 000
　　贷:主营业务收入　　　　　　　　　　　　　　　　　68 000

②1月31日(月末)时:

差额=10 000×(6.9-6.8)=1 000(元)

借:应收账款——乙国企业　　　　　　　　　　　　　　 1 000
　　贷:营业外收入——汇兑损益　　　　　　　　　　　　 1 000

【例10-6】国内乙企业采用人民币为记账本位币,2019年1月1日从某国企业进口商品一批,到岸价为10 000美元,当日汇率为1美元=6.8元人民币,商品已到达中国海关,款未付,暂不考虑相关税费。当年1月31日当日汇率为1美元=6.9元人民币。乙企业编制会计分录如下:

①2019年1月1日收到商品时:

借:库存商品　　　　　　　　　　　　　　　　　　　　680 000
　　贷:应付账款——某国企业　　　　　　　　　　　　 680 000

②1月31日调整时:

差额=10 000×(6.9-6.8)=1 000(元)

借:营业外收入——汇兑损益　　　　　　　　　　　　　 1 000
　　贷:应付账款——某国企业　　　　　　　　　　　　　 1 000

(2)外币非货币性项目,是指货币性项目以外的项目,包括存货、长期股权投资、固定资产、无形资产等。

以历史成本计量的外币非货币性项目,仍采用交易发生日的即期汇率折算,不改变其记账本位币金额。

【例10-7】2019年6月,甲企业收到某外商的投资款10 000美元,当日汇率为1美元=6.9元人民币,签订投资协议规定的汇率为7.0元人民币。甲企业编制会计分录如下:

借:银行存款——美元　　　　　　　　　　　　　　　　690 000
　　贷:实收资本——外商投资　　　　　　　　　　　　　690 000

【例10-8】某企业有关外币科目期末调整的资料如表10-17所示。

表 10 – 17　期末外币科目调整计算表

外币科目	美元余额/美元	期末即期汇率	调整后人民币余额/元	调整前人民币余额/元	差额/元
银行存款	100 000	6.35	635 000	633 000	2 000
应收账款	300 000	6.35	1 905 000	1 902 000	3 000
应付账款	200 000	6.35	1 270 000	1 276 000	6 000
短期借款	300 000	6.35	1 905 000	1 903 500	-1 500
合　计	900 000		5 715 000	5 714 500	9 500

注意：资产类科目，调整后余额 – 调整前余额；负债、所有者权益类科目，调整前余额 – 调整后余额

根据上述计算资料，企业应编制会计分录如下：

借：应收账款　　　　　　　　　　　　　　　　　　　　　　　3 000
　　银行存款　　　　　　　　　　　　　　　　　　　　　　　2 000
　　应付账款　　　　　　　　　　　　　　　　　　　　　　　6 000
　　贷：短期借款　　　　　　　　　　　　　　　　　　　　　1 500
　　　　营业外收入——汇兑收益　　　　　　　　　　　　　　9 500

10.5.3　小企业外币报表的折算

小企业对外币财务报表进行折算时，应当采用资产负债表日的即期汇率对外币资产负债表、利润表和现金流量表的所有项目进行折算。

【例 10 – 9】国内丙公司在美国的一全资子公司 LD 公司以美元为记账本位币。2018 年 3 月在向中国政府报送 2017 年度财务报表时，需折成人民币表述。LD 公司的财务报表及折算如表 10 – 18、表 10 – 19、表 10 – 20 所示。

表 10 – 18　资产负债表　　　　　　　　　　　会小企 01 表

编制单位：美国 LD 公司　　　2017 年 12 月 31 日

资产	期末余额/美元	汇率	折算为人民币/元	负债和所有者权益	期末余额/美元	汇率	折算为人民币/元
流动资产：				流动负债：			
货币资金	661 019	6	3 966 114	短期借款	825 000	6	4 950 000
短期投资				应付票据	100 000	6	600 000
应收票据				应付账款	460 000	6	2 760 000
应收账款	735 305	6	4 411 830	预收账款			
预付账款				应付职工薪酬	111 000	6	666 000
应收股利	15 000	6	90 000	应交税费	83 694	6	502 164
应收利息				应付利息	47 800	6	286 800
其他应收款	5 000	6	30 000	应付利润	40 000	6	240 000
存货	777 470	6	4 664 820	其他应付款	36 000	6	216 000
其中：原材料	327 500	6	1 965 000	其他流动负债			

续表

资产	期末余额/美元	汇率	折算为人民币/元	负债和所有者权益	期末余额/美元	汇率	折算为人民币/元
在产品				流动负债合计	1 703 494	6	10 220 964
库存商品	449 970	6	2 699 820	非流动负债:			
周转材料				长期借款	1 095 000	6	6 570 000
其他流动资产				长期应付款			
流动资产合计	2 193 794	6	13 162 764	递延收益			
非流动资产:				其他非流动负债			
长期债券投资				非流动负债合计	1 095 000	6	6 570 000
长期股权投资	600 000	6	3 600 000	负债合计	2 798 494	6	16 790 964
固定资产原价	1 895 300	6	11 371 800				
减：累计折旧	51 000	6	306 000				
固定资产账面价值	1 844 300	6	11 065 800				
在建工程	413 400	6	2 480 400	所有者权益（或股东权益）:			
无形资产	82 000	6	492 000	实收资本（或股本）	2 300 000	6	13 800 000
开发支出				资本公积	8 000	6	48 000
长期待摊费用	87 000	6	522 000	盈余公积	24 000	6	144 000
其他非流动资产				未分配利润	90 000	6	540 000
非流动资产合计	3 026 700	6	18 160 200	所有者权益（或股东权益）合计	2 422 000	6	14 532 000
资产总计	5 220 494	6	31 322 964	负债和所有者权益（或股东权益）总计	5 220 494	6	31 322 964

表 10-19 利润表　　　　　　　　　　　　　　　会小企02表

编制单位：美国LD公司　　　2017年12月31日

项目	行次	本年累计金额/美元	汇率	折算为人民币/元
一、营业收入	1	375 000	6	2 250 000
减：营业成本	2	275 000	6	1 650 000
税金及附加	3	5 948	6	35 687
其中：消费税	4			
城市维护建设税	5	4 164	6	24 981
资源税	6			
土地增值税	7			
城镇土地使用税、房产税、车船税、印花税	8			
教育费附加、矿产资源补偿费、排污费	9	1 784	6	10 706

续表

项目	行次	本年累计金额/美元	汇率	折算为人民币/元
销售费用	10	21 000	6	126 000
其中：商品维修费	11		6	0
广告费和业务宣传费	12	21 000	6	126 000
管理费用	13	30 825	6	184 950
其中：开办费	14			
业务招待费	15			
研究费用	16			
财务费用	17	12 550	6	75 300
其中：利息费用（收入以"-"号填列）	18	12 550	6	75 300
加：投资收益（损失以"-"号填列）	19	19 500	6	117 000
二、营业利润（亏损以"-"号填列）	20	49 177		295 063
加：营业外收入	21	15 000	6	90 000
其中：政府补助	22			
减：营业外支出	23	5 910	6	35 460
其中：坏账损失	24	1 695	6	10 170
无法收回的长期债券投资损失	25			
无法收回的长期股权投资损失	26			
自然灾害等不可抗力因素造成的损失	27			
税收滞纳金	28			
三、利润总额（亏损总额以"-"号填列）	29	58 267		349 603
减：所得税费用	30	18 267	6	109 603
四、净利润（净亏损以"-"号填列）	31	40 000	6	240 000

表 10-20 现金流量表 会小企 03 表

编制单位：美国 LD 公司　　　　　2017 年 12 月 31 日

项目	行次	本年累计金额/美元	汇率	折算为人民币/元
一、经营活动产生的现金流量：				
销售产成品、商品、提供劳务收到的现金	1	681 750	6	4 090 500
收到其他与经营活动有关的现金	2			
购买原材料、商品、接受劳务支付的现金	3	146 800	6	880 800
支付的职工薪酬	4	150 000	6	900 000
支付的税费	5	11 000	6	66 000
支付其他与经营活动有关的现金	6	21 000	6	126 000
经营活动产生的现金流量净额	7	352 950		2 117 700

续表

项 目	行次	本年累计金额/美元	汇率	折算为人民币/元
二、投资活动产生的现金流量:				
收回短期投资、长期债券投资和长期股权投资收到的现金	8	45 000	6	270 000
取得投资收益收到的现金	9	4 500	6	27 000
处置固定资产、无形资产和其他非流动资产收回的现金净额	10	105 390	6	632 340
短期投资、长期债券投资和长期股权投资支付的现金	11			
购建固定资产、无形资产和其他非流动资产支付的现金	12	88 071	6	528 426
投资活动产生的现金流量净额	13	66 819		400 914
三、筹资活动产生的现金流量:				
取得借款收到的现金	14	120 000	6	720 000
吸收投资者投资收到的现金	15		6	0
偿还借款本金支付的现金	16	100 000	6	600 000
偿还借款利息支付的现金	17	3 750	6	22 500
分配利润支付的现金	18			
筹资活动产生的现金流量净额	19	16 250		97 500
四、现金净增加额	20	436 019		2 616 114
加:期初现金余额	21	225 000	6.05	1 361 250
五、期末现金余额	22	661 019		3 966 114

思考练习题

一、判断题

1. 资产负债表的格式是以会计基本等式为依据编制的。（　）
2. 资产负债表是反映企业一定时期内资产、负债、所有者权益等会计要素增减变动情况的财务报表。（　）
3. 利润表是反映企业一定时期内经营情况及财务成果的报表。（　）
4. 资产负债表是静态报表，利润表属于动态报表。（　）
5. 企业利润总额＝营业利润＋投资收益＋营业外收入－营业外支出。（　）
6. 资产负债表中非流动负债各项目均应根据各总账余额填列。（　）
7. 现金流量表中投资活动的现金流量是指企业对外投资活动的现金流入流出量。（　）
8. 代销商品款应作为流动负债在资产负债表中列示。（　）
9. 资产负债表"固定资产账面价值"项目填列的金额，应等于期末"固定资产"科目余额抵减"累计折旧"科目余额的差额。（　）
10. 通过资产负债表，可以了解企业财务状况和经营成果。（　）
11. 营业外收入和营业外支出应反映在利润表的营业利润中。（　）

12. 现金流量表是用于补充说明各项资产增减变动原因的报表。（ ）

13. 资产负债表中的"长期债券投资"应根据"长期债券投资"的总账余额填列。（ ）

二、单项选择题

1. 编制资产负债表的理论依据是（   ）。
   A. 会计的基本等式
   B. 有借必有贷，借贷必相等
   C. 全部科目借方和贷方发生额的平衡相等原理
   D. 会计等式"收入－费用＝利润"

2. 资产负债表是用来反映企业（   ）的财务报表。
   A. 一定时期内的财务状况   B. 会计期末的财务状况
   C. 某一特定日期的财务状况   D. 某一特定日期的经营情况

3. 下列财务报表不要求对外报告的有（   ）。
   A. 资产负债表   B. 利润表
   C. 利润分配表   D. 商品产品成本表

4. 资产负债表上"应收账款"项目应根据（   ）填列。
   A. "应收账款"总账余额
   B. "应收账款"所属明细账借方余额合计
   C. "应收账款"及"其他应收款"总账余额
   D. "应收账款"和"预收账款"所属明细账借方余额合计

5. 利润表上各收入、费用项目应根据（   ）填列。
   A. 本期借方发生额
   B. 本期贷方发生额
   C. 期末应转入"本年利润"科目的发生额
   D. 科目的期末余额

6. "净利润"项目是指（   ）。
   A. 应税所得额－所得税费用   B. 利润总额－所得税费用
   C. 营业利润－所得税费用   D. 未分配利润

7. 利润表是反映企业（   ）的财务报表。
   A. 一定会计期间经营成果   B. 特定日期经营成果
   C. 一定会计期间财务状况   D. 特定日期财务状况

8. 期末资产负债表中的"未分配利润"项目应根据（   ）填列。
   A. 利润分配表中"未分配利润"数额
   B. 利润分配总账余额
   C. "利润分配——未分配利润"明细账余额
   D. "本年利润"科目余额与"利润分配"科目余额计算

9. 下列项目的支出属于经营活动的现金流出的有（   ）。
   A. 购买短期投资的股票支出
   B. 购买固定资产所支付的现金

C. 支付职工的薪酬
D. 支付经营性借款的利息

10. 资产负债表中，根据总账科目直接填列的项目是（   ）。
    A. 短期借款   B. 货币资金
    C. 应付账款   D. 长期借款

三、多项选择题

1. 资产负债表的填列方法有（   ）。
    A. 根据总账余额直接填列
    B. 根据几个总账余额计算填列
    C. 根据明细账余额分析填列
    D. 根据科目的发生额填列
    E. 根据损益类科目的余额填列

2. 资产负债表的结构有（   ）。
    A. 账户式   B. 报告式   C. 单步式   D. 多步式

3. 资产负债表上的"货币资金"项目应包括（   ）。
    A. 现金   B. 其他货币资金
    C. 现金等价物   D. 银行存款

4. 下列项目，在资产负债表上应直接根据其总账余额填列的有（   ）。
    A. 应付账款   B. 长期借款   C. 固定资产原价   D. 短期借款

5. 下列科目余额，应在资产负债表中的"存货"项目填报的有（   ）。
    A. 在途物资   B. 原材料   C. 库存商品   D. 生产成本

6. 《小企业会计准则》规定，一般纳税人会计年度内每月应编制的财务报表有（   ）。
    A. 资产负债表   B. 利润表
    C. 现金流量表   D. 应交增值税明细表

7. 《小企业会计准则》规定，企业应在年度终了必须编制的对外报告的财务报表有（   ）。
    A. 资产负债表   B. 利润表
    C. 现金流量表   D. 主要产品成本表

8. 下列资产负债表中，根据明细科目余额计算填列的有（   ）。
    A. 应收账款   B. 应付账款   C. 短期借款   D. 资本公积

9. 下列资产负债表中，根据总账余额计算填列的有（   ）。
    A. 存货   B. 货币资金   C. 无形资产   D. 应付账款

10. 按照《小企业会计准则》的规定，在资产负债表中应作为"存货"项目列示的有（   ）。
    A. 生产成本   B. 在途物资   C. 工程物资   D. 委托加工物资

11. 下列资产负债表项目中，以其账面价值填列而不是以其账面余额填列的有（   ）。
    A. 无形资产   B. 应收账款   C. 固定资产   D. 在建工程

12. 某企业本期末主营业务收入 180 000 元，主营业务成本 72 000 元，税金及附加 8 000 元，其他业务收入 43 000 元，其他业务成本 23 000 元，投资收益 10 000 元，营业外收入抵减营业外支出后净收益 6 000 元，期间费用 24 000 元，假如无其他项目，该企业本期利润表项目中填写金额正确的是（　　）元。

  A. 营业利润 106 000   B. 利润总额 90 000
  C. 营业利润 96 000   D. 利润总额 112 000

13. 下列属于投资活动产生的现金流量有（　　）。

  A. 收到被投资企业分配的利润   B. 以实物形式收回的长期股权投资
  C. 购建固定资产支付的现金   D. 购买债券取得的利息收入

四、业务题

1. A 公司为增值税一般纳税人企业，2019 年年初各科目余额表如表 10–21 所示，该企业材料和库存商品按实际成本核算，其销售成本随着销售同时结转，适用的增值税税率为 13%。该企业 2019 年度发生下列经济业务（A 公司不设预付账款、预收账款科目）。

表 10–21　2019 年年初各科目余额表

元

资产	金额	负债及所有者权益	金额
库存现金	35 000	短期借款	700 000
银行存款	862 600	应付票据	200 000
短期投资	480 000	应付账款	1 006 035
应收票据	780 000	应付职工薪酬	128 100
应收股利	2 400	应付利息	7 000
应收账款	780 700	应付利润	150 000
其他应收款	433 200	应交税费	322 965
原材料	128 050	其他应付款	253 800
库存商品	1 644 000	长期借款	1 600 000
周转材料	20 000	长期应付款	480 000
生产成本	750 000	实收资本	5 000 000
长期待摊费用	45 000	资本公积	200 000
长期股权投资	500 000	盈余公积	100 000
长期债券投资	200 000	其中：法定盈余公积	100 000
固定资产	3 560 000	未分配利润	56 050
累计折旧	–680 000		
在建工程	423 000		
无形资产	320 000		
累计摊销	–80 000		
合计	10 203 950	合计	10 203 950

（1）购入甲商品取得增值税专用发票注明的价款 300 000 元，增值税 39 000 元，

以存款支付 200 000 元，其余部分暂欠。商品尚未运到。

（2）销售乙商品收入 400 000 元，增值税 52 000 元，款项已收存银行，该批商品销售成本 300 000 元。

（3）从小规模纳税人处购进乙商品 162 000 元，款项以银行存款支付。商品验收入库。

（4）以银行存款购进非生产用设备一台，价税款 169 500 元（税率 13%），另以现金支付安装费 12 000 元，设备安装完毕验收并投入使用。

（5）将 2 号营业厅出租给外单位经营，租金收入 30 000 元，款项存入银行（不考虑相关税费）。

（6）销售丙商品收入 500 000 元，增值税 65 000 元，其中 265 000 元已收转账支票，另 300 000 元收到购货方开具的商业汇票，期限为 3 个月。该批商品成本 400 000 元。

（7）当日将上述商业汇票向银行贴现，年贴现率 6%，贴现金额已转入存款账户。

（8）收到被投资单位分配现金股利 8 000 元，款已收存银行。

（9）销售丁商品价税合计 678 000 元，有 400 000 元已收入银行，其余部分尚未收回。该批商品成本 480 000 元。

（10）购进商品一批，增值税专用发票上注明的价款为 500 000 元，增值税 65 000 元，商品已验收入库，以银行存款支付款项 400 000 元，其余部分暂欠。

（11）从银行提取现金 63 000 元备发工资。

（12）以现金发放工资，其中行政管理人员工资 20 000 元，销售人员工资 40 000 元，在建工程人员工资 3 000 元，同时分配工资。

（13）按应付职工薪酬总额 14% 计提职工福利费。

（14）报废设备一台，设备原价 200 000 元，已提折旧 192 000 元，残值变价收入 4 500 元，支付清理费 2 000 元，以上款项均以现金收付（不考虑相关税费）。

（15）计提本月固定资产折旧 70 000 元，其中管理部门固定资产折旧 20 000 元，销售部门固定资产折旧 40 000 元，出租固定资产折旧 10 000 元。

（16）以银行存款支付本季度商品广告费 50 000 元（一次性列入当期损益）。

（17）摊销应由管理部门负担的长期待摊费用 5 000 元，销售部门负担的 3 000 元。

（18）销售甲商品收入 450 000 元，增值税 58 500 元，款项尚未收回。该批商品销售成本 380 000 元。

（19）收回已到期的商品销售款 380 000 元存入银行。

（20）收到客户订购商品款 200 000 元，约定 2020 年 1 月份发货。

（21）预提本期短期借款利息 25 000 元，预提在建工程长期借款利息 20 000 元。

（22）购进商品一批，价款 650 000 元，增值税 84 500 元，开出一张 6 个月到期的商业汇票支付。

（23）以存款支付下年度的财产保险费 60 000 元（采用待摊办法）。

（24）销售商品一批，价税款共计 339 000 元，该批商品成本 280 000 元，款项已于上年度预收。

（25）以银行存款 200 000 元偿还短期借款，同时支付利息 18 000 元（利息原已预提 10 000 元）。

（26）收到供货单位发来 B 商品 400 000 元，增值税 52 000 元，该批商品款项已于上期预付。

（27）将作为短期投资的某公司股票转让，转让净收入为 420 000 元，已存入银行，该股票的成本为 350 000 元。

（28）以银行存款 100 000 元缴纳上月未交的增值税。

（29）以银行存款 300 000 元偿还长期借款。

（30）收到客户支付的上期所欠货款 350 000 元存入银行。

（31）计提本期应交的城市维护建设税（7%）和教育费附加（3%）。

（32）结转各损益类科目。

（33）计算本期利润总额，按利润总额的 25% 计提所得税费用（假设没有所得税调整项目）。

（34）计算净利润，分别按净利的 10% 计提法定盈余公积。

（35）按本期净利的 50% 计提应付利润。

要求：

（1）根据上述业务编制会计分录。
（2）编制资产负债表、利润表和现金流量表。

参 考 文 献

[1] 企业会计准则编审委员会. 小企业会计准则解读 [M]. 上海：立信会计出版社, 2019.
[2] 谢丽安. 小企业财务会计（第2版）[M]. 上海：立信会计出版社, 2019.
[3] 严玉康, 秦岚. 小企业会计基础（第2版）[M]. 上海：立信会计出版社, 2019.
[4] 孙美杰. 小企业会计（第2版）[M]. 上海：立信会计出版社, 2019.